顾问：兰宾汉　邢向东

现代汉语教学参考

张文元　陈　英
莫　超　黄党生　编著

中 华 书 局

图书在版编目(CIP)数据

现代汉语教学参考/张文元等编著. —北京:中华书局,2016.2
(2017.7 重印)
ISBN 978 - 7 - 101 - 11454 - 6

Ⅰ. 现… Ⅱ. 张… Ⅲ. 现代汉语 – 高等学校 – 教学参考资料
Ⅳ. H109.4

中国版本图书馆 CIP 数据核字(2015)第 315273 号

书　　名	现代汉语教学参考
编 著 者	张文元　陈　英　莫　超　黄党生
责任编辑	秦淑华　李广灿
出版发行	中华书局
	(北京市丰台区太平桥西里 38 号　100073)
	http://www.zhbc.com.cn
	E-mail:zhbc@ zhbc.com.cn
印　　刷	北京瑞古冠中印刷厂
版　　次	2016 年 2 月北京第 1 版
	2017 年 7 月北京第 2 次印刷
规　　格	开本/850×1168 毫米　1/32
	印张 11⅜　插页 2　字数 340 千字
印　　数	3001 - 6000 册
国际书号	ISBN 978 - 7 - 101 - 11454 - 6
定　　价	28.00 元

《现代汉语教学参考》
参编单位及编写人员

（按音序排列）

兰州城市学院：莫　超
陕西理工学院：黄党生
咸阳师范学院：张文元
新　疆　大　学：陈　英

编写分工

负　　责　张文元

编写人员

张文元：　壹　现代汉语课程说明和教学建议
　　　　　肆　附录一:怎样教好现代汉语
陈　英：　贰　绪论、语音章重点难点分析
　　　　　叁　语法、修辞章思考与练习题答案
　　　　　肆　附录三:现代汉语(下册)模拟自测题(含答
　　　　　　　案)
莫　超：　贰　文字、词汇、语法、修辞章重点难点分析
　　　　　肆　附录二:怎样学好现代汉语
黄党生：　叁　绪论、语音、文字、词汇章思考与练习题答案
　　　　　肆　附录三:现代汉语(上册)模拟自测题(含答
　　　　　　　案)

　　本书编写提纲的拟定及书稿的修改工作由兰宾汉、邢向东和张文元承担,张文元做了统稿工作。康艳梅、段永升承担了部分书稿的校对工作。

修订说明

  本书作为《现代汉语》(兰宾汉、邢向东主编)的教学配套书自出版已使用多年。这本《现代汉语》教材经过修订已经是第三版了,为了紧密配合第三版内容,更好地适应教学的要求,我们在本配套书第一版的基础上,对一些内容进行了修改调整。修改的原则主要是依据教材内容的变动进行,大的改动不多,较多属于细节性修改。

  本书修订内容主要在"知识要点与重点难点分析"(简称"分析")和"思考与练习参考答案"(简称"答案")两个部分。修改包括:1.增新。附录一《怎样教好现代汉语》的全部内容被新的内容所替换。2.求准。分析里补充了对零声母、音位的解释,分析和答案对韵母"四呼"的表述作了修改;答案根据教材调整了语义类型,对几个句子语义关系的解答作了修改,并改用加线法符号分析,清楚显示句子成分的语义关系;修改了对有的句型、句式的认定,分析里充实了对复句的认识,答案里复句的分句关系个别处有改动;答案对个别辞格的分析作了适当补充,对诗句平仄的搭配规则个别处有修改。书中对个别表述不具体、模糊语句作了修改,以求表述准确,有些表述是为了适合教科书的语言特点所作的修改。3.从简。答案里对词类划分的依据作了提示性回答,是为了避免同一内容的前后重复,还对书中一些语言重复现象作了修改。4.改错。答案改正了个别字音节结构分析的错误,纠正了书中由于校对疏漏出现的注音错误和错别字。5.补充。书中个别处补充或者更换了新的例句。本书有很多细节性的修改,这里不一一列尽。

需要强调说明的是,上述增新的内容是编者长期教学经验的总结,内容充实,切近教学,针对性和可操作性强,对如何教好现代汉语有更多的启发性。另外,本书将原来的书名《现代汉语教学指导与习题解答》更名为《现代汉语教学参考》,是因为"教学参考"涵盖了"教学指导"和"习题解答"的意思,更改后的书名准确简洁一些。

参加本次修订的编者有张文元、陈英、黄党生。

在修订过程中,本书顾问兰宾汉先生进行了切实指导,并提出对一些问题的详细修改意见。中华书局语言文字编辑室李广灿先生为本书修订提供支持,做了大量工作。在此,谨对二位先生表示衷心的感谢。同时还要感谢为本书修订反馈信息或提出宝贵意见的师生和专家们。

尽管编者们为本书的修订做了努力,但难免有疏漏之处,恳切希望使用和关心本书的同志提出改进意见。

编者
2015 年 10 月 18 日

目　录

叁 思考与练习参考答案

肆 附 录

序　言

　　这本书是与中华书局出版的《现代汉语》(兰宾汉、邢向东主编)相配套的教学参考书。为了适应新时期教材建设和教学改革的需要,这本《现代汉语》教材与以往的同类教材相比,从内容到体例都作了一些调整,例如增加了部分新的知识点,在各章增设了参考文献和撰写小论文的参考题目,增设了一定数量的突出基本理论的思考题,旨在使学生更全面、深入地掌握本门知识,培养学生独立思考的能力和论文撰写的能力。由于教材中有些内容是新知识,有些习题是思辨性的,有些练习要求作出准确的回答,而且教材已经被一些高校作为研究生招生的考试用书或参考书,所以经常有教师或学生来信来电,希望我们编写一本配套的使用说明和习题答案。

　　鉴于这种情况,《现代汉语》的编委张文元教授组织编写了这本《现代汉语教学指导与习题解答》,以满足上述教学需求。书中的"现代汉语课程说明和教学建议",是对教学要求的说明和教学方法的指导;"重点难点分析"细致地剖析了教材中的重点与难点,帮助学习者深入理解重要的知识;"参考答案"针对教材中的思考与练习释疑解难,提供答案;此外,附录部分提供了必要的教学资料,如"怎样教好现代汉语"和"怎样学好现代汉语",这些都是教学经验的总结,指导教师如何更加合理、科学地处理教材内容,学生如何学好这门课程。毫无疑问,这本书应该是学习本门课程的学生的良师益友,对教师的教学工作也会提供不少方便。

　　这本书在知识点的分析、说明上是以《现代汉语》教材为蓝本的，但又不限于教材内容的安排，例如在解说一些知识点的时候，有时会介绍更多相关的知识甚至不同的观点，这符合教学指导的特点，可以使学习者在掌握基本知识的基础上，开阔视野，深化认识，这是此书的一个优点。还值得一提的是，参加此书编写的同志长期在高校讲授现代汉语课程，具有丰富的教学经验，他们都是《现代汉语》教材的编委或编者，对教材的知识体系和编写体例都很熟悉，分析问题准确、深入，所以此书的知识性和针对性突出，具有很强的实用性。在编写的过程中，编者查阅了大量的参考资料，殚精竭虑，数易其稿，使此书的质量不断提高。相信这本书面世以后，一定会受到广大读者的欢迎。

兰宾汉　邢向东
2010 年 3 月 15 日

壹　现代汉语课程说明和教学建议

现代汉语是高等院校汉语言文学专业的一门基础课,它以辩证唯物主义为指导,以国家的语言文字政策法规为依据,系统讲授现代汉民族共同语(普通话)的基础理论和基本知识,训练基本技能,培养和提高学生理解、分析和运用现代汉民族共同语的能力,为他们将来从事各项工作,特别是语言文字的教学和科研工作打好比较坚实的基础。

现代汉语兼有工具课、理论课和实践课的要素。现代汉语是教学难度较大的课程之一。这门课程的特点给学生学习带来了一定难度,教学过程中必须注意和处理好一些问题。下面对教材各章节的一些内容作些说明并提出教学要求与建议,供教学参考。

一、绪 论

(一)讲第一节时,应说明现代汉语和语言之间的关系,为避免与语言学概论课的重复,不必详细讲语言是什么,应把现代汉语的形成过程给学生交代清楚。讲现代汉语规范化,须补充新时期国家语言文字工作的方针和任务的内容,阐明现代汉语规范化的内容和重要意义,要联系学生个人或社会用语中的不规范现象,提高学生的语言规范意识,增强推广普通话,促进现代汉语规范化的责任感。

(二)讲第二节时,要求学生分清"现代汉语""现代汉民族共同语""普通话"和"汉语方言"几个概念,认识共同语与方言的关系。可利用多媒体展示方言图,以便学生了解十大方言的分布情况,对方言的形成原因以及各方言语音、词汇、语法方面的特点不必细讲,适当结合当地方音特点进行讲解。可在讲完声母辨正、韵母辨正、声调辨正后,回头再看方言部分,利于学生对现代汉语方言的进一步认识。

关于汉语方言分区问题，学界一直存在很大的争议，至今没有形成统一的意见。本教材采用十大方言说（也不排斥七大方言说和八大方言说），依据了 20 世纪 80 年代，中国社会科学院和澳大利亚人文科学院联合编制的《中国语言地图集》的调查结果和划分标准。《方言》杂志 1985 年发表过李荣先生的《汉语方言的分区》《官话方言的分区》两篇文章，也可以作为认识汉语方言划分问题的基本参考。

（三）讲第三节时，让学生对现代汉语课的性质、定位和本课程的教学内容有基本的了解，可补充讲解现代汉语在国内、国际以及高科技领域的重要性，使学生明确学习现代汉语的重要意义，激励其学习现代汉语的热情。学习现代汉语的方法可略讲或暂且不讲，在学生经过 1~2 个月的学习实践后，可组织学生进行学习方法的探讨，这比学生没有正式学习现代汉语前去讲学习方法更好一些。

二、语　音

（一）要讲清楚语音的重要概念，重视基本理论和分析方法的讲授，要求学生熟悉现代汉语拼音方案，了解现代汉语普通话的语音系统，较全面地掌握语音理论知识，具有分析语音的基本能力。为了细致地描写普通话语音系统，使学生具备运用国际音标调查方言的能力，要求学生掌握与汉语有关的国际音标和音位理论知识。

（二）现代汉语拼音教学离不开记音工具，汉语拼音方案是专为普通话设计的记音符号。教学时先对它作一个粗略的介绍，在讲声母、韵母、声调、普通话音节结构的分析和音位理论时再结合汉语拼音方案知识详细讲解，有助于学生加深对其的理解。应把汉语拼音的设计原则跟普通话语音系统特点及其运用特点结合起来教学,对汉语拼音方案和普通话音系两方面的教学均有好处。

(三)要理论联系实际,要求学生学说普通话。要把讲授语音理论和培养学生的语音能力紧密结合起来,要重视拼读、朗读等基本技能的训练,做到发音与听音、辨音、正音相结合,书面练习与口头练习相结合。通过各种训练,提高学生学说普通话的能力。要加强朗读教学的实践环节,在讲解朗读的基础理论、基本知识的同时,应着重指导学生掌握朗读的基本技能,加强学生朗读的能力,提高说普通话的能力。还可适当开展一些生动活泼的课外活动配合朗读教学,如普通话故事会、普通话演讲赛等。

(四)尽可能采用直观形象的教学方式。本章所附图表,如发音器官示意图、舌面单元音发音图、普通话韵母总表等,应注意利用这些图表进行教学。声母、韵母的发音可制作多媒体课件,使学生形象地理解发音原理和发音过程,以取得更好的直观效果。

(五)声、韵、调是本章的重点内容。

讲声母时,对普通话辅音总表中每个声母的发音部位和发音方法进行理论阐述,边讲边练,并结合声母辨正指导学生准确地发好标准音。讲韵母时,结合舌面单元音图,逐个讲清每个单元音的舌位和唇形,做好单元音的发音练习,为学习复韵母和鼻韵母打好基础。在讲解复韵母和鼻韵母时,应着重说明发音过程及发音特点。讲声调时应着重讲清调值和调类的区别。应结合相对音高的理论,运用五度标记法指导学生念好普通话四声调值,应结合古调类和方音调类讲清普通话的调类。

(六)音节是本章的重点内容。主要讲解以下内容:

1.普通话的音节结构。音节结构的分析是语音教学的重点。对音节结构的分析,可采用西方普通语音学的术语和分析方法——音素分析法,也可采用我国传统的音节结构分析法——声、韵、调分析法。前一种分析反映了语音的区别性特征,也可进一步进行生成音系学的描写和解释;后一种分析对汉语音节有深刻的解释力,也符合汉族人对自己母语的心理认识。音节结构的分析要求学生要正确识别声母、韵头、韵腹和韵尾,注意 y、w 开头的音节都是零声母音节,y、w 的主要作用是区分音节界限。注意拼写中的省略现象,在音节结构分析时,省略的成分应补进来。

2. 普通话声韵调的配合规律。普通话有 21 个辅音声母,39 个韵母,声母和韵母之间哪些能够相拼,哪些不能够相拼,其规律性是很强的,要求学生熟练掌握。

3. 普通话的拼写规则。(1)熟练掌握 y、w 的用法。(2)熟练运用隔音符号。(3)熟练运用省写规则。(4)熟练运用普通话标调规则。(5)音节的连写和大写,同一个词的音节要连写,词和词一般分写。

(七)音位。运用音位学知识有利于说清楚语言的语音系统。现代汉语语音系统从根本上说就是汉语普通话的音位系统。讲授音位知识不仅要把音位的基本概念讲清楚,更重要的是要掌握归纳音位的方法,并运用音位学的理论对前面所讲的现代汉语语音知识进行总结。讲音位理论可根据本、专科学生的不同层次把握好深浅度,对考研的学生可讲得详细一些。

(八)音变。音变现象一般分为历时音变(也叫历史音变)和共时音变(又叫语流音变)两类。语流音变是各种语言里普遍存在的现象,现代汉语教学一般讲普通话的主要语流音变现象,不讲音变的基本原理和音变的普遍规律。普通话的主要音变现象有连读变调、轻声、儿化和语气词“啊”的变读,对这些音变现象不必繁琐地进行描写,只对其进行简要的介绍,结合实例让学生体会并能够准确变读。要运用音变知识指导学生说好普通话。

三、现代汉字

（一）文字和现代汉字。教学重点是汉字的特点和作用，让学生深刻理解现代汉字是形声字占绝对优势的文字，它的特点可以从形体结构、所记录的语言单位和记音方式等方面去认识。教材采用汉字的"特点"而回避其"性质"的术语，是因为关于汉字的性质学术界说法不一，不便在教材中就这一问题进行阐述。关于汉字的作用可联系古今应用汉字和国外一些国家借鉴使用汉字的实际，并结合汉字的发展前途问题进行讨论，提高学生对汉字作用问题的认识。

汉字的造字法要弄清"造字法"的内涵，注意现代汉字的造字法与古代造字法的区别。为避免与古代汉语的重复，古代造字法可略讲。

现代汉字的字体部分，回顾了汉字发展演变的历史，可略讲，应强调隶书是从古汉字演变为现代汉字的过渡字体，在汉字发展史上具有里程碑的意义。应对现代汉字的形体（楷书和行书，印刷体和手写体）进行分析，要求学生能够辨析和运用。

（二）现代汉字的字形结构。汉字的笔画和部件是构字的单位，要求学生掌握有关知识，并能具体分析。汉字的书写顺序，虽然学生在小学、中学阶段学过，但有不少字的写法有分歧，应当按照《现代汉语通用字表》的规定，统一汉字的笔画数、笔顺和结构。

（三）现代汉字的标准化和规范化。这是教学的重点。

本节教学，要求学生对现代汉字定量、定形、定音、定序中已取得的成绩和存在的问题有较全面的了解。要向学生强调纠正错别字,促进社会用字规范化的重要意义,组织学生调查和总结社会用字的不规范情况,使他们对社会用字不规范的危害性有充分的认识,加强个人用字的责任心,做促进汉字规范化的带头人。

(四)现代汉字的应用。这也是教学重点。现代汉字作为进行日常交际、传递信息的基本交际工具,它跟今天的社会生活关系最密切,研究并重视它的应用具有重要的现实意义。1980年,周有光发表了《现代汉字学发凡》,首次提出了"现代汉字学"这一名称。周先生形容"现代汉字学""播种于清末,萌芽于'五四',含苞于解放,嫩黄新绿渐见于今日",他提出建立现代汉字学至今三十年时间,现代汉字学这门新兴的学科已经初步建立了起来,当前的任务是许多问题的研究(如汉字的应用研究)有待深入。

讲第四节应与第三节汉字规范化的内容紧密结合,主要解决如何避免读错字和写错字的问题;现代汉字的信息处理很有必要向学生介绍,最好以开设专题报告的形式专门讲解,使学生深刻认识汉字不但在历史上有过不可磨灭的功绩,而且在信息化时代也显示出旺盛的生命力。

四、词　汇

(一)语素、词、词汇。要求学生明确语素、词、词汇的概念,语素的确认与分类,语素与音节、汉字的关系,语素与词的区别,词和词汇的关系,现代汉语词汇的特点。

(二)词的构成。要掌握单纯词和合成词的构成类型,重点是对复合式合成词类型的分析。

复合式合成词都是词根语素加上词根语素构成的词。对于这类词的"复合"要注意两个问题:第一,一般情况下,由语素组合的词应该是语素义的组合，也就是词义等于组成成分的语素义。例如"胆识"的意思就是胆量和见识，"动人"的意思就是使人感动。但有的词义不等于语素义的组合，例如"忘记"的意思是忘而不是记，部分语素义失落，一般称为"偏义复合词"。第二，复合词的词类大多数情况下与组成成分的语素的功能类是一致的。如"电车"是两个名语素组合成的偏正式的复合词，"电车"也是名词；"生产"是两个动语素组合成的联合式的复合词，"生产"也是动词；"提高"是补充式的复合词，中心语素是动语素，"提高"也是动词。但也有好多复合词的词类与语素的功能类不一致，例如支配式合成词"司令、领队"等中心语素是动词性的，复合词却是名词；并列式合成词"开关、教学"等语素都是动词性的，复合词却是名词；陈述式复合词"心酸、年轻"等是形容词，"霜降、月亮"等又是名词。看来，汉语语素的语法功能与词类没有必然的联系。

（三）词义的特性与分析。教材运用义素分析法分析词义，这是一种从西方引进的分析词义的新方法，它把词的意义构成分析出最小的单位，能够发现词的区别性特征，把握词义的核心成分，以便清楚、简洁地说明词义的异同，有利于学习、掌握和研究词义。

要求学生理解义素，掌握义素分析的方法，弄清楚义素与语义场的相互关系。可与黄廖本对比，看两套教材对语义场的定义的表述，加深对语义场的理解。应结合课后习题的讲解加深学生对义素和语义场知识的理解。

（四）词义、词音、词形间的联系。词义方面讲了单义词、多义词、同义词和反义词，词音方面讲了同音词，词形方面讲了同形词和异形词。掌握单义词与多义词、同义词、同音词、反义词的概念。关于多义词，要求学生了解它的意义类型和词义的派生方式，须讲清楚多义词的基本义与引申义、比喻义、借代义的区别,弄清楚比喻义与修辞上的比喻的不同,划清同形同音词与多义词的界限。本节教学的重点是辨析同义词和理解同义词的语言表达作用。关于反义词,重点了解它在语言表达中的作用。反义词的类型,有的教材称为互补反义义场和极性反义义场,本教材采用传统的叫法,名称叫法并无实质不同,但前者强调了二者之间互相联系互相转换的辩证关系。

(五)词义的解释与语境。了解义项的定义和划分义项的原则。掌握释义的主要方法。认识语境对词义的影响。要理解语境的含义,注意区分上下文语境和情景语境。理解语境对词义的影响以及对解释词义的作用。能够根据语境解释词语的含义,可结合教材第五节课后思考与练习第五题让学生参与讨论,使他们知道题中人物形象的理解是与语境(如说话人所处的年代等)有密切关系的。

(六)词汇系统。现代汉语词汇系统可分出有联系的子系统,涉及几种基本的词汇现象。要求学生:(1)了解基本词汇的特点,一般词汇的组成,能够区分基本词汇与一般词汇。(2)掌握新造词、古语词、方言词、外来词、行业词和字母词等概念,可组织学生对如何规范使用新造词、古语词、方言词、外来词和字母词的问题进行讨论。(3)了解固定短语(成语、惯用语、歇后语)的特点、作用及使用规范。重点掌握成语的概念、基本特征、来源和构造类型。成语是词汇中很有表现力的一种特殊单位,也是丰富学生词汇的重要内容,应要求学生正确运用成语,掌握它的整体意义和用法。

五、语　法

(一)关于语法章的知识结构

语法一章的内容分量重、头绪多、难度大,是现代汉语教学

的重中之重。学习本章要明确知识结构,分清知识层次,理清思路。本章的知识层次分为四个层次:

第一,词类层次。包括:词的分类标准,由各类实词和虚词构成的词类系统,词类划分中应注意的问题,词的兼类与易混词类的辨析问题等。

第二,短语层次。包括:短语的定义及其重要性,短语的分类,短语与词、句子的区分,复杂短语、歧义短语的分析等。

第三,单句层次。包括:单句的句子成分与句法分析,句子的语义分析,句型——主谓句和非主谓句及其小类(句式),句类——陈述句、疑问句、祈使句和感叹句。

第四,复句层次。包括:复句的定义,复句的特点,复句的三分系统——因果类复句、转折类复句、并列类复句,多重复句的分析,紧缩复句的特点。

(二)语法概说。第一节是现代汉语语法知识的基本说明,是学习后面各章节的理论准备。掌握本节内容,能为后面语法的学习奠定坚实基础。所以,这一节虽是概说,但要作为重点学习,尤其是语法的性质和汉语语法的突出特点要作为重点讲解。现代汉语语法具有任何语言的语法的性质,即抽象性、稳固性、系统性、民族性,但也有它自身的突出特点,如语序和虚词很重要,词类具有多功能性的特点等,这些特点是与古代汉语和外语的比较中体现出来的,所以应该采用对比式教学,使学生有深刻的理解。

(三)关于语法的定义。各教材有不同的表述,本教材说"语法是语言的构造规则"。语言的构造规则包括语法,也可包括语音,因为语音也是有构造规则的,音节中声母与韵母相拼是有规律的,当然这里是特指语法而言的。有的教材(如黄廖本)说"语法是词、短语、句子等语言单位的结构规律",这使语法的定义具体了一些,便于理解和接受,所以,也可采用黄廖本语法的定义。在讲"语法"术语的主客观两个含义时,还可补充"语法体系"的同样两个含义,以便学生理解语法学体系形成的原因,正确对待不同教材语法学体系分歧的事实。

(四)划分词类的标准。20世纪50年代语法学界曾展开过讨论,至今标准不完全统一,但已就总的原则形成共识,即运用语法功能的标准划分词类。因而本教材说:"在划分词类时,意义只能作为参考,形态也只是辅助标准,最主要的标准是词的语法功能。"应当指出的是,形态标准划分词类不符合汉语实际,这是无可非议的;意义的标准划分词类只能作为辅助性的标准,实际上在划分大类下的小类时又离不开意义,因此各类实词也可以从意义上下定义。

(五)短语。短语是重要的语法单位,汉语句子的基本结构一般是由短语组成的。短语使用频率比较高。短语、句子、合成词三者内部的主要结构关系主要结构方式基本一致,学会分析短语的五种基本结构,就不难分析句子和词的结构。因此应该加强短语教学,使学生充分认识短语的重要性。

有的短语离开了一定的语言环境,可能形成歧义短语。歧义短语一般也叫多义短语,要求学生能够正确分析歧义短语,了解歧义的形成原因和歧义结构的表现类型,掌握消除歧义的具体办法,以避免语言表达中歧义的产生。

复杂短语的分析是句法分析的基础,在短语教学甚至整个语法教学中具有举足轻重的地位,应作为教学的重中之重。

(六)单句的句法分析法。教材介绍了传统的成分分析法和后起的层次分析法两种析句法。应该向学生讲清楚两种分析法的不同。通过下面的对比可以看出两种分析法的主要不同:

成分分析法	定	主	状	谓	补	定	宾
例句	我们的	朋友	已经	准备	好	旅行的	干粮。
层次分析法	主			谓			
				中			
	定	中	状	动		宾	
				中	补	定	中

其不同点主要在于：

1.有无层次：成分分析法在一个平面上依次分析出各自独立的成分来，反映不出句子内部的构造层次；层次分析法的各配对成分都在不同的层次上，能反映客观存在的语言构造的层次。

2.充当成分的单位不同：成分分析法认为句子成分是由词充当的，上例定语（我们）、主语（朋友）、状语（已经）、谓语（准备）等成分都是由词充当的；层次分析法认为词和短语都可以做句子成分，如上例的主语（我们的朋友）是定中短语，定语（我们）和中心语（朋友）分别由词充当。

3.句法观不同：成分分析法认为主语、谓语和宾语分别是"朋友、准备"和"干粮"，层次分析法认为主语、谓语和宾语分别是"我们的朋友、已经准备好旅行的干粮"和"旅行的干粮"。实际上层次分析法是把成分分析法的句子成分名称拿来为"我"所用而扩大了它的内涵。

为了使单句分析更为明晰简洁，教材分别介绍了框式图解法、树形图解法、括号表示法、符号标记法、竖线表示法等五种图解法。教学中应该有重点地选择，不常用或者不习惯采用的图解法可以不用。建议教学中使用框式图解法和符号标记法，框式图解法与复杂短语的分析方法一致，层次清晰，形象直观。符号标记法作句法分析简单明了，节约空间。

（七）句子的语义分析。传统的语法学不涉及对语义的研究,20世纪80~90年代汉语语法的一个重要突破,就是在语义研究方面迈出了坚实的一步。

学习语法不能局限在句法分析上,句法分析是对语言结构的表层认识,语义分析是对隐藏在表层结构里深层意义的理解。只有把二者结合起来,才算抓住了学习语法的实质,才能够真正领会学习语法的意义。教材把句法分析与语义分析紧密地结合起来,贯彻了形式和意义相结合的语法分析原则,使得语法分析更具科学性与实用性。

（八）句子的分类。首先,要搞清楚句型、句式、句类的不同概念。其次,要明确句子的分类标准和分类结果。教材第七节、第八节、第九节从不同的方面对句子作了分类。

按结构分,单句上位句型中采用结构关系标准,分出主谓句和非主谓句;下位句型多以核心成分的性质为标准,主谓句分为名词性、动词性、形容词性、主谓谓语句四类;非主谓句分为名词性、动词性、形容词性、特殊非主谓句四类;再下位的划分,如对动词谓语句从局部特征上划分,又分为兼语句、连谓句、双宾句、把字句、被字句、存现句等,这叫句式。

按照语气分,句子分为陈述句、祈使句、感叹句和疑问句四类。对句类中的疑问句可作详细讲解,要求学生掌握疑问句的结构特征分类及疑问程度分类。从疑问句的结构特征看,可分为是非问、特指问、正反问和选择问四种。有的教材把正反问列入选择问一类,本教材把二者单独分类,是有道理的,前者是着眼于意义,后者是着眼于结构。

（九）复句的分类。传统的复句划分把复句分为联合复句和偏正复句两大类,然后在两大类下面各细分出若干个小类。有人主张取消两大类的说法,直接分出小的类别,觉得这样简明,有实用价值。本教材没有采纳上述的任何一种分法,而借鉴了邢福义先生复句三分系统的理论,把复句分为并列类复句、因果类复句、转折类复句,然后在三大类下面各细分出若干个小类。复句的三分法"是从宏观上首先把汉语基本复句归纳为三大块,借以建构汉语复句的三分系统"①。这种复句的分类有利于理清各种基本复句之间错综复杂的关系,具有很强的系统性和可操作性。三分理论为我们认识汉语复句的基本特征,提供了一个新思路。

六、修　辞

(一)明确什么是修辞。前面讲现代汉语语音、词汇、语法多是对其抽象、静态的描写与分析,而修辞是由抽象、静态转为具体、动态了,是结合题旨和语境谈语言的运用。修辞是以提高语言表达效果为目的的综合语言加工的科学,探讨修辞理论,把握修辞原则和方法,分析修辞现象以揭示其规律,指导人们有效地运用语言。

有人说:"修辞就是咬文嚼字、雕琢词句、文字游戏。"这是缩小了修辞的范围,贬低了修辞的功用。修辞是语言的综合加工与运用,要调动各种语言因素,不是字或者句单方面的加工与运用问题,单单在字句上"雕琢"是不够的。修辞以提高语言表达效果为目的,不只是语言形式的雕琢问题,把修辞看做是文字游戏,不仅缩小了修辞的范围,只看到了修辞的形式,更重要的是违背了修辞的目的。修辞研究的虽然是语言的表达形式,但是语言的表达形式是为思想内容服务的。因此,修辞在思想内容上的加工更为重要,把修辞看作单纯的形式技巧问题,既是片面的,也颠倒了主次。

---

① 邢福义《汉语语法三百问》234 页,商务印书馆 2002 年。

（二）修辞概说。它是后面各节知识的理论基础,必须讲好。要求学生掌握修辞概念,了解修辞的基本原则和要求,明确为什么学习修辞和怎样学习修辞,领会修辞同语音、词汇、语法、逻辑的区别和联系。理解、掌握和熟练运用以上知识,对提高修辞效果,实现修辞目的具有重要的指导作用。

（三）修辞的内容。修辞的内容是丰富的,包括词语修辞、句式修辞、辞格修辞、口语修辞、体态语修辞、书面语修辞等。有人把修辞和辞格对应起来,认为讲修辞就是讲辞格,这是不正确的看法。实际上,辞格再多,也只是修辞现象的一种,从提高语言表达效果看,词语的锤炼与选用、句式的选择与调整都很重要,是修辞教学的重点。因此,修辞部分不能局限于辞格教学方面。修辞教学的重点应放在词语修辞、句式修辞和辞格修辞上。

1. 词语修辞。要让学生明确选用词语的三点要求:准确、得体、生动。从词义着眼主要是同义词的选择。应避免在词语教学时分析词语的修辞效果多,讲如何选择词语的方法少,一定要把选用词语的方法教给学生,突出实用性。

2. 句式修辞。应着重讲授同义句式的选用和变换,要突出常式句与变式句、长句与短句、整句与散句、肯定句与否定句、主动句与被动句等句式的修辞效果的分析。

3. 辞格修辞。其一,要突出常用辞格的讲解,如比喻、比拟、借代、夸张、对偶、排比、层递、映衬等,还要突出有特色辞格的讲解,如拈连、通感、移就、易色、飞白等。其二,采用对比辨析式教学方法,一是同类辞格小类之间的对比,如明喻、暗喻、借喻的区分和联系;二是异类辞格之间的辨析,如比喻和比拟、排比和层递、借代和借喻、对偶和对比、设问和反问等。用辨析的方法进行辞格教学,以便加强理论阐述,提高学生的理解能力。

4. 语体修辞。语体分为口头语体和书面语体,重点是讲书面语体。要求学生掌握书面语体的语言特点,应该结合实例让学生进行语体辨析,以提高学生辨析语体的能力和学会运用各种语体进行书写交际的能力。

(四)修辞练习题。为突出修辞教学的实践环节,可适当补充一些能够反映多种修辞现象的习题,单一的练习和综合性练习都要有,要有分析修辞效果的,要有就短文进行修辞加工的,要有评改修辞语病的。习题安排应体现知识性、实用性、趣味性特色。

七、其他说明

《现代汉语》补充了一些新的内容,包括在各单元增设了参考文献和旨在培养学生研究能力及论文撰写能力的练习题等,各单元后对学科研究概况作了简要的介绍,突出了实用性、知识性、系统性和学术性。《现代汉语》绪论、语音部分增加了方言特点介绍,语法部分增加了语义分析,采用了复句三分系统,修辞部分增加了口语修辞、体态语修辞及辞格数量。这些新内容体现了教材的特色,教师要予以关注,在授课时有必要向学生说明与强调。对这些新内容应根据教学需要作适当处理,如教材采用了方言十大分区的说法、复句三分系统的说法,要交代一下它们划分的依据是什么,与传统划分的不同在哪里;对各单元后学科研究概述可向学生作简单介绍,也可以课外向学生作专题报告,使学生对学科领域研究现状和前沿信息有基本的了解与掌握。

贰 知识要点与重点难点分析

绪　论

第一节　语言和现代汉语

一、要点提示

语言是什么

现代汉语及其形成

现代汉语的规范化

二、重点难点分析

(一)语言的定义

现代汉语是一门语言课程,首先就应该说明什么是语言。

究竟什么是语言,至今语言学界还没有一个清晰而公认的定义。本教材采用通行的说法,主要从下面两方面来认识语言:

1. 从社会功能看,首先,语言是人类最重要的交际工具。尽管语言不是唯一的交际工具,旗语、体态语甚至一些公路交通标志都可以起到传递信息的作用,但这些信息工具服务领域狭窄,表达能力也有限。人类用来交际的不是实在的事物,而是代表事物的符号,人们通过选用音义结合的符号作为交际工具的物质形式。具有符号性质的人类语言是不依赖于其他任何交际工具而独立存在的,它的服务领域非常广阔,是人类最重要的交际工具。其次,语言也是思维所依赖的工具,目前看来,其中顿悟性思维是不依赖语言的,而逻辑思维离开语言就无法进行。

因此,人们思维的时候需要语言作为工具。总之,语言是人类最重要的交际工具和思维工具。

2. 从内部结构看,语言是由语音、词汇和语法三大要素构成的符号系统。人类语言千差万别,但具有共性的方面,那就是人类语言都包含负载意义的物质外壳——语音系统、充当建筑材料的词汇系统以及将音义结合的语言符号组织起来的语法结构规律。在语言符号系统中,语音是形式的方面,语义是内容的方面,两者互相依赖,谁也不能离开对方而孤立地存在。

综上所述,语言是以语音为物质外壳,以词汇为建筑材料,以语法为结构规律的人类最重要的交际工具和思维工具。或者说:语言是人类用于交际和思维的最重要的符号系统。

(二)现代汉民族共同语及其形成

1. 民族共同语是一个民族全体成员通用的语言。现代汉民族共同语就是"五四"以来为汉民族人民所共同使用的交际工具,是在北方方言的基础上逐渐形成的,前后历时八百多年。汉民族共同语在不同历史时期有着不同称呼,明清以来一直被称为"官话",1909 年"官话"被更名为"国语",到 1955 年 10 月全国文字改革会议和现代汉语规范问题学术会议正式将"国语"更名为"普通话",并对其内涵做了准确的界定:以北京语音为标准音,以北方方言为基础方言,以典范的现代白话文著作为语法规范。

2. 普通话语音、词汇标准的形成原因。这是本节的难点。

普通话语音、词汇、语法三个方面的标准是在 1955 年的两个会议上确定的。那么,现代汉民族共同语(普通话)为什么要以北京语音为标准音,以北方方言为基础方言? 总体看原因有以下方面:其一,北京自元代以来几乎一直是中国政治、经济、文化的中心,成为北方地区的代表,因此北京话几百年来作为官府通用语言对全国各地有广泛影响,这是以北京语音为标准音的主要原因;其二,宋元以来的文学活动,比如话本、元曲、明清小说等所使用的白话文,它的语言基础就是北方话,白话文对汉语书面语的影响越来越大,"五四"以后在全国更为流行和普及,这就促成了北方话成为基础方言的根本条件;其三,说北方话的人占说汉语人口的 70% 以上,北方话使用人口多,通行地域广,为说汉语的大多数人所能够接受。

第二节　现代汉语的方言

一、要点提示

共同语与方言

汉语方言的分类、分布及特点

汉语方言之间的差异

二、重点难点分析

(一)汉语方言的划分①

现代汉语方言怎样分区,这是个难点问题。由于划分原则不同,汉语方言的划分大致有三种:

第一种,以章太炎的研究为代表,将地理区划作为方言分区的条件而划分出十个方言区。尽管汉语方言的划分有历史原因,与行政区划有一定关系,但仍然有同一行政区划内分布着不同方言的情况。比如广东就分布了粤语、闽语和客家话三种不同的方言,江西也分布着赣方言和客家话两种不同方言,新疆也分布着北京官话、中原官话和兰银官话三种不同的官话类型,那么"广东话、江西话、新疆话"这种说法就很不准确,这样的划分不能体现方言的共性特点,是不够科学的划分。

---

① 参考壹　绪论章(二)。

第二种，以黎锦熙的研究为代表，将地理区划和方言本身所具有的特点视为分类依据划分出十二个方言区。这种划分更多倾向于地理区划，也照顾到了方言自身的语言特点，但这种双视角的划分必然使得分类出现互相牵制、互相抵触、互相矛盾的问题，也是不可取的。比如他所建立的河北系、河南系、河西系、江淮系、江汉系实际是调值有明显差异，而声母、韵母系统及声调格局，词汇、语法系统都有极大一致性的官话大区的小分支，这样将次方言与方言并举，是不妥当的。

第三种，主要以方言本身体现出的语音特点为依据划分的不同的方言类型。这是最合乎语言科学的一种分类。这种能够体现方言的语言学特征的分类经历了三个不同阶段：第一阶段，1955 年丁声树、李荣提出八大方言说，即吴语、湘语、赣语、客家话、粤语、闽南语、闽北语、北方方言。第二阶段，将闽南语和闽北语合并为一类形成七大方言说，自上世纪 60 年代提出这一观点后普遍得到学术界的认同，延用至今。第三阶段，上个世纪80 年代中期，通过《中国语言地图集》的编纂，学术界提出十大方言说，在原来七大方言的基础上，从北方方言区中划分出晋语，从江淮官话区中划分出徽语，从广西粤语中划分出平话，并将原来的北方方言改称为官话大区。

方言的划分是一个很复杂的问题，要考虑到社会、历史、地理和语言本身等多种因素，仅凭单方面的因素划分是不实际不科学的。目前，七区说和十区说之间还存在较大的争论。这是科学研究中存在的正常现象。

（二）现代汉民族共同语和方言的关系

现代汉民族共同语和方言是一组相对的概念，前者指的是不受地域限制的现代汉民族人民共同使用的语言，也称为普通话。而方言，也就是人们常说的地方话，则是局部地区人们所使用的语言。这二者之间的关系需要从两个方面来观察：

从内在关系上说,现代汉民族共同语源于方言,植根于方言,因此,普通话"以北京语音为标准音,以北方方言为基础方言"。但普通话一旦形成后就在整个民族的语言交际中处于主导地位,并对方言有强大的影响力。以语音为例,上海的中青年一代的吴语声调已经简化为五个,而受普通话影响明显的新湘语长沙话已经失掉了浊音声母,而属于老湘语的南片湘语比如双峰话则仍然保留着古浊声母。粤语分文白异读,受普通话影响较多的文读音更接近普通话,由此可以说普通话代表了方言的发展方向。

从语言材料来讲,普通话和方言的关系可以用"同中有异,异中有同"来概括。普通话来源于方言,它的语音、词汇和语法体系都体现出对方言的继承和发展,因此二者必然会在整个语言系统上体现出一致性和对应性,但同时也会体现出一定程度的差异性。这里所说的"一致性"主要指普通话和方言之间在语法和基本词汇系统上的共同性,而"对应性"主要指普通话和方言之间在语音系统上所体现的同源性。

不可否认,方言具有自己的语音、词汇、语法系统,也以某种方式影响着普通话。以词汇为例,普通话词汇有一部分是从方言中吸收来的,比如过去从方言吸收来的"耗子、瘪三、揩油"以及近些年吸收来的"忽悠、买单、摆平"等,而这种吸收过程将会继续。以语法为例,粤语问句中"你有没有吃?"就是"你吃了没有?"这样的表达方式也已经被吸收到普通话口语中。

可见,作为全民通用的汉民族共同语,它来源于方言,总是有选择地从汉语方言中吸收一些有生命的成分以丰富和完善自己。但是共同语形成后对方言必然产生强大的影响,全国各地的汉语方言都会积极吸收普通话的成分,日益向普通话靠拢。

第三节　现代汉语的教学与研究

一、要点提示

现代汉语的学科性质及定位

现代汉语课程的主要内容

学习现代汉语的方法

二、重点难点分析

(一)现代汉语的学科性质及课程定位

现代汉语属于断代个别语言学,它对"五四"以来的普通话现状进行全面的描写。现代汉语作为独立学科建立起来不足百年的历史,因此还是一门年轻的学科。

现代汉语课程是中文系的基础专业课,作为高校低年级的第一门语言类专业课程,现代汉语肩负着承上启下的任务。所谓"承上"就是现代汉语要做好与中小学语文课程相关知识的衔接,所谓"启下"就是说本课程要通过对现代汉语的语音、词汇、语法及文字、修辞等部分基础知识的系统介绍,为以后进行其他语言类专业课程甚至研究生阶段的语言专业课程的学习打下基础。其教学宗旨应该是以系统的理论和科学的方法来统辖零散性、感知性以及实践性。

(二)现代汉语课程的主要内容

现代汉语这门课程以构成现代汉语的各要素为学习对象,讲述语音、词汇、语法的基本单位、单位的分类及其相互关系。此外还介绍现代汉语的记录符号——汉字的基本构成、性质,现代汉语的修辞特点和规律。严格地讲,文字学和汉语修辞学已经是两个独立的学科,不属于现代汉语的学科体系本身,将其纳入到教材中,是秉承了现代汉语教材的一贯传统。

第一章 语 音

第一节 语音概说

一、要点提示

语音和声音　　　　　语音的性质

语音的基本概念　　　汉语拼音方案

二、重点难点分析

(一)语音的性质

语音与自然界的各种声音相同,都产生于物体的振动,但与其他各种声音的区别在于它是人类发音器官发出的具有一定意义的声音。

1. 语音的物理属性。体现在四个方面:

音高决定于发音体在单位时间内振动的频率次数,而音强则决定于声波幅度的大小;音高决定了声音的高低,而音强则决定了声音的大小,二者有严格的区别。音高和音强也是互有影响的:在音强、音色、音长不变的情况下,在一定限度内,音高的改变会影响到音强大小的听觉感受;在音高、音色、音长不变的情况下,在一定限度内,音强的改变也会影响到音高高低的听觉感受。

音高有绝对音高和相对音高的区分。绝对音高由发音体本身的性质决定,比如男人与女人声音的差别很大程度上是绝对音高不同;而相对音高的差别则是对发音体(声带)的松紧程度进行控制而造成的。语音学更为关心的是相对音高,因为相对音高构成了声调和语调。

音长取决于发音体振动时间的长短。普通话里的轻声词是声调的音变,发音时声音轻而短,与原声调不同。如:地方 dìfāng 和地方 dìfang,读轻声的后一个"方"比读原调的前一个"方"要短得多,轻得多。这两个"地方"读轻声与否所表示的意义是不相同的。

音色是由音波振动的波形不同造成的,它决定了声音的异同,是声音最重要的物理属性。音色的不同主要由发音部位、发音方法及共鸣器的形状决定的。如 n、l 发音部位虽然相同,但是发音方法不一样,人们在听感上很容易分辨出它们的音色不同;又如 i 和 ü 发音的口腔形状大小明显不同,就形成了两个音色完全不同的声音。

2. 语音的生理属性。语音是由人的发音器官发出来的,发音器官及其活动决定语音的区别。人类的发音器官共分三个部分:肺和气管是发音时气流的动力器官;喉头和声带是振动气流的发声器官;口腔和鼻腔是发音时气流的共鸣器官。口腔部分与发音有关的有舌头、上腭(硬腭和软腭)、上下门齿。舌头在口腔里活动空间大而灵活,使气流受到节制或阻碍可以发出各种不同的声音。

3. 语音的社会属性。语音能够负载一定意义,而这种意义是由社会决定的,不因个人意志而转移,因此语音具有社会属性。社会属性是语音的本质属性,学习和研究一种语音必须了解语音的社会性质。主要从三个方面理解:语音的约定俗成性,主要是指语音和意义之间的关联是通过一种社会约定的方式形成的。语音的民族性,是指语音系统中包含什么音素、音位,它在语音系统中的价值和作用如何,这些都是在长期的社会规约中形成的。比如送气与否、长短音的区别在汉语和英语中的作用完全不同;汉语中存在舌尖后辅音和与之相拼的舌尖后元音,而英语中没有相应的辅音与元音,这是语音的民族性的体现。语音的系统性,主要反映在语音系统中包含什么音位、其地位如何、音位间的关系如何等几个方面。

(二)语音的基本概念

有些基本概念是延用了传统音韵学的概念,比如声母、韵母和声调,有些是吸收了现代语音学的基础概念,比如音素、音位、元音、辅音等。讲解这些概念必须强调两个重点:讲清楚每个概念的内涵;解释清楚相关概念的相互关系。

1. 音素是语音部分的核心概念之一。音素具有以下特点:它是语音系统里的最小单位;它是从音色角度划分的。它的第一个特点使之与音节区分开来,第二个特点使之与音位区分开来。

音素常见的分类是发音方式(即气流是否受到阻碍)分类,分为元音和辅音两类。因此音素和元音、辅音间的关系是上位概念和下位概念的关系。

2. 音节也是语音部分的核心概念之一。教材采用了对音节的通用的界定,综合了音节在听感及发音时的生理特征:音节是语音结构的基本单位,是听觉上最容易分辨的语音单位,也是最自然的语音单位。

3. 元音和辅音这两个概念是从现代语音学引进的,它的引入使得我国传统语音学(主要是音韵学)的研究得到了深化,也更为科学化。

元音是发音时气流不受阻碍形成的音素,辅音是发音时气流受到阻碍而形成的音素。从气流是否受阻、紧张均衡与否、气流强弱与否以及声带是否颤动四个方面区分它们的不同。

4. 声母是汉语音节中的重要构成部分,它是居于音节首位的辅音,有的音节不以辅音开头,则为零声母音节。

声母和辅音是有区别的:声母是来源于传统音韵学的一个概念,是专门针对汉语音节的构成而提出的,同时指出它是汉语音节中处于首位的辅音,又部分吸收了现代语音学的理论;而辅音是来源于现代语音学的概念,是对音素进行分类而产生的概念。虽然声母由辅音充当,但有的辅音不作声母,只作韵尾,如 chuàng(创)中的 ng[ŋ]。辅音 n 既可作声母,也可作韵尾,如 nán(南)中的前后辅音 n 分别是声母和韵尾。

韵母是汉语音节的必备构成部分,它是汉语音节中居于声母之后的部分,由元音或元音加辅音构成。如"chéng(城)"这个音节里,eng 就是它的韵母,是由元音加辅音构成的。

韵母和元音不是一个概念,韵母有的由单元音或复元音构成,如"dǎ(打)、xià(夏)",有的由元音带辅音构成,如"huān(欢)"。

声调也是汉语音节的必备构成部分,是指整个音节高低升降的变化。汉语音节由声、韵、调组成,由相同声母和韵母构成的音节如果它们的声调不相同,这些音节所表示的意义就不一样,如:工人 gōngrén——供认 gòngrèn,所以声调在汉语音节里具有区别意义的重要作用。

5. 音位是一种语言(或方言)里能区别意义的最小语音单位。人们说话发出的一连串语流包含很多复杂的声音(音素和它们高低升降的变化),而这些声音及高低的变化很细微人们不容易觉察,而且它们不改变词义也不会影响交际。那么,这些实际语言里出现的众多而复杂的音素和声调就不需要学习和研究,但有必要对其按条件归纳成若干能区别意义的最小语音单位——音位,以便学习和研究一种语音系统。

音位是总结概括出来的,因此不同学派因为掌握的资料不同、对理论和方法的运用情况不同,就有可能对同一个语音系统作出不同的音位系统概括。如邵敬敏主编的《现代汉语通论》与黄伯荣、廖序东主编的《现代汉语》,张斌主编的《新编现代汉语》所描写的现代汉语音位系统都有一定出入,在教学中可作适当说明。

第二节 辅音与声母

一、要点提示

声母与辅音　　　　　零声母与零声母音节

声母的音色描写　　　声母辨正

二、重点难点分析

(一)声母的描写

传统音韵学对声母的描写停留在听感层面,这是有局限性的。现在,一般情况下都借鉴现代语音学的音素分析法对声母进行发音部位和发音方法的描写,而这种描写本身可视为对声母的分类。如:

g〔k〕舌根、不送气、清、塞音

z〔ts〕舌尖前、不送气、清、塞擦音

f〔f〕唇齿、擦、清音

(二)声母辨正

这部分内容实践性强,而且不同方言区声母的辨正存在一定差异性,因而是难点。进行声母辨正有两种思路:其一,以具体的方言区为对象,围绕不同方言区在声母的音类和音色方面体现出的特点进行;其二,以声母部分普遍存在的方言语音与普通话语音的差异为基础进行。两种思路各有长处,第一种实用性强,第二种知识性强。下面以第二种为例作具体说明。

方言语音与普通话语音在声母上的差异体现在音类和音色

两方面,音类方面主要是声母的分合、数量有一定差异,而音色方面主要是近似声母的发音有一定差异。

1. 一些方言合并混读了舌尖前音(z、c、s)与舌尖后音(zh、ch、sh)两套声母,对此应区别对待。属于全部合并类的,需要准确识读没有的那部分声母,并将合并在一起的字分成两类;属于部分合并的,仅需将合并的字准确分开即可。要注意的是有的方言还存在舌尖后音与舌面音(j、q、x)合并的情况,比如湖南话的"朱、出、书"的声母就分别是j、q、x,对这种情况同样需要进一步区分。

舌尖中音 n、l 的合并或混读,这组情况较为复杂。有的方言是部分混读,有些方言是完全混读,其中有的是有 n 无 l,有的是有 l 无 n。这些都需要具体情况具体对待,关键要使学生掌握发音的要领。

唇齿音 f 与舌根音 h 混读,比如闽方言就无 f 声母,普通话中读 f 的字在闽方言中多读成 h,而湘方言、西南官话 h 声母与 u 韵母相拼时又相反,多读 f 了。因此这组的情况也很复杂,需要具体情况区分对待。

2.方言和普通话声母的音质差异较之音类的差异显得隐蔽,所以是难点。比如分布于陕西、新疆的中原官话的分支就存在舌尖中音(d、t)带腭化色彩,读得近似舌面音(j、q)的情况。声母音质方面的差异,根据具体情况必须专门进行训练。

第三节　元音与韵母

一、要点提示

韵母和元音　　　　　韵母的分类
韵母的发音　　　　　韵母的结构
韵母辨正　　　　　　押韵

二、重点难点分析

（一）韵母的分类

结构分类和四呼分类是韵母最常见的两种分类。

1. 从音素的构成角度看，韵母有三种类型：单元音韵母、复元音韵母、鼻韵母。后两类发音不是组成韵母的前后音素的简单拼合：复元音的发音特点是从一个元音的发音状况快速向另一个元音的发音状况过渡，中间无明显的界限，发的音围绕一个中心形成一个整体；鼻韵母是由元音的发音状态向鼻辅音过渡，鼻音色彩逐渐增加，最后，发音部位闭塞，形成鼻辅音。

2. 韵母的四呼分类，能够非常清晰地揭示汉语音节组合的规律。"四呼"这个概念是从传统音韵学借鉴来的，指开口呼、齐齿呼、合口呼、撮口呼。韵母的四呼分类主要是依据韵母发音时的生理特征而命名的。其命名充分体现了每一组韵母开始发音时的生理特征：开口呼就是口型完全张开的，齐齿呼是口型扁平的，合口呼是口型合拢的，撮口呼是口型撮圆的。

从概念来讲，韵母的四呼需要用音素分析的方法界定其内涵，比如"韵母是 a、o、e 或以 a、o、e 开头的韵母就是开口呼"，"i 韵母或以 i 开头的韵母就是齐齿呼"。这样界定的优点使得四呼的命名及其分类更科学，但也需要注意几个特殊情况：（1）zi、zhi 两组音节中的韵母 i 分别是舌尖前元音和舌尖后元音，因此是开口呼；（2）鼻韵母 ong 虽以 o 开头但发音时首音口型是合拢的属于合口呼；（3）鼻韵母 iong 虽以 i 开头但发音时首音口型是撮圆的，属于撮口呼。

（二）单韵母的发音及其描写

单韵母由单元音构成，对单韵母的研究借鉴了音素分析的方法，用舌位四边图给出舌面单韵母的准确定位。单韵母的发

音特征描写是重点,应从舌位前后、舌位高低、唇形圆展三个方面进行描写。如:

ɑ [a] 舌面前低不圆唇元音

u [u] 舌面后高圆唇元音

虽然研究方法都相同,但对单韵母的音质,各个教材有不同的讲法,本教材采用的是通行的认识,这样的处理更为谨慎。

(三)复韵母的发音

复韵母是由复元音构成的韵母,几个元音代表了这个复韵母的起始音、终止音或起始音、中间过渡音、终止音,不同音素之间是滑动的,其中发音最响亮的是主要元音。复韵母的发音与单韵母不同,复韵母发音时口形及舌位都会发生变化,有一个占一定时长的音程或动程。了解这一点对复韵母本质的理解以及对复韵母的准确发音都有直接帮助。

(四)韵母辨正

韵母辨正是难点。

韵母的情况比声母复杂,音类的分合往往伴随着音质的改变。比如兰银官话区有些地方话将 an 读为 ang,同时韵腹出现鼻化色彩。下面综合分析几组常见问题。

带舌尖鼻音 n 的韵母为前鼻音韵母,带舌面后鼻音 ng 的韵母为后鼻音韵母。前后鼻音韵母在许多方言中都存在合并或混读的情况,具体说就是 en 与 eng,in 与 ing,un 与 ong,ün 与 iong,an 与 ang 合并与混读。兰银官话很多地方话就没有前鼻音韵母 en、in,甚至 un、an,这部分音都读成后鼻音韵母,晋语以及陕西、甘肃、新疆等地的汉语方言也有类似的问题。对此,应视具体情况分别处理。

复韵母的发音特点在于有一个口型逐渐变化的音程,但有些方言却有部分复韵母音程减缩的现象,这样就使得部分复韵母的韵尾失落,几乎相当于单元音韵母,或主要元音和韵尾合一,使得整个韵母仅有介音和主要元音。复韵母音程减缩会造成韵母音质较大改变,是韵母辨正部分的难点,加强发音练习是解决问题的途径。

有些方言韵母 o 和 e 不分。东北、西南等地分别存在把 o 韵母字读成 e 韵母、把 e 韵母字读成 o 韵母的现象,新疆话无 o 韵母,把 o 韵母字全读成了 e 韵母。普通话韵母 o 只限于跟唇音声母拼合,韵母 e 不跟唇音声母拼合。掌握了这个规律对区分 o 韵母字和 e 韵母字的读音很有帮助。另外,要弄清楚 o 和 uo 韵母字的读音,o 是发音时口形不变的单元音,uo 是发音时口形发生变化的复元音。

第四节　普通话的声调

一、要点提示

声调的性质　　　　　调值和调类
古今调类对比　　　　　声调辨正

二、重点难点分析

(一)声调的性质

声调是通过控制声带的松紧程度以不同频率振动而形成的,从本质上说是非音质的音高现象;声调是贯穿音节始终的,因而又是超音段的。

音高有绝对和相对之分,与声调有关联的是相对音高,具体说,发音时具体的频率数值是多少不重要,重要的是以什么样的方式、幅度来发音。

声调是汉语音节必不可少的构成部分,利用声调区别意义是汉语的特点之一。

(二)调值和调类

这是重点也是难点。

调类是传统音韵学的概念,而调值是从现代语音学吸收过来的概念,应该说声调现象的研究恰当地将传统音韵学和现代语音学结合在一起了。

调值指声调的高低、曲直、升降,也就是声调的实际读法。调值记录的并不是声调的实际读音,而是从大量的实际读音中抽象提取出的某些典型特征,这些典型特征包括音高频率振动的方式、幅度。

记录调值通常采用五度标调法,就是将包括所有声调类型的字调的最高频率和最低频率平分为五个等级,如果某个字的声调是在第五个等级的范围内波动,就可以记为 55,而如果某字调是在从第三到第五的等级内波动,那么就可以记为 35,其他情况以此类推。正因为这样,虽然每个人的具体音高都会有差异,但其变化幅度及变化方式应该都具有共性,所以个体差异依然不妨碍我们准确识别其调值。

调类指声调的种类,它是根据调值确立的,如普通话有四种调值,就归纳为阴平、阳平、上声、去声四个调类。调类的命名沿用了古四声的名称,尽管调值和调类相互联系,但它和调类的名称之间不存在必然的对应性。比如,同为阴平字,北京话是 55 调,天津话是 11 调,西安话是 31 调,南昌话是 42 调,显然,"调值相同调类也相同"的说法是错误的。不同方言之间,很可能调值相同却属于不同调类。

(三)四声的演变

这部分内容不是重点却是难点。

四声是传统音韵学的基本概念,随着语音的发展,其概念的内涵发生了变化。古四声是平、上、去、入四种声调类型的简称,新四声是指阴平、阳平、上声、去声。

汉语从中古发展到近代再到现代汉语普通话,声调的格局和调值都有了很大的改变。其格局的改变总体看有三大规律:

平分阴阳　平声分化为两类是在 14 世纪前完成的。其规律与平声字声母的清浊严整对应,其中清声母分化为阴平,浊声母分化为阳平。官话大区的多数方言都属于这种情况。

浊上作去　8 世纪以前上声就完成了分化,只不过分化出的上声并没有形成新的调类,而是并入去声了。上声分化出的那部分都属于全浊声母字,而次浊声母字则仍然保留在上声中。

入派三声　　入声是中古汉语四声中的一种,收塞音尾-p、-t、-k,时长较短,读得短而促,自成一种调类,比如"一、六、七、十、各、客、喝、泣、物、麦、白、绿、黑、局、德"等都是入声字。

北京一带的方言中,入声早在 14 世纪前就消失了,所谓消失就是并入其他调类之中。在 14 世纪时,入声的分化是很有规律的,全浊声母并入阳平,次浊声母并入去声,清声母并入上声,这就是入派三声。但随着语音的进一步演化,归入上声的入声字进一步分化到阴平、阳平、去声之中,留下的少部分仍读上声,这两次分化才形成了入派四声的格局。这里的"四声"已经是新"四声"。

发展到近代汉语,入声在官话大区的大部分地方话中都已经失去了塞音尾,逐渐合并到平声、上声、去声中,但南方方言中多数仍然保留了入声。

(四)声调辨正

声调辨正是本节的难点。汉语方言间的语音差异表现最明显的地方就在声调上,尽管普通话和方言的声调存在清晰、严整的对应关系,但具体到不同方言,情况都会不同。比较起来看,官话大区的不同分支与普通话之间的声调格局都比较接近,仅需要做调值的调整。但是,南方方言声调格局都较为复杂,还存在入声韵的问题,校正起来就相对困难了,需要进行大量的正音练习。

第五节　音　节

普通话的音节结构及其特点　　普通话音节的拼读与拼写
普通话音节结构分析　　　　　　普通话的声韵调配合规律

二、重点难点分析

（一）普通话的音节结构及音节拼写

1. 普通话音节结构的模式及特点。普通话音节由声母、韵母、声调三部分构成。声母包括辅音声母和零声母。韵母包括韵头、韵腹、韵尾。

本教材主要从结构本身出发，并兼顾了音节的听感特征，总结出汉语音节结构具有以下四个方面的特点：一个音节少到一个音素组成，多到四个音素符号组成；韵母和声调是音节的必须组成部分，韵母中韵腹不可缺少；元音占优势；每个音节都有声调，声调有区别意义的作用。

2. 普通话音节结构的分析。汉语音节拼写中存在省写，y、w替代甚至改写等现象，普通话音节结构分析与音节拼写正好相反，要将音节拼写中经拼写规则改变的部分还原回来，保持音节结构的本来面目，以便更准确地识读和认识汉语音节的特点。还有下面三点需要特别注意：

i 与-i 韵母要区别开来。尽管[i]与舌尖前元音[ɿ]和舌尖后元音[ʅ]的音质差别很大，是发音不同的三个元音，但在分布上看它们是互补的，舌尖前元音和舌尖后元音分别拼舌尖前声母 z、c、s 和舌尖后音声母 zh、ch、sh、r，而 i 则拼这两组声母以外的部分声母。因此，汉语拼音方案没有特别为两个舌尖元音设计新符号，而是用一个 i 表示了三个音素。在作音节结构分析时要将三个 i 区别开来，两个舌尖元音都是开口呼，只做韵腹,[i]音素属于齐齿呼,可做韵头也可单独做韵腹。

o 韵尾还原为 u。现代汉语音节有四个韵尾:一对元音韵尾 i、u 和一对辅音韵尾 n、ng。ao 与 iao 韵母的韵尾实际读音应该是 u,在作音节结构分析时,遇到这两个韵母要将韵尾还原为 u。

iong 韵母的韵腹还原为 ü。iong 是撮口呼音节,其中 io 表示一个韵腹 ü,音节结构分析时要将 io 视为一个音素符号 ü。

3. 准确拼写普通话音节应特别注意以下问题:

iou、uei、uen 的省写。iou、uei、uen 跟辅音声母拼合时,主要元音音质变得比较模糊,可以记录为 i°u、u°i、u°n,为反映其实际读音,也出于经济原则,要省去韵腹,前二者调号标在最后一个元音上,后者在 u 上标调,如:休 xiū、卉 huì、轮 lún。

ü、ê 的省写。ü 和 j、q、x 拼合时,省去上面的两点,与 n、l 拼合时,ü 上的两点不能省略。ê 作为零声母音节时上面的三角符号不能省略,其他情况下要省略,如:歇 xiē、叶 yè。

y、w 的使用。在汉语拼音方案中,y 用来表示齐齿呼、撮口呼零声母音节的开头,w 用来表示合口呼零声母音节的开头。在齐齿呼、合口呼零声母音节中,y、w 的使用有附加和改写两种情况,在撮口呼零声母音节中只是在音节前附加 y,同时省写 ü 上两点;属于附加时其作用相当于隔音符号,属于改写时其作用既是隔音符号,又是音素符号。

(二)普通话声韵配合规律

普通话声韵配合规律的概括有两种思路:第一种,是从声母对韵母的选择看声与韵的配合,以声母的发音部位分类为纬线,以韵母的四呼分类为经线,就可以得到一个概括性、解释力很强的声韵配合简表。第二种,是从韵母对声母的选择看韵声的配合,这种能够揭示的规律很有限。

第六节　音　位

一、要点提示

音位和音素　　　　　　　归纳音位的原则
普通话的音位系统　　　　音位分析的作用

二、重点难点分析

(一)音素、音位与音位变体

这三个概念有关联又有区别。音素与音位的关系就类同于客观现实与概念的关系,音素是现实的语音系统中的具体的客观存在,音位则是对语音系统中客观存在的抽象的概括;音位变体是音位的具体表现形式,音位则是从音位变体中概括归纳出来的。音位与音位变体的关系是类别与成员的关系。音位是按照语音的社会属性划分的,音素则是按照语音的自然属性划分的。音位与音位变体总是存在于某个具体语言的语音系统中,而音素则存在于所有语言的语音系统中。

(二)归纳音位的原则

主要是贯彻结构主义语言学的分布原则,同时兼顾听感认知原则(即当地人们的音感)。归纳音位的对立原则和互补原则,依据的都是音素在音节中的分布情况,将二者结合起来使用结果就可能更科学。以普通话为例,舌面元音[i]与舌尖前元音[ɿ]、舌尖后元音[ʅ]就是互补分布的,如果单据这一个原则,就需将这三个元音合并为一个音位,但 i 和舌尖前元音、舌尖后元音之间听感差异非常大,不能完全合并,所以教材将 i 作为一个独立的音位,将舌尖前元音、舌尖后元音合并为一个音位。可见听感原则虽然是辅助性的,但也是不可缺少的。

(三)普通话的音位系统

包括音质音位(元音音位、辅音音位)和非音质音位(调位),还包括这些音位的主要变体以及各音位之间的关系。由于对归纳音位原则的具体运用不同,不同教材建立的音位系统略有差异,本教材采取的是学术界基本公认的观点。

第七节　语流音变

一、要点提示

连读变调　　　　　　　　　轻声的性质和作用

儿化的性质和作用　　　　　语气词"啊"的变读

二、重点难点分析

(一)轻声、儿化的性质、特点和作用

轻声是语流中的弱化现象,是四声之外的一种特殊的变调,不是独立的调类。

多数情况下人们认为轻声就是音强减弱造成的,但实际上根据林茂灿、颜景助的语音实验,轻声从本质上讲是由于轻声音节的时长仅为正常音节的一半左右,是时长减半造成了音节的音高、音强甚至所包含音素的音色等方面的一系列改变。这些对轻声性质和特点的概括都是建立在北京话的基础上,在其他方言中则会遇到不同程度的困难,王福堂、潘悟云、石汝杰、曹志耘、邢向东等学者的相关研究证明,方言中的轻声现象有着不同于北京音的表现,比如兰银官话的轻声就既不轻也不短,而是表现为某种独特的连读模式,因此,要在普通话语音系统中说明轻声的特点。

儿化也是一种音变现象,从听感特征上讲,儿化就是使某个音节的韵母带上卷舌色彩。普通话儿化的基本性质就是卷舌作用。

儿化音节拼写时需在被儿化音节之后加上字母r,以表示该韵母具有卷舌色彩,如"画儿、皮儿、腿儿、面儿"等,当中的"儿"

不是独立的音节,而是同前一个音节融合在一起,使前字的韵母带上卷舌动作,这是汉语"一个字一个音节"的例外。

儿化具有词汇层面的区别词义和表示特殊的感情色彩的作用;还具有语法层面的区别词性的作用。但这些作用不具有周遍性,仅是部分儿化现象所具有的。

(二)连读变调

汉语的单字都有固定的声调,但进入到语流中部分字会发生有规律的声调变化,这就形成了连读变调。

连读变调的模式是逐渐形成的,是在语流中发生的。常见的连读变调有上声变调、去声变调、"一、不"的变调和"七、八"的变调这四种类型,其中上声和去声变调属于异化现象。

第八节　语音节律与朗读

一、要点提示

语音的节律及其表现形式　　朗读的技巧

二、难点分析

本节内容实践性很强,不作难点分析。提示如下:

讲朗读的技巧不能停留在知识层面,否则学习者不可能真正掌握好朗读技巧。因此,本节不能纯粹地讲朗读理论,应加强对理论的具体实践。

第九节　语音研究

一、要点提示

现代汉语语音研究概述　　现代汉语语音研究的难点

二、重点难点分析

语音研究的过去、现在和未来这部分的内容是对本章内容的深化,对有志于继续深造的学生来说,了解这些内容非常必要,它可以为研究生阶段的学习做一个简单的铺垫;而对一般学生来说,这节内容就是纯粹知识性的,做简单讲解即可。所以本节不设立重点难点分析。

第二章　现代汉字

第一节　文字与现代汉字

一、要点提示

文字的特点和作用　　　　　　现代汉字的主要特点
现代汉字的造字方法和字体

二、重点难点分析

(一)文字的作用

第一,文字依靠视觉,克服了口语和手势语转瞬即逝的缺陷,使不同地域的人们可以在不同的时间内进行交流,成为辅助和扩大语言交际的最重要的工具。第二,文字对于人类生活经验的总结、文化的继承有非常重要的作用,即使在录音设备发达的今天,仍不可替代。第三,文字的出现对于语言的发展有重要作用,书面语借助于文字,便于加工整理,使语言更加精练、准确,趋向统一。

(二)现代汉字的主要特点

现代汉字主要指"五四"以后的汉字,包括由古汉字演变而来的传统字、简化字以及新造的汉字,它是形声字占绝对优势的表意体系的文字,其主要特点是:

从形体结构看,现代汉字是以直线构形的方块文字,直线是笔画的基本线条,是构成方块形文字的条件。汉字以平面作为信息分布的主要方式,各种笔画、部件从纵横两个方向组合成方块形,英语等西方拼音文字则是自左向右横向展开。汉字结构独具特点,汉字的书写节约篇幅,字形传递的信息量大。尽管汉字字形多样,组合繁杂,但由于它表意和表音具有一定的规律性,只要掌握一定方法还是容易学习的。

从记录的语言单位看,现代汉字记录的是现代汉语里最小的音、义结合体——语素,称为语素文字。而英语等西方拼音文字记录的是语音单位——音素(音位)或音节,称为音素文字或音节文字。

(三)汉字字体的辨认

了解汉字的各种字体是本节的难点。

汉字的字体主要经历了甲骨文、金文、小篆、隶书、楷书、草书、行书等不同的历史演变。这些字体,笔画形态、整体轮廓、内部结构都有明显的差异和各自的特点,据其可以辨认不同的字体。

甲骨文的象形性、图画性很强,比如"鸡"字就写成𦏧,象鸡之形,"羊"字写成𦍌或𦍌,象羊之形。甲骨文笔画纤细、方笔居多,这和它的书写工具是刻刀和承载材料是龟甲或兽骨有关。甲骨文的结构不固定,而且异体字很多,比如"即"字,可以有三种写法:𠨐、𠨐、𠨐。

金文笔画丰满粗壮、笔势圆转,比如𥘅、天("神、天");字形略显长圆、大小一致、布局较匀称;形声字大量出现,并出现很多简化字,比如"中"字,有𠁦、𠁦这样比较复杂的写法,还出现了像𠁩、中这样简单的写法。

小篆是秦始皇统一六国后在全国推行的标准字体。小篆具有书写线条化、结构定性化、形体简单化、字体瘦长等特点,《说文解字》搜集了大量小篆字形,读者可以翻阅。

隶书有秦隶和汉隶两种。和小篆相比,隶书字形扁平,笔画波磔,圆体变方体,曲笔变直笔,形成了汉字点、横、竖、撇、捺等基本笔画,汉字完全符号化了;部分偏旁改造成了便于书写的方式,如"水"旁写作"氺、氵、水"等;省略、合并了部分偏旁,使汉字更加趋于简化。隶书在汉字发展史上具有转折点的作用。

楷书由隶书演变而来,一改隶书笔画的波磔挑法而变得平直,点、横、竖、撇、捺等点画分明;结构上,楷书不再像隶书那样舒展放纵,而变得紧凑严谨;形体上由隶书的扁平字形变成了真正的方块字形,规矩整齐。楷书兴于汉末,盛行于魏晋,一直沿用至今。

广义上的草书指各种字体的草率写法,一般说的草书有章草、今草和狂草。章草是隶书的草体,保留了汉隶的波折,有连笔现象,但字字独立;今草无章草的波折挑法,书写笔笔相连甚至字字相连,一气呵成,十分流畅,但难写难认;狂草书写急速,恣意增损勾连,笔走龙蛇,字迹诡奇,极难辨认,有艺术欣赏价值,没有什么实用价值。

行书介于楷书和草书之间,它集合了楷、草的优点,形体近楷不拘,近草不放,书写方便,具有较高的实用价值,一直沿用至今。

从上述汉字的演变历史看,简化、规范化、符号化是汉字发展的总趋势。

第二节　现代汉字的字形结构

一、要点提示

笔画和笔顺　　　　　　部件与偏旁

二、重点难点分析

(一)汉字结构

现代汉字是由笔画和部件组成的,由笔画组成的字称为独

体字,由两个或者多个部件组成的字称为合体字。合体字的组成方式有:

左右组合:认、树　　　　上下组合:念、李

包围组合:闲　　　　　　品字组合:犇

穿插组合:串

(二)部件、偏旁和部首

部件、偏旁和部首的区别是难点。

汉字部件的切分一般考虑字形结构而不考虑造字结构。

偏旁和部首:二者关系密切,但不等同。部首是具有字形归类作用的偏旁,在偏旁中,那些表示字义类别的,称为形旁,它是字书中各部的首字,因而称为部首。如"汁、汗、汛、汐、涛"等,都带有"氵"旁,其表义都与"氵"有关,所以"氵"是这些字的部首。部首不等同于偏旁,部首大都是偏旁,但偏旁却不一定是部首,偏旁的数量远远多于部首。

(三)笔画和笔顺的掌握

笔画可以按照零组合、相离组合、相接组合、相交组合等方式组成汉字。掌握笔画的组合方式,便于电脑依形输入汉字时对字体的拆分。

汉字的笔顺问题是难点。

规定汉字的笔顺是为了便于书写,便于组织结构,不破坏汉字的笔画系统。国家语言文字工作委员会于 1999 年 10 月 1 日发布了《GB13000.1 字符集汉字笔顺规范》,规定了 20902 个汉字的笔顺。

应结合教材中的规则并对照国家语言文字工作机构公布的汉字笔顺规范的有关文件多加练习。

第三节　现代汉字的标准化和规范化

一、要点提示

汉字标准化的任务:定量、定形、定音、定序

汉字规范化的内容和原则

二、重点难点分析

(一)现代汉字标准化的意义

现代汉字的标准化有非常重要的意义:其一,汉字标准化便于人们口语和书面语的交际。同时,汉字作为记载和传承中华民族的文化的工具,对它的书写必须提出规范化和标准化的要求。否则,给现代人阅读古代文献带来很大麻烦,给后来的继承者也带来同样的麻烦。其二,信息时代对汉字提出标准化和规范化的要求,以便计算机高效率地进行汉字输入编码、语音识别等信息处理。其三,由于世界范围的汉语学习的持续升温以及对外汉语教学的需要,汉语教学的内容以及现代汉字的标准化和规范化问题成为我们所关心的问题。

基于此,2001 年 1 月 1 日起开始施行《中华人民共和国国家通用语言文字法》,它以法律的形式明确规定国家"推广普通话,推行规范汉字",还对语言文字的社会应用作了规定。在这种背景下认识现代汉字的标准化和规范化的意义并审视教材的本节内容,当然显得十分重要。

(二)现代汉字标准化的任务

现代汉字标准化的主要任务有四个方面:定量、定形、定音、定序。

要继续研究姓名用字、地名用字、方言字、科技专业用字的汉字定量问题。

要注意减少罕用偏旁部件,防止盲目使用繁体字或无休止

地继续简化字,使汉字部件规格化,字形保持稳定状态。

《普通话异读词审音表》对异读词的读音进行了整理,不过,人名、地名的异读还需要进一步审定。

要解决每个汉字笔画定数、笔形定序的问题,确定各类工具书都适用的部首表和确立科学的归部原则的问题。

(三)汉字形、音、义结合的复杂性

汉字形、音、义结合的复杂性是本节的难点。

正因为汉字形、音、义结合具有复杂性,所以对汉字进行规范是非常必要的。

第四节　现代汉字的应用

一、要点提示

现代汉字的读写应用　　　现代汉字的信息处理

二、重点难点分析

(一)如何避免读错字和写错字

这是本节的重点也是难点。

针对写错别字的主客观原因,要注意的是:(1)注意区别形近字,如戊—戌—戍,已—己—巳。(2)认清字形,不要多写笔画或少写笔画,如"武"字不能在斜钩上添上一撇,"微"字中间的短横不能丢掉。(3)不使用不符合规范的简化字,如"电器"的"器"不能写成"口"。(4)注意从形、音、义三个方面分析汉字,明确一个字的形体、读音和意义。如:瞠 chēng,从目,表示瞠眼看;膛 táng,从月(肉),指体腔。(5)培养良好的用字习惯和书写习惯,对自己不能确定字形或字音的汉字一定要查字典,以免用错。

(二)现代汉字的信息处理

这是本节的难点。

信息化社会的一个最主要的特征就是利用电子计算机的现代技术对语言文字信息进行各种处理。

汉字输入、编码、输出之间的关系可参照教材 194 页的图示。

第五节 汉字研究

一、要点提示

汉字研究的基本情况、研究领域和相关问题

深入思考教材提供的题目,撰写小论文

二、重点难点分析

说明:本节作为一般讲解,不作重点难点分析。

第三章　词　汇

第一节　语素、词、词汇

语素　　　　词　　　　词汇

（一）语素及辨认语素的方法

辨认语素是本节的重点也是难点。

语素的定义有两个含义：语素是最小的语言单位，又是音义结合的语言单位。语素跟汉字不同，汉字不一定都是音义结合的。语素跟词不同，语素是最小的语言单位，词是比语素大的语言单位。语素无论是单音节的还是多音节的，它都有一个整体的意义，不能再分解。辨别语素不能看有几个音节，应该看它是否能够再切分。如"山、水、拿、跳"等，每一个字就是一个语素；"伶俐、犹豫、坦克、吉普"等，都是由双音节组成的有意义的不可以切分的语言的最小单位，都是一个语素。其中"伶俐"和"犹豫"是连绵词，"坦克"和"吉普"是音译的外来词。再如"巧克力、阿司匹林"等，这些词都是音译的外来词，是由多个音节组成的，它们也是不可以切分的语言的最小单位，是一个语素。

确定语素的方法可以用替换法，就是用已知的语素替代有待确定是不是语素的部分。替换的结果有三种：

第一：驼绒——检测"绒"：羊~、丝~、毛~

检测"驼"：~峰、~铃、~背

"驼"可以为"羊、丝、毛"等已知语素所替代，"绒"可为"峰、铃、背"等已知语素所替代，它们各是一个语素。

第二：彗星——检测"星"：火~、卫~、~球、~空

检测"彗"：~？

替换以后，被检测的"星"可以构成新的意义单位，是语素。"彗"不能构成新的意义单位，不是语素。"彗星"包含一个语素。

第三：骆驼——骆？

？驼

"骆驼"的两个组成成分都不能被替换，所以"骆驼"是一个语素。"骆"和"驼"只代表了无意义的音节。

采用替换法须符合两个条件：一是一个语言片段的前后组成部分都能被替换，二是在替换中要保持意义的基本一致。如上述第一点"驼绒"就符合这两个替换条件。又如，"马虎"虽然符合前一个替换条件（老虎、马鞍），但是替换后违背了第二个条件，因为"马虎"中的"马"与"虎"同"老虎、马鞍"中的"马"与"虎"在意义上毫无联系。所以"马"与"虎"都不是语素，"马虎"只能是一个语素。

（二）语素和词的区别

语素和词的区别是本节的难点。

语素是语言中最小的音义结合体，词是最小的能独立运用的语言单位，它们都是音义结合的语言单位。它们的区别主要体现在以下三个方面：

1. 定义不同：语素是最小的音义结合体，如"民、玻璃"等；词是最小的、能够独立运用的音义结合体，如"人、图书"等。

2. 作用不同：语素是构词单位，不能直接构成句子，即不能

直接作任何句法成分,只有独立成词或组合成词,才有可能独立运用,如"建"和"设"都是语素,它们不能够直接构成句子,只有组成"建设"等词语才能作为句子的构成单位。词是造句单位,直接构成句子,也可以和其他词组合构成短语再构成句子,如"花开了"这个句子就是由"花、开、了"三个词语构成。

3. 结构不同:语素不能切分成更小的语法单位,如"人、沙发",都不能切分。词是由语素构成的大的语法单位,如"人民"是由"人"和"民"两个语素构成。词不能扩展,如"白菜"是词,不能扩展为"白的菜"。

语素和词的区别,教材从功能、语音和意义上讲了三点,可结合教材讲解加深理解。

第二节　词的构成

一、要点提示

单音节词与多音节词　　　　单纯词与合成词

词与短语的关系

二、重点难点分析

(一)怎样正确分析复合式合成词①

合成词的分析属于重点和难点。

复合式合成词由词根(实语素)组合而成,分析复合式合成词,可以使用逐步排除法进行分析,步骤如下:

第一,根据语素的性质初次排除。分析复合式合成词中词根的性质:(1)两个词根具有同一性质,如同为名词性语素和形容词性语素则一定是联合式(如"海洋、深浅"),同为动词性语素则可能是联合式、连动式或兼语式(如"逗留、割让、召见")。

---

① 参考壹　词汇章(二)。

（2）两个词根性质不同，则先分析第一个词根的性质：第一个词根是名词性，则只可能是偏正式或主谓式（如"东欧、军用"）；第一个词根是动词性，则可能是偏正式、补充式、动宾式、连动式或兼语式（如"烧饼、击破、接风、集训、请示"）。

第二，根据组合关系再次排除：将经过初次排除还未得出分析结果的复合式合成词通过分析两个语素间的内部组合关系进行再次排除。如"烧饼"，两个语素之间是修饰关系，不是动宾关系，所以是偏正式合成词。

第三，对个别较难分辨的复合式合成词斟酌比较，进行第三次排除，从而得出最终分析结果。如兼语式合成词和连动式合成词，它们都是动词性语素构成的（如"请示、集训"），就不大好辨认。但前者两个语素所表示的动作分别与隐含的对象有施受的关系：请示→请求（某人）指示；后者前后语素之间有动作行为的先后次序：集训→集1，训2，不隐含兼语关系。

有些复合式合成词的构词方式不容易分辨，分析时要注意：第一，不要将定中型偏正式分析为动宾式，如"食油"是"吃的油"，而不是"吃油"；"看台"是"供人看表演或比赛所坐的台子"而不是"看台子"。第二，不要将状中型偏正式分析为主谓式，如"雪白"是"像雪一样白"而不是"雪很白"，"瓜分、蚕食、蜂拥、金黄、鸟瞰"等，都属于这类词。第三，不要将状中型偏正式分析为联合式，如"飞跑"是"飞也似地跑"，而不是"又飞又跑"；"前进"即"向前进"而非"既前又进"。

要避免上述错误，关键要弄清语素的意义及语素间的关系。如把"夏至"判定为主谓式的合成词就是错误的，"夏至"中的语素"至"不是到而是极的意思，"夏至"即"夏之极也"，是夏季的中心点，这一天白天最长，黑夜最短。所以，"夏至"是偏正式（定中）的合成词。"放牧"判定为动宾式合成词就是错误的，实际上"放"和"牧"都是两个意义相同的动词性语素，两个语素之间是并列关系,构成联合式合成词。

另外,注意区别书写相同的语素,以便把复合式的合成词与附加式的合成词区别开来。如"老虎、杯子、创造性、绿化"等中的"老、子、性、化"都是词缀(虚语素),所以它们都是词根加词缀构成的附加式合成词;"老人、莲子、男性、变化"等中的"老、子、性、化"都是词根(实语素),所以它们都是词根加词根构成的复合式合成词。

(二)词和短语的区别

这是本节的难点。可以从以下三个方面区分:

一是从意义上辨别。词的意义比较凝固,往往不是语素义的简单相加,而短语的意义却往往是其构成成分的意义相加。如"白菜"不等于"白色的菜";"黑板"专指一种教具,也并不等于"黑色的板";"骨肉"喻指父母兄弟子女等亲人。可见,语素跟语素在组合成词的过程中,语素意义已经发生了质的变化,这属于综合性的。一旦这种新的意义凝固下来,新词也就诞生了。而短语的意义却是分析性的,其组成成分在意义上具有相对独立性,短语的整体意义则是组成成分意义的加合。如"白布"即"白色的布";"血肉"即指"血"和"肉"。

二是从音节上辨别。从语音上看,词的语音结构具有整体性,内部不允许有停顿,而短语则可以有内部的语音停顿。比如"西北航空"中的"西北"内部不可以有停顿,但"南北会谈"中的"南北"内部则可以略作停顿。"花红"是一种落叶小乔木,这种植物的果实也叫花红,"花红"中间不能有停顿,但是"花红了,草绿了"中的"花红"中间却可以有明显的停顿。

用音节基准还可以处理一些两难现象[1]。汉语的词以双音节居多,据此,在两难情况下可以以两个音节作为定词基准。比

---

[1]　邢福义《现代汉语语法修辞专题》34 页,2002 年。

方,把不好判断的两个音节单位划归为词,如"猪肉、鼠肉";把难以判断的三个音节的单位划归短语,如"野猪肉、老鼠肉"。

三是从能否插入成分和扩展结构方面进行辨别。词是最小的能独立运用的语言单位,中间往往不能插入别的成分,无法进行扩展;而短语并不是最小的,结合关系并不很紧密,中间可以插入别的成分,可以扩展结构。如:

铁路(词)≠铁的路;铁门(短语)=铁的门

眼热(词)≠眼很热;手热(短语)=手很热

说明(词)≠说得明;说清(短语)=说得清

第三节　词义的特性与分析

一、要点提示

词义的特性　　　　　　　词义的类型

义素分析　　　　　　　　语义场

二、重点难点分析

(一)词义的性质

词义特性补充例子:

1. 概括性与具体性的统一。"行李"的词义是出门所带的包裹、箱子等。它概括了不同的人,在不同时间、地点出门所带的包裹、箱子等物件的共性,而舍弃了具体是什么样的人,在什么时间、地点,包裹、箱子的样式、重量、数量等具体的特征,从而体现了词义的概括性。但在特定的语境中,词义所指的对象是清楚和明确的。"我的行李不见了"中的"行李"是特指具体的样式、重量、数量等特征的包裹、箱子等,从而体现了词义的具体性。

2. 民族性与共同性的统一。汉语的"出门所带的包裹、箱子等"在英语里用 luggage 表示,但在美式英语里 luggage 所指称的是皮包、皮箱,词义所指称的范围小于汉语。在不同的语言之间,词义所指的范围、词义的聚合、组合及词义的发展和理据等方面都可能存在差异,这体现了词义的民族性特点。美式英语的 luggage 虽然没有完全指称出门所带的包裹、箱子等,但出门所带的包裹、箱子等中包括皮包、皮箱,在这一点上汉语的"行李"和美式英语的 luggage 是有共同性的。

3. 模糊性与确切性的统一。汉语的"行李"所指称的对象包不包括出门随身携带的小件物品,比如女式小坤包、洗漱用具袋、小型手提包等,就词义的外延来讲不好界定,具有模糊性,可是在语境中,"帮我把行李拿上"里的"行李"所指称的物件肯定是确切的。

4. 发展性与稳固性的统一。像"行李"在古汉语里还有使者的意思,在现代汉语里,"行李"没有使者的意思了,由此可以看出词义的发展性。但是词义的发展变化是缓慢的,或者在一个时期里保持基本不变,这是词义稳固性的体现。

(二) 义素分析

义素分析是本节的难点。

义素分析法最早用于人类学研究亲属名词之间的区别(里奇《语义学》),后来语言学家也把义素分析运用到语言学中来。

义素是从词义中划分出来的最小的意义单位,又叫做语义成分或语义特征,贾彦德《汉语语义学》和格雷马斯《结构语义学》叫做义素,里奇《语义学》叫做语义成分(semantic component)或语义特征(semantic features)。

义素分析借助了结构主义语言学的对比性原则。义素分析要遵循以下原则:

1. 系统性原则。义素分析必须在一定的语义系统中进行,不在一个系统中就无法进行义素分析。如汉语中的"叔叔"有两个义项:亲属称谓;社交称谓。这是两个系统。分析义素时作为亲属称谓,"叔叔"要和"舅舅、伯伯、姑父"等在一个系统,而作为社交称谓,"叔叔"则要与"同志、师傅、先生"等在一个系统。不遵循系统性的原则就难以进行有效的义素分析。

2. 对等性原则。义素分析的结果必须与义项的意义相等,所指范围不能过宽或过窄。如汉语中的"男人",其义项为"男性成年人"。其义素分析为[人,男性,成年],这样就与义项的意义对等。假如义素分析为[人,男性],则范围过宽,不能与"男孩"区别开来;假如分析为[人,男性,成年,胡子长],则范围过窄,难道胡子短的男人就不是男人吗?

3. 简明性原则。义素分析在明确的前提下,用尽可能少的义素来揭示词语的区别性特征。例如"男人"分析为[人,男性,成年],就符合简明性。如果分析为[人,男性,成年,有思维能力,动物],"动物"还可分析为[能运动的,生物]等,则不符合简明性原则。

义素分析的步骤:

第一,确定比较的范围。例如要分析"哥哥"的义素,就要将其与"姐姐、弟弟、妹妹"等在一起分析,因为它们有共同点"同胞",属于一个范围。如果将"哥哥"与"桌子、司机、苹果"等放在一起,就无法进行义素分析,因为它们没有可比性,不属于一个范围。

第二,进行一组词的对比。找出一组词的共同语义特征和不同语义特征,共同语义特征就是它们的共同义素,不同语义特征就是区别义素。例如"哥哥、姐姐、弟弟、妹妹",共同义素[同胞],区别义素[年长]和[年幼]、[男性]和[女性]。利用这些共同义素和区别义素,不仅可以将这四个词的意义相互区别开来,而且也可以把它们同其他的词语区别开来。

第三,对义素结构式的整理和描写。加号表示具备这个义素,减号表示不具备这个义素。如:

边疆：[+国土][+靠近国界][+范围大]

边境：[+国土][+靠近国界][-范围大]

可见，义素分析可以帮助人们全面、深入地了解词义，并进一步了解同义词、反义词等问题。例如，如果两个词的义素结构完全相同，它们就是同义词，像"妈妈"和"母亲"；如果词A和词B不仅有相同的义素成分，而且其中词A比词B多出一些义素成分，那么词A就是词B的下义词，它们之间就有种属关系。例如"美女"就可以描写为[+人][-男][+成年][+美]，比"女子"多出一个[+美]的义素，因此"美女"是"女子"的下义词。如果某些词的某些义素成分相同，但是某一对义素成分的性质正好相反，那么它们就可以构成意义上相对的词，例如"男子"和"女子"。如果某些词的义素成分都一样，只是在性质上有所不同，那么它们就可以构成近义词。

目前，义素分析法还存在着一定的局限性，如音位学上的区别性特征是有限的、封闭的，而义素的数量几乎是开放的，难以定量，其分析常常带有主观色彩，对完全相同的分析对象，不同的分析者可能会产生不同的分析结果。但是，它毕竟为词义系统的分析和词义的形式描写提供了理论依据和分析途径，具有积极的使用价值。同时，义素分析还对语义场的研究有很大作用。

（三）如何理解语义场

理解语义场知识是本节的难点。

语义场理论是现代语义学中最重要的理论之一，它充分地揭示了语言的系统性，反映了语义的聚合关系。语义场理论与几乎同时兴起的义素分析理论一起，奠定了现代语义学的基础。

若干具有共同核心义素的词语（以义项为单位）构成的聚合体，就是语义场，又叫词汇场，有时简称义场或词场。

所谓核心义素，就是指表示事物、动作所属类别或性状所属方面的义素,即名词中表示类属的义素,动词中表示动作的义素,形容词中表示方面的义素。属于同一语义场的词语,其核心义素必须相同,其他义素可以不同。如:

车、船、飞机,核心义素[+交通工具]是相同的,从而在语义上形成一个系统,构成一个语义场,而其他义素就不同了。

属于同一个语义场的各词之间联系的补充例子:

	[同胞]	[男性]	[年长]
哥哥	+	+	+
姐姐	+	−	+
弟弟	+	+	−

第四节　词义、词音、词形间的联系

一、要点提示

单义词与多义词　　　　　同义词与反义词
同音词与异读词　　　　　同形词与异形词

二、重点难点分析

（一）多义词的理解

第一,了解多义词的基本义与引申义、比喻义、借代义的区别。

基本义是词在共时平面上最常用、最基本的意义。如"走"主要和常用的意义是:人或鸟兽的脚交互向前移动。

本义和基本义是两个不同的概念。本义是从词义的来源上讲的,基本义是从词义的应用上讲的。有些词的本义和基本义是一致的,如"切"的本义和基本义都是用刀把物品分成若干部分。有些词的本义不同于基本义,如"走",在现代汉语中,它的基本义已经不是跑了。

引申义是由本义派生的意义。有的引申义是从本义或基本义发展出来的。如"铲",本义和基本义都是指一种铁制的用具,后来从这个意义发展出用铲取物或清除的意义。引申义也可以从某个已有的引申义再发展引申而来,如"笔杆子",本义是笔的手拿的部分,引申为笔(通过部分代全体的借代手法),再引申指写文章的能力以及指能写文章的人。引申主要是通过事物之间的相关性联系派生出新义的一种方式。

有的比喻义是从本义或基本义产生的,"后台",本义和基本义都是剧场中在舞台后面的部分,从这个意义产生出比喻义,比喻在背后操纵、支持的人或集团。有的比喻义是从引申义发展而来的,如"网"的本义和基本义都是用绳线等结成的捕鱼捉鸟的器具,从这个意义发展出用网捕捉的引申义,又发展出比喻义:像网似地笼罩着,如"眼里网着红丝"。

第二,弄清楚多义词的比喻义与修辞上的比喻的不同。

比喻义是通过词的比喻手法产生并经长期使用而固定下来的特殊的引申义,它与修辞上的比喻手法不同。比喻义已成为多义词中固定的引申义,即使离开了一定的语境仍保留该义,记录在词典中。而比喻手法产生的修辞义则是临时的,离开了具体的语境,该义就消失了。如"近视、结晶、帽子、后台、傀儡、包袱"都有比喻义,都是固定义;"姑娘好比鲜花"这是比喻手法的运用,用"鲜花"比喻"姑娘",脱离了比喻,"姑娘"并没有"鲜花"的含义。

第三,多义词和同音词的区分。

二者的共同点都是用同一语音形式表示不同的意义内容。但相互之间有很大的区别:第一,多义词的几个义项之间有明显的、必然的联系,而同音词的意义之间毫无联系。比如"打人、打鼓、打格子"这些结构中的"打",虽然意义上有所不同,但它们的意义之间有联系,它们都是从打击这一基本意义派生出来的,因此是一个多义词。"打这儿往西,再走三里地就到了。"这个句子中的"打"是介词,和上面的"打"意义上无任何联系,前后两个"打"是同音词。第二,多义词是一个词具有不同的意义,而同音词则是几个词具有相同的语音形式。

多义词和同音词相互之间有时可以转化,比如"白吃一顿"的"白"和"白颜色"的"白"在古代汉语里是有联系的,但发展到现在,已经成了两个同形不同义的同音词了。这是由于有些多义词在使用过程中,其引申义与基本义之间的引申环节消失了,引申导致分化的结果。

(二)同义词的辨析

辨析同义词是现代汉语词汇教学的重点也是难点。

辨析同义词就是找出意义相同或相近的一组词之间的异同,关键是区别不同之处。教材提出三大方法七个方面,但不是说所有同义词必须要从这些方面进行辨析,而是要看所要辨析的同义词适合于从哪个方面辨析。举例说明如下:

希望—盼望—渴望:相同点都是表示心理活动的动词,都表示人的某种愿望,想着某种目的或情况的实现。不同点:词义轻重不同。词义由轻到重,"希望"只是一般的态度,"盼望"就加强了主观的意愿,"渴望"则更进一步表示了主观意愿的强烈程度。

事件—事变—事故:相同点都是表示事物的名词,都是指人类社会活动中发生的某一情况。不同点:范围大小不同。范围由大到小,"事件"是指由于某种原因而发生的引人注意的特殊事情,范围大;而"事变"是指突然发生的政治性事件,范围小;"事故"又是带有意外的不幸因素的一种事情,它的范围更小。

摧残—摧毁:相同点都是动词,都有破坏和损害之意。不同点:第一,从意义上辨析,"摧残"指用暴力、残忍的不当手段使别人受到伤害,语义较轻;"摧毁"指用强力使之彻底毁坏,语义较重。第二,从色彩上辨析,"摧残"是贬义词,"摧毁"是中性词。第三,从功能上辨析,"摧残"的搭配对象多指的是有生命力的人(多指妇女和儿童),"摧毁"的搭配对象多是无生命力的建筑物、工事和阵地等。

(三)反义词的作用

反义词是客观世界中相反或相对的事物的反映,它在语言表达中经常对举使用,反义词具备以下几个方面的作用:

1. 运用反义词可以揭示事物矛盾对立的关系和方面,给人以鲜明、深刻的印象,如:

真的、善的、美的东西总是在同假的、恶的、丑的东西相比较而存在,相斗争而发展的。

例中利用"真、善、美"和"假、恶、丑"构成对比,揭示了真、善、美的事物的发展规律,论述的真理清楚、明朗,有严密的逻辑性,具有很强的说服力。

2. 反义词音节及结构形式的对应性、在言语中的对举使用等特点,为言语表达营造了对称和谐的形式美,如:

两岸的枯柳一左一右的摇动着长枝,像要躲开那严酷的寒风似的。靠岸的冰块夹着割剩下的黄枯苇,不断的小麻雀捉住苇干,一起一伏的摆动他们的小尾巴。(老舍《老张的哲学》)

例中运用"左、右","起、伏"等一系列反义词,不仅揭示矛盾和对立的关系,而且音节整齐匀称,给人以对称的形式美感。

3. 反义词能构成对偶、映衬、对比、反语、仿词等修辞格,增强语言的表达效果。

失败为成功之母。
满招损,谦受益。

(四)同形词与异形词的区别

同形词与异形词的区别是难点。

同形词补充例子：

好：hǎo［形］优点多的；使人满意的。

好：hào［动］喜爱。

异形词是汉语书面语中的累赘，要按照从俗、从简、义明、音准、全面衡量、统筹兼顾的原则对其整理和规范。要认真学习《第一批异形词整理表》，掌握表中每组异形词的推荐词形。

第五节　词义的解释与语境

一、要点提示

义项及义项的确定　　　　释义的方法

语境对词义的影响

二、重点难点分析

(一)什么是义项

义项是词的理性意义的分项说明。一个词往往有几个意义，每一个意义就是一个义项，在词典中表现为一个条目。

了解义项有助于正确全面地理解词义，对词(字)典的编撰工作也是非常重要的。一部高质量的词(字)典工具书，在字义方面不仅要求释义准确，还要力求义项完备，反映字义的源流演变。这就要求编者尽可能吸收前人的研究成果，以大量可靠的书面或口头的语言材料为依据，对选定编入词(字)典中的词的义项一一进行分析研究，才能对义项做出科学而符合语言实际的确定。

(二)释义的方法

释义的方法是本节的难点。

释义涉及词汇中的诸多知识，同时还需要一定的历史、科学、文化等方面的知识。释义要力求准确、贴切和全面。通常的

释义的方法有四种:

1. 用同义词语对释。这种方法是用易懂的词语解释难懂的词语,例如用"卖出"解释"销售"。

2. 说明类属和特征。对一些含义模糊不便采用其他方法解释的词语,从整体上加以描绘或叙述说明。如:气——没有一定的形状、体积,能自由散布的物体。

3. 分析语素和综合讲解。用这种方法要先分析语素意义,然后再综合串述,例如:上溯——溯,逆流而上。向上追溯。

4. 指出词的来源义或本义,又说明转义。这种方法是为了更清楚地说明词语的含义,例如:目无全牛——《庄子·养生主》说,一个技术纯熟的杀牛的人动刀时只看到皮骨间隙,而看不到全牛,后来用来形容技艺已达到十分纯熟的地步。

教材中详细介绍了释义的五种方法,与上面的释义方法基本一致。

(三)语境和词义

语境和词义的关系表现为以下几个方面:

1. 根据语境解释词义。任何词都要在语境中出现,词义只能在语境中得到解释。"我去上课",老师说是讲课,学生说是去听课;同样"我的书",可以是我买的书,也可以是我写的书;"油不够了",炒菜时说指食用油,开车时说指发动机用的燃料油。

2. 语境使词义单一化、具体化。多义词具有多个义项,但在一定的语境中只使用一个义项。如"打铁、打格子、打伞、打毛衣、打水"中的"打"分别是敲打、画、撑、织、取的含义。

词义具有概括性,但具体语境使词义具体化,如:

忽然来了一个人;年纪不过二十左右,……我便问他,"吃人的事,对么?"他仍然笑着说,"不是荒年,怎么会吃

人。"(鲁迅《狂人日记》)

句中前后出现了三个"人",第一个"人"具体指当时来的那个人,第二、三个"人"泛指被"吃"的一个或一群人。

3. 语境增加临时性意义。如"天外有天,人上有人"这个俗语,这里的"天"和"人"都不再是原有的意义,不是实指某处的天空和某个具体的人物,而是增加了一层新义:"天"指更高的境界,"人"指更有能力的人物。

4. 语境表现出词义的选择性,见教材。

所谓搭配不当,就是说某个词不能出现在某种语境中。如"进攻猛烈"可以说,"进攻剧烈"不可以说;"运动猛烈"不可以说,"运动剧烈"却可以说。

第六节　词汇系统

一、要点提示

基本词汇与一般词汇　　　　固定短语

新造词、古语词、方言词、外来词、行业词、字母词

二、重点难点分析

(一)基本词汇与一般词汇的区别与联系

区别:基本词汇是词汇中最主要、最稳定的部分,是构成全部词汇的基础,有三个基本特点:全民常用性;稳定性;能产性。基本词汇是使用率最高、生活中最必需、意义最明确、生命力最强的词汇。一般词汇是基本词汇以外的词汇,古语词、方言词、外来词、专业词、新造词①。一般词汇缺少基本词汇全民常用

---

① 其实,基本词汇中也有不少外来词、专业词、新词等,如"啤酒、沙发、消化、提炼、电脑、手机、小灵通"等,这是从另一角度观察词的。

性、稳定性和能产性的特点,但具有很强的灵活性,它对社会现象和人们生活的变化反映最为直接和敏感,新事物的产生、旧事物的消失总是最先反映在一般词汇当中。

联系:基本词汇和一般词汇之间没有绝对的界限,而是相互渗透、相互转化的。基本词汇是构成新词的基础,用基本词作语素创造出的新词,充实和扩大了一般词汇,使词汇日益丰富。另一方面,随着社会生活的发展,某个基本词所表示的事物和概念,在人们的社会生活中使用频率下降,就退出基本词汇,变为一般词汇了。

区分基本词汇和一般词汇,能够正确了解二者在整个词汇系统中的内在关系和各自不同的地位、特点,对语言词汇的使用和规范工作都有重要的意义,所以,基本词汇和一般词汇是词汇系统里很重要的分类。

(二)成语的特点与构造

成语是固定短语中的重点。

1. 成语的特点。一般说来,成语具有以下特点:

一是源远流长。成语都有一定的来源,有其悠久的历史。拿"有恃无恐"来说,故事最早见于《左传·僖公二十六年》:鲁国遭到了严重的灾荒,齐孝公乘机讨伐鲁国。鲁僖公知道鲁军无法和齐军对抗,便派大夫展喜带着牛羊、酒食去犒劳齐军。展喜日夜兼程,在边界上遇到了齐孝公。展喜对齐孝公说:"我们鲁国的君王听说大王亲自到我国,特地派我前来慰劳贵军。"齐孝公傲慢地说:"(鲁)室如悬罄,野无青草,何恃而不恐?"展喜不慌不忙地说:"我们依仗的是周成王的遗命。当初,我们鲁国的祖先周公和齐国的祖先姜太公,忠心耿耿、同心协力地辅助成王,使天下大治。成王对他俩十分感激,让他俩立下盟誓,要世代友好,不互相侵害。我们的祖先是这样友好,大王您怎么会废弃祖先盟约,进攻鲁国呢?"齐孝公听了,感到很羞愧,就班师回国了。这是

"有恃无恐"这个成语的来历,后世一直在使用。"君子有所恃而不恐,小人有所畏而不为"(《苏东坡集·祭欧阳文忠公文》)。"两京大贾,往往喜与邢(德)俱,途中恃以无恐"(《聊斋志异·老饕》)。可见"有恃无恐"至少有两千多年的沿用历史了。

二是结构定型,词义相对稳定,并在书面或口头广泛使用,具有深厚的社会基础和广泛的群众基础。比如"春风得意/司空见惯/平分秋色/似曾相识/野火烧不尽,春风吹又生/更上一层楼/沉舟侧畔千帆过,病树前头万木春/朱门酒肉臭,路有冻死骨"等。

2. 成语的构造。成语的结构类型主要有以下几种:

(1)主谓型:细水长流　天花乱坠　肝胆相照　鼠目寸光
(2)述宾型:饱经风霜　痛改前非　大显身手　徒有虚名
(3)偏正型:一盘散沙　不速之客　楚楚动人　侃侃而谈
(4)补充型:危在旦夕　逍遥法外　牢不可破　入木三分
(5)并列型:语重心长　良师益友　吟风弄月　出类拔萃
(6)兼语型:请君入瓮　惹火烧身　有目共睹　无人问津
(7)连谓型:自欺欺人　手到擒来　过河拆桥　解甲归田

(三)成语与惯用语的区别

成语言简意赅,庄重典雅,多为书面语风格色彩;而惯用语简明生动,活泼有趣,具有浓厚的口语色彩。成语多为四字格,概括性强,含义丰富;而惯用语多为三字格,语多转义,大都借助形象的比喻来唤起人们的联想。成语的结构类型多种多样,而惯用语主要是述宾结构(如钻空子、吊胃口)或偏正结构(如定心丸、耳边风)。成语具有意义整体性、结构凝固性的特点,而惯用语结构的凝固性比成语弱一些,灵活性却比成语大一些,好些惯用语的结构成分可以被同义成分替换,可以扩展。例如:泼冷水——泼凉水,泼了一瓢冷水。

(四)成语的运用

运用成语要注意以下几点:

　　第一,弄清成语的意义。理解成语首先要确切掌握构成成语的各个语素的意义以及成语的整体意义,避免望文生义。如"不刊之论"中的"刊"是消除、修改的意思,而不是刊印、刊行的意思。了解成语的来源,了解它在后代的用法,便于了解和掌握成语的整体意义。例如"始作俑者"出自《孟子·梁惠王上》:"仲尼曰:'始作俑者,其无后乎!'"孟子引用孔子的话反对用俑殉葬,孔子认为开始用俑殉葬的人要灭绝后代。后来就用这个成语比喻恶劣风气的创始者。

　　第二,掌握成语的感情色彩和语体色彩。例如"呕心沥血"和"挖空心思",前者指用尽心血,后者指费尽心机,它们意思相近,但感情色彩有褒贬之别,如果不掌握其感情色彩,就可能错用。有些成语具有生动活泼的口语色彩,有些成语具有庄重典雅的书面语色彩,在运用成语的时候,不能忽视其语体色彩,这也是准确地表情达意的重要方面。

　　第三,注意成语的字形和读音。要注意成语规范的写法,例如不能把"欢欣鼓舞"中的"欣"写成"心",不能把"相形见绌"中的"绌"写成"拙"。成语里有些字音不注意就容易误读,例如把"博闻强识"的"识"(zhì)读成 shí,一定要掌握容易读错字的成语的正确读音。

第七节　词汇研究

一、要点提示

现代汉语词汇学的萌芽与发展过程

现代汉语词汇学研究的范围、领域和成果

现代汉语词汇学研究的发展趋势

二、重点难点分析

说明:本节作为一般了解,不作重点难点分析。

第四章 语 法

第一节 语法概说

一、要点提示

什么是语法　　　　　　语法的性质

汉语语法的突出特点　　语法学的种类

二、重点难点分析

(一)语法的性质

1. 抽象性。语法的抽象性是指任何语法规则都是从许多个别的、具体的词的组合和句的组合中分析抽象出来的,而抽象概括出的规则往往涉及一整类词、短语或句子的结构,具有高度的统摄性。语法的抽象性具体表现在两个方面:一是语法单位的抽象性,如汉语语法中"名词不能用'不'否定"这条规则,基本上适合大多数名词;二是语法关系的抽象性,如"写字、看小说、踢足球"等都属于动宾关系。正因为语法具有抽象的概括性,所以从语法的角度看,"写字、看小说、踢足球"的语法意义都是一样的。抽象的语法规则表现在人们的说写中,储存在人们的大脑里,它是客观存在的语言规律的本身。

2. 稳固性。语法的稳固性是指语法和语音、词汇相比较变化比较缓慢,并不是说语法是一成不变的。认识语法的稳定性可以与古代汉语进行比较,从而看出哪些是变了的,哪些是没有变的。比如,语法结构上类似"陈涉者,阳城人也"的句子在现代汉语中还有保留,但是更多的表达则加上了系词"是"变成"陈涉是阳城人"的形式。语言要实现交际,客观上要求语法具有相对的稳固性。

3. 系统性。语法的系统性是指语法的各要素之间互相联系,处于一定的关系之中。这可以从语法的组合关系和聚合关系来理解。组合关系是横向的结构关系,如"主+谓";聚合关系是指出现在一个句子的某个位置上具有相同语法功能的词可以形成某种类聚,它们可以相互替换。比如"我吃饭",由"我、吃、饭"三个词构成了一个主+谓(述宾)结构,这三个词发生的横向结构关系就是组合关系;"我吃饭"中的"我",可以用"你、他、李四"等代替,在这个结构中作主语,语法功能相同,那么这些可以互相替代的词就形成了类聚关系。

4. 民族性。不同民族的语言,语法往往差异很大。语法的民族性是这种语法区别于别的语法最重要、最根本的一点,忽略了这一点,就是只看到了语法的自然属性(抽象性、稳固性、系统性),而忽略了语法的社会属性。

(二)汉语语法的特点

通过不同民族语言之间的横向比较和同一种语言的古今纵向比较,可以看出现代汉语语法具有以下突出特点:

同印欧语比较,首先,现代汉语的词缺乏形态变化,不像印欧语里名词、形容词、动词具有性、数、格、时、人称等变化。汉语语序和虚词很重要,语序不同,用不用虚词,用什么虚词,都会使语法关系和语义发生变化。其次,在印欧语里,词类与句子成分的对应关系比较明确,比如英语中,名词作主语和宾语,动词作谓语,形容词作表语、定语,副词作状语;汉语则不同,比如名词可以作主语也可以作宾语,还可以有条件地作谓语(如名词谓语句),现代汉语的词具有多功能性的特点。再次,印欧语句子和短语有不同的构造,如英语的句子中谓语部分要求有一个由限定式动词(finite verb)充任的主要动词(main verb),短语中不允许有限定式动词;而现代汉语则不同,短语的结构跟句子的结构以及词的结构基本一致,同样的一个主谓短语,既可以独立成句,也可以充当句子成分。这对揭示汉语词法和句法的内在联系是重要的。

同古代汉语比较,首先,现代汉语有动词、形容词的重叠形式,有"子、儿、者、头"作为词缀语素构成的名词,有用"着、了、过"等助词表示动作的动态。古代汉语基本上没有这种情况。其次,古代汉语词类活用现象比较常见,现代汉语词类活用现象较少,而且多在文学作品当中出现。

第二节　词类及其功能

一、要点提示

词类的划分标准　　　　　　汉语的词类系统

各类词的语法特征

二、重点难点分析

(一)词的分类标准①

汉语词类划分最主要的标准是词的语法功能。词类划分要综合运用三个标准,单一的标准给词归类都是不科学的也是行不通的。同时,要分清主次标准,汉语词分类的依据主要是词的语法功能。明确了主次,就能搞清楚哪些是一般规律,哪些是特殊的规律或个别现象。否则,就看不清语法规律,就难以对词进行分类。

---

①　参考壹　语法章(四)。

（二）词类的层级系统

词的语法分类各种各样，但是只要把握好每一个层次的词类划分标准和各类词的语法特征，对各类词进行比较，也是可以很好掌握的。所以对于词类划分不妨从宏观和微观两个方面来把握，一方面对整个词类系统有一个概括的了解，另一方面对各个小类的划分标准和语法特征作一些具体分析。

（三）各类词的语法特征

总的来说，各类词的语法特征可以从以下几个方面考虑：第一，能否单独充当句法成分，经常充当什么句法成分；第二，词的组合能力如何，比如经常和哪类词组合、能受哪类词修饰、可以修饰哪类词等；第三，使用时形态上有何特点，如能否重叠使用、重叠使用的语法意义是什么，有什么表达效果；第四，其他特征，比如有的语气词有两三个连用的情况，代词也存在指称的灵活性等。从这四个方面入手，不难总结出各种词类的语法特征。

第三节　词类划分中的几个问题

一、要点提示

词类划分中应该注意的问题　　　　兼类词

易混词类的辨析

二、重点难点分析

（一）易混词类的辨析

1. 名词与动词、形容词的主要区别。名词表示名称，经常作主语、宾语，也可以有条件地作谓语，时间名词可以作状语，一些表示从属关系的名词还可以作定语，它不能受副词"很、不"等修饰（要注意有些为达到修辞效果而临时使用的一些情况，如"很绅士"）。动词表示动作行为，一般可以用"不"或其他副词修饰。大部分形容词一般可以用"很"或其他副词修饰。名词一般情况下不重叠使用(也有特殊情况,如"家、人"重叠表示每一的意思),动词和形容词的重叠则比较常见。要区别它们,最好的办法是抓住各自最突出的语法特征。

2. 动词与形容词的主要区别。都可以作谓语,动词大多能带宾语,但形容词不能;有些形容词兼有动词的特点,属于兼类词。大多数动词不能受程度副词修饰,能带宾语的心理动词可受程度副词修饰,而多数形容词却可以受程度副词修饰。动词和形容词重叠的方式和作用不同,动词重叠表示动量减少,带有尝试的意味,如"研究研究",形容词重叠后却可能表示程度加深。

3. 时间名词与时间副词的主要区别。

4. 形容词与副词的主要区别。

5. 动词与介词的主要区别。如"我给他一本书"中的"给"是动词,而"我给他送了一本书"中的"给"则是介词("送"充当谓语中心)。

6. 介词与连词的主要区别。如"我和她都是 2009 级学生"中的"和"连接"我、她"两个词,这两个词调换后句意不发生改变,所以"和"是连词。"我和她取得了联系"这个句子中,"和"之前可以插入"已经",变成"我已经和她取得了联系",这个句子中的"和"是介词。

(二)关于兼类词的认识

认识兼类词是难点。

在认识兼类词时,要特别注意以下几点:首先,兼类词在不同的语言环境中体现出了不同词类的语法特点,不同用法之间有意义上的联系,如"买了一把锁"中的"锁"和"锁上门"中的"锁",前一个"锁"受了数量短语的修饰,是名词,后一个"锁"后面带了宾语,是动词。可见,一个词属于哪一类,在进入具体语言环境以后就能确定下来,因此,最好结合具体的语言环境来判定词的归属。其次,兼类词与同音词不同,兼类词和同形同音词都是语音形式和书写形式相同,但兼类词意义上有联系,同音词意义上却没有联系。比如"胸前别一朵花"中的"别"和"你别去了"中的"别",虽然语音一样,但意义毫无联系,只能是不同的词而不是兼类词。在"各位代表,我代表学校工会向大家汇报工会工作"中,前后"代表"属于兼类词(名/动),因为都有牵头、领先、挂帅的意思,意义上有联系。再次,兼类词和词的活用不同,兼类词的不同性质和用法比较固定,而词的活用现象,指的是一个词本来属于甲类词,只是在特定语言环境中临时活用成乙类词,一旦离开这一语言环境它仍属于甲类词。另外,汉语的词类具有多功能性,同一个词在词性不变的情况下可以充当多种句法成分,如有的名词本来就可以作定语,不能因此就认为它既是名词也是形容词。

第四节　短　语①

一、要点提示

短语的重要性　　　　　　　短语与词、句子的区分

短语的分类和层次分析　　　歧义的分析

消除歧义的方法

二、重点难点分析

(一)短语的分类

短语的结构分析,先要正确理解其意义,然后注意组成成分的词性,语序和所用的虚词。补充例子:简单短语如"学生 | 家长",复杂短语如"一位 | 刚从外地来的 || 学生 ||| 家长"。单义短语如"看电影",多义短语如"救了姐姐的朋友"。要注意掌握短

---

① 参考壹　语法章(五)。

语分类的标准,对短语类型能有准确的判断。

（二）复杂短语的分析

复杂短语的分析在语法教学中具有承前启后的重要作用。承前是说短语和复杂短语的分析要依靠前面词类的知识,如"对售货员的意见"要是对"对"的词性判断错（"对"属于介词）,就难以正确指出其结构类型（定中短语或介词短语,属于多义短语）;启后是说后面句子成分的分析是建立在对复杂短语分析的基础上,因为复杂的句子都是由复杂短语加上语调形成的,分析句子成分不包括对语调的分析,这样一来除独立语这一特殊成分外,句子成分又都是短语成分,句子的分析与短语的分析一致。所以,掌握了复杂短语的分析就奠定了句子分析的坚实基础。举例分析:

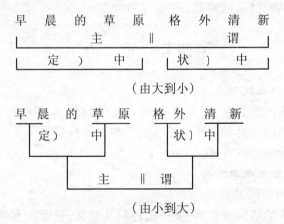

（由大到小）

（由小到大）

"由大到小"是以短语的最大关系分析,一直分析到词。"由小到大"是以词为起点,由最小的关系一直分析到最大关系。一般说来,前一种便于初学,便于把握短语的基本结构和大的关系;后一种可清楚看出短语是怎样组织起来的,但不便体会短语的最大关系。

　　关于短语结构的分析要注意以下几点：

　　第一，切分出的单位之间（两个成分之间）必须有语法关系；第二，切分的单位必须符合句子的原意；第三，切出的各个单位可以是短语，也可以是词，或者是短语、词的省略形式（或是等价物）；第四，切分不能跨语义段。

　　如"我哥哥今天来得比我早"，如果在第一个"我"的后头先切开，两头虽然是词和短语，但不好说出两头的语法关系，违背了第一条原则；如果第一次在"今天"后头切开，"我哥哥今天"不是短语，也无意义，这同时违背了第三条和第四条原则。又如"一幅历史大进军的壮丽图画在我们幅员广阔的祖国版图上展开了"，主语"一幅历史大进军的壮丽图画"由定中短语构成，仅从语法关系看可以分析出三个定语来（"一幅、历史大进军的、壮丽"），也可以析出四个定语（"一幅、历史、大进军、壮丽"），但后一种分析明显违背了第二条原则，即不符合句子的原意。再如"唱|支山歌"的"支山歌"不是个独立短语，是个偏正短语的省略形式或等价物，作此分析符合第三条原则。

　　关于层次分析法教材在"单句的句子成分与句法分析"一节里提出了三条应遵循的切分原则，即结构原则、功能原则和意义原则，上述四点分析与这三条原则的精神基本一致。

　　(三)歧义短语的分析

　　歧义短语的分析是难点。

　　分析歧义短语，首先要了解造成歧义的原因，要区分口头歧义和书面歧义。口头歧义就是语言片段读音相同而意义不同造成的歧义，有的是由同音词语造成的，有的和语音停顿有很大关系。书面歧义跟口头歧义的区别在于：不但读出来有歧义，而且写出来也会有歧义。书面歧义比口头歧义要复杂得多。从大的方面看，书面歧义大都是由句法组合不同产生的，可以分为语法组合歧义和语义组合歧义。语法组合歧义具体来说可能是词性不同、结构关系不同,也有可能是结构层次不同,后者可以利用层次分析来确定。语义组合关系包括语义关系(如施受关系)不同和语义指向不同。歧义的分析,第一是了解多种歧义现象,第二是掌握消除歧义的具体办法,将这两个方面结合起来非常重要。

以"咬死了猎人的狗"为例来说明分析歧义短语的两个步骤。第一步,找出歧义的原因。从句法上看,这个短语的结构关系及结构层次可以有两种分析:一个是"咬死了|猎人的狗",一个是"(咬死了猎人的)狗",前者第一层在"咬死了"之后,是个述宾结构,后者第一层在"猎人的"之后,是个偏正结构;从语义关系上看,"咬死"的施事可以是其他动物,也可以是狗,而受事可以是狗也可以是猎人。第二步就是消除歧义了,对于结构关系和结构层次,可以通过停顿、轻重音等语音手段使其明确化,比如在"咬死了"之后停顿,其结构关系就是述宾,在"猎人的"之后停顿其结构关系就是偏正。也可以通过替换、添加和改变句式使语义关系明确化,比如,将原句变成被动句"猎人的狗被咬死了",这样,"猎人的狗"就只能成为"咬死"的受事,歧义自然也就消失了。有的歧义采用上下文和对话情景等语境手段即可消除。

第五节　单句的句子成分与句法分析

一、要点提示

句子的构成成分　　　　　　单句的句法分析

二、重点难点分析

(一)单句的句法分析①

---

①　参考壹　语法章(六)。

单句的句法分析是语法教学的重点内容。

（二）关于多层定语/状语与结构复杂的定语/状语的分析

多层定语或状语与结构复杂的定语或状语的分析是教学的难点，教师应该把这个问题给学生讲清楚，以免产生混淆。如：

前者是多层定语的分析，这类定语与中心语之间存在直接修饰或限定的关系，在形式上形成层层递加的结构，因而也叫递加式定语。定中短语整体上加上定语就形成多层定语，对其分析是从左统右。后者是结构复杂的定语的分析，定语本身是个偏正短语，也就是定语内部还可能分析出定语，也叫加合式定语。对于中心语来说，只有一个直接修饰成分，它是具有多个层次的偏正短语整体充当的，对其分析是从右到左。有时，在一个复杂的短语或句子里，上述两种情况可能会同时存在，如：

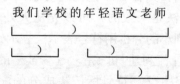

多层状语和结构复杂的状语的分析同多层定语和结构复杂的定语的分析相同，这里不再举例说明。

（三）单句的句法分析的表示法

重点掌握下面两种方法：

1. 框式图解法。框式图解法能使单句的语法结构和层次一目了然。在句法分析时,可以将单句看成一个整体,从大到小依次逐层切分,也可以从每个词开始,根据词与词之间的层次和语法关系从小到大逐层整合起来,一直分析到整个句子。如:

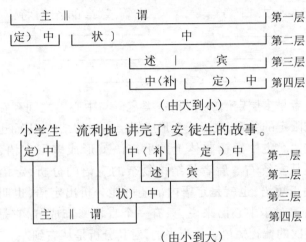

2. 符号表示法。它的特点在于易于操作。真正的难点并不在于记住这些符号,而在于搞清楚分析对象的结构层次(这一点和框式图解法是一致的),可以先从大处着手,逐层进行。例如,上例由大到小的分析用符号表示法表示为:

(小)学生 ‖ [流利地] 讲<完>了(安徒生的)故事。

与框式图解法比较,符号标记法成分的配对关系退居"幕后",不联系分析步骤,这种关系是不易觉察的。

须注意的是这种符号表示法与传统的成分分析法表面形式看起来相同,但它们的句法观不同,本教材这种符号标记法与框式图解法的句法观应该是一致的,教师必须透过现象看到实质,不可让学生把不同体系的分析法混同起来。为此,教材介绍的符号标记法要做变通使用(见上例的符号标记法):用双竖线表示前面是主语,后面是谓语;谓语由状语(流利地)和中心语(讲完了安徒生的故事)构成;宾语是"安徒生的故事",用横波浪线表示,与宾语相对的成分"讲完"是述语,由中补短语构成。

第六节　句子的语义分析

一、要点提示

什么是语义关系、语义指向、语义特征

语义关系、语义指向、语义特征分析

二、重点难点分析

要重点搞清楚什么是语义分析,语义分析的作用是什么。

语义分析包括语义关系、语义指向和语义特征的分析。

1. 语义关系分析。语义关系体现在句法结构中的词语与词语之间。以动词和名词的语义关系为例,如"鸡不吃了",作句法分析就是主谓结构,但作语义分析发现"鸡"和"吃"之间存在"施事—动作"语义关系,也存在"受事—动作"语义关系,它本身表达了鸡不吃食了和人不吃鸡了两种意思,原来这个句子是歧义句,不作语义成分的关系分析是看不出来的。再如,"吃大碗"要是不作语义关系分析似乎意思讲不通,但如果知道"大碗"是"吃"的工具宾语,意思就清楚了。

2. 语义指向分析。如:"我们终于战胜了敌人。""我们终于战败了敌人。"这两个句子格式或成分布局一样,但语义成分指向不同:前句的补语"胜"的语义指向主语"我们",是"我们"胜利了;后句的补语"败"的语义指向宾语"敌人",指"敌人"败了。"胜"和"败"是一对反义词,它们处在相同句法结构的同一个位置上,表示的意义居然没有区别,都是"我们"胜利了,其根本原因就在于两个补语的语义指向不同。

3. 语义特征分析。语义特征对句法结构能否成立能起到解释作用。如"享受生活、享受母爱"可以说,"享受思想、享受痛苦"不能说。为什么? 这不能从句法上回答问题,只能用语义特征或语义要素去回答。"享受"的语义特征是[+可感][+满足],因为"生活、母爱"都是人能够感受到的,又是能令人愉快和满足的,所以前两个搭配是对的;"思想、痛苦"没有可感性,或者不能使人获得满足,所以后两个搭配是错的。又如"吃饭"可以搭配,而"喝饭"不能搭配,"喝水"却能够搭配,主要是因为"饭"有[-液体]的语义特征,而"水"具有[+液体]的语义特征。可见,就词语搭配而言,离不开语义特征的分析。

第七节　句　型

一、要点提示
句型及其特点　　　　　句型分析应注意的问题
句型系统
二、重点难点分析

句型的确认是本节的难点。

一个句子的句型的确认,要根据该句的整体结构特征加以分析,再根据句型系统由大类到小类的层次性来考虑,只要把握好分类的标准就不难做出判断。如果一个句子由 A、B 两部分组成,整体结构特征体现在两者的整体联系上,其下位结构特征还可体现在某一部分的整体特征上。

比如"我,你还信不过吗?"首先,这个句子是由两部分组成,"我"跟"你还信不过吗",它们之间是陈述关系,后者陈述前者,这个句子首先是一个主谓句,这是从大的结构上来看的;其次,它的谓语是"你还信不过吗",其中"你"和"还信不过"是主谓关系,也就是说整个句子的谓语是由一个主谓短语来充当的,所以这个句子是一个主谓谓语句,这是它的小类。由此可以确定这个句子是主谓句,是主谓句中的主谓谓语句。

一个句子由一个词构成,那么这个句子只能是单句中的非主谓句,比如"嗯。""你?"这样的句子就是非主谓句。要注意下列语言因素不影响句型的划分:(1)语气词的有无不影响句型。"你去吗?""你去!""他去。"这三句句类不同,意思不同,但句型相同,都是主谓句、动词谓语句。(2)倒装与否不影响句型。"怎么了,你?"与"你怎么了?"同是主谓句。(3)省略与否不影响句型。在提问式对话里,如:"他派谁去?"与"派我去。"主语省略的也是主谓句。(4)独立成分的有无不影响句型。"看来快下雨了!"与"快下雨了!"都是非主谓句。决定句型的因素是结构,是主干成分:主语或主语中心,谓语或谓语中心,宾语或宾语中心。

第八节　句　式

一、要点提示

什么是句式　　　　　　归纳句式的依据
主谓谓语句、双宾句等特殊句式

二、重点难点分析

辨认句式是本节的重点和难点。

下面几种句式要作为重点辨认。

(一)主谓谓语句

如"我国资源丰富"和"我国的资源丰富",前句"我国"是主语,谓语是主谓短语"资源丰富",这句是主谓谓语句;后句"我国的资源"是偏正短语作主语,谓语是形容词"丰富",这句是形容词性谓语句。主谓谓语句分为施事性、受事性、领属性和复指性的主谓谓语句等小类。

（二）兼语句和连谓句

主谓短语作宾语的句子一般可以在第一个动词之后停顿，兼语句不能在第一个动词之后停顿。

连谓句与兼语句的主要区别是：连谓句的所有谓词都是陈述全句主语的，如"我们有把握分析问题"，"有把握"和"分析问题"分别能够与"我们"发生主谓关系；而兼语句，如"我们有人参加会议"，"参加会议"不是主语"我们"发出的动作，它是兼语"人"发出的动作。

（三）"把"字句和"被"字句

这两种句式一般可以互相转化。如"我把馒头吃了"和"馒头被我吃了"。应该指出，当谓语动词带有补语的句子要变为"把"字句时，有一个语义指向的条件限制，就是变换后的"把"字句的动词补语语义要指向"把"介引的对象，否则就不能进行变换。如"我把花瓶打碎了"可以说，因为"碎"的语义指向"把"的介引对象"花瓶"，而"我把酒喝醉了"不能说，因为"醉"的语义不指向"酒"。要注意的是，这两种句式不是在任何条件下都能够转化，如"你千万别叫他撞见了"不能变成"他千万别把你撞见了"。在句式的选用上，如果要强调处置意义和主动关系，宜用"把"字句，要突出被动意义和被动关系则使用"被"字句合适，要视内容和上下文而定。

（四）存现句

辨认存现句多从语义方面考虑，据此分为存在句和隐现句两种。可通过下面列表达到理解。

类型＼特点	表示的意义	宾语是否由谓语动词的施事或受事充当	谓语动词或述语			例句
			谓语动词或述语	是否带"着"	是否带"了"	
单纯存在句	存在	否	非动作词语"有"	否	否	家门口有两棵树。
状态存在句	存在	是	有依附、存在义的动作动词	是	有时带（用"了"与用"着"意义相同）	山间飘着一些白云。
单纯隐现句	出现或消失	否	非动作词语"有"	否	是	树上有了一些灯笼。
状态隐现句	出现或消失	是	有移位意义的动作动词	否	有时带"了"，有时带趋向补语	房顶上跳下一只猴子。

第九节 句 类

一、要点提示

句类及其划分标准　　　句子的语气类型
疑问句的分类

二、重点难点分析

疑问句

判断疑问句属于哪个类型,可以从提问和回答的形式两个方面考虑。看下面的比较说明:

	疑问词或疑问方式	语气词	句调	回答方式	例句及答语
是非问	可以不用	用"吧、吗",不能用"呢"	平调,疑问色彩强,降调,疑问色彩弱	"是"或"不(是)"	是你写的文章吗?是。
特指问	疑问代词	用"呢",不能用"吧、吗"	平调,疑问色彩强,降调疑问色彩弱,不读升调	就疑问点回答	是谁打了你呢?是爸爸。
正反问	"×不×"或"×没×"	用"呢",不用"吧、吗"	同上	依据实际情况就"×不×"或"×没×"做出回答	这么晚了,他走没走?还没走。
选择问	用提供选项的办法提出疑问	用"呢",不用"吧、吗"	同上	选择回答	这水果是爸爸拿来的,还是妈妈拿来的?爸爸拿来的。

　　疑问句的结构特征小类辨析是本节难点。

　　辨析某个疑问句属于哪个小类,可以从两个方面考虑:一是各小类的定义(见教材);二是他们在形式上的特点,比如"是……还是……"是选择问的标志;三是它们用什么方式来回答,如果要回答"是"或"不是"那么就是是非问。

第十节 复 句

一、要点提示

复句的特点及其与单句的区别

复句的类型　　　　　　多重复句和紧缩复句

二、重点难点分析

（一）复句及其类型①

1. 什么是复句。首先，从定义出发认识复句。教材讲复句由若干分句组成，有的教材讲由若干单句形式组成，分句或单句形式都是类似单句而缺少完整句调的语言单位。但讲复句的定义不能说复句由单句组成，因为单句、复句都是句子，不能说句子由句子组成，这样说也混淆了句群的构成单位（句子），很难区分句群和复句了。其次，从单句与复句的区别认识复句的特点。

2. 复句的"三分系统"。"三分系统"是由邢福义提出来的，这种分类重视分句间的逻辑关系，从关系出发，用标志（关联词）控制，具有很强的系统性和可操作性。

（二）单句与复句的区分

单句和复句的区分是本节的难点。

首先，复句和单句的本质区别表现在结构上。复句的构成单位是分句，而单句的构成单位是句法成分；组成复句的各分句互不包含，相对独立，而单句各成分是互相包含、互作成分的关系。其次，复句常用关联词语连接分句，关联词语有助于表明复句的分句之间的关系。有的复句有无关联词语，有可能表示不同的关系，可见，关联词语有显化复句关系的作用。不过，单句

---

① 参考壹 语法章（九）。

有时也可以用关联词语,但连接的是句法成分。比如"只有社会主义才能救中国"这个句子,虽然用了关联词语"只有……才……",但是"社会主义"和"能救中国"都不是独立的分句,前者是后者的主语,后者是前者的谓语,整个句子是个单句。再次,复句的分句之间有语音停顿。有时候分句之间有无语音停顿以及是什么样的语音停顿,都成为区别复句和单句的关键。如,"我们爱祖国爱人民爱和平。"这是个联合短语作谓语的单句,如果在第一个和第二个"爱××"之后分别加上顿号仍为单句;如果在第一个和第二个"爱××"之后分别加上逗号就是并列复句了,后两个分句"爱××"的主语承前省略了。

如果只看形式上有没有关联词语或者有无语音停顿是非常不严密的,必须注意各成分之间的组织关系。例:

　　① 就坚定不移地为当时的进步事业服务这一原则来说,我们祖先的许多有骨气的动人事迹,还有它积极的教育意义。

　　② 剧是必须从序幕开始的,但序幕还不是高潮。

例①虽然很长而且有两次句中停顿,但是"就……来说"只不过是一个限制成分,而这个句子的主语是"我们祖先的许多有骨气的动人事迹","还有它积极的教育意义"对主语进行陈述说明,所以整个句子是个主谓结构,这样,它就是一个单句。

例②这个句子看似简单,其实句中逗号前后两个部分分别是相对独立的结构,"剧是必须从序幕开始的"中"剧"是主语,与"是必须从序幕开始的"是被陈述和陈述的关系,整个构成主谓结构,而"但"这个表示转折的关联词之后的"序幕还不是高潮"也是一个主谓结构,主语是"序幕",谓语是"还不是高潮",也有自己相对独立的结构关系。"但"这个关联词前后的两个语言单位是整个复句的分句,分句之间的语义关系是转折关系。

（三）多重复句的分析

多重复句的分析对于明确了解句义非常有帮助。在分析之前,应该先掌握复句的三分系统以及各小类的区别特征。有了这个基础之后就可以按照一定的步骤进行分析。例如:

　　　　　　　　　　　　　　　　因果
　　（一）北京是美丽的,我知道, ┃ （二）因为我不但是北
　　递进　　　　　　　　　　　连贯
京人, ┃┃ （三）而且到过欧洲, ┃┃┃ （四）看见过许多西方的
名城。

这个句子的分析过程是:首先,确定分句及其数目,在每个分句前依次标上数字,如第一个分句标"(一)",第二个分句标"(二)"等,要注意的是"北京是美丽的,我知道"虽然被","隔开了,其实结构关系非常紧密,"北京是美丽的"作"我知道"的主语,整句是一个主谓结构的分句;第二,找出关联词语,判定分句间的关系(没有关联词语的要根据句义来判断),"因为"表因果,"而且"表递进,(三)(四)分句之间没有关联词,但(四)是承(三)的意思往下说,是连贯关系;第三,基本上一分为二,先用单竖线把第一层的分句隔开,并在"┃"上方写明前后分句的关系,例句全句表示原因和结果,所以第一层在(一)分句和(二)(三)(四)分句之间,单竖线应该画在这里,上方标明"因果";第四,按照上面指出的方法继续分析第二层、第三层,同时注明关系,直至分析完毕。

竖线法易于操作,而图解法则一目了然。上面的分析用图解法表示如下:

```
┌(一)┐因果┌因为(二)          (三)          (四)┐
           ├不但(二)┐递进┌而且(三)        (四)┐
                     └(三)┐连贯┌(四)┘
```

第十一节　句子常见的语法错误

一、要点提示

病句和病句的类型　　　　　　病句的检查和修改

二、重点难点分析

句子常见的语法错误是语法一章的重点,也是难点。

(一)病句类型

句子运用的错误包括词类误用和句子结构组织错误两大类。

第一类,词类误用

1. 实词误用。对实词的词性和意义的准确把握可以有效避免这类误用。

2. 虚词误用。对虚词的共性和个性特点的准确把握,明确虚词表示的意义关系,可以有效避免这类误用。

第二类,句子结构组织错误

1. 搭配不当。各个词常常有相对明确的搭配对象,如果词语搭配不适合语法语义的要求则会非常别扭,会给语义理解带来麻烦。从句法上看,常见的搭配不当主要有主谓搭配不当、述宾搭配不当、修饰语和中心语搭配不当、主宾意义搭配不当、关联词语搭配不当等。搭配不当常常和语用习惯有很大关系,因此语言积累和语感的培养是很重要的。如:"今年这个县的水稻生产,由于合理密植、加强管理,一般长势良好。"这个句子的主语中心语"生产"和谓语"长势良好"搭配不当,因为"长势良好"的只能是水稻,而不能是"生产",改正的时候可以把"生产"删掉让"水稻"作主语中心语。

2. 成分残缺或多余。句子作为交际的基本单位都是一个整体,语义上和句法上都应该合理、简约,既不能缺省也不能冗余。从句法上看,常见的错误有主语残缺或多余、谓语残缺或多余、宾语残缺或多余、修饰成分残缺或多余等。修改时,残缺的可以通过增添一些词语直接补出来,多余的成分则可以删去,或者通过改动使其合法化。如:"从这个事件可以告诉我们,并不是所有经过讨论的观点就一定是正确的。"由于用了一个介词"从"介引"这个事件",使得这个句子主语残缺,改正的时候可以将"从"删掉。

3. 语序不当。对于汉语来说,不同的语序往往表示不同的语法结构和语义关系。语序不当是汉语运用中常见的错误,包括修饰成分易位易职、多层修饰成分语序不当、分句位置颠倒等。这类问题可以通过调整语序来解决。如:"他买了漂亮的绿颜色的一件衣服。"多层定语"漂亮、绿、一件"的顺序不符合语用习惯,读起来非常别扭。教材讲了多层定语的一般排列顺序,知道这一点,上面例句可以修改为:"他买了一件漂亮的绿颜色衣服。"

4. 结构杂糅。同一个意思的表达,可以采用不同的方式,这是语言使用上灵活的一面,但是,如果使用时缺乏考虑和选择,就很有可能把不同的表达方式杂糅套叠起来,从而导致互相纠缠、表意不清。所以应该注意句子在表达方式上的前后一致性。如:"我们不得不敬佩鲁迅先生用笔作为武器与中国国民的劣根性作坚决斗争。"句子中的"敬佩"是个名宾动词,不能用主谓短语充当宾语,犯了前后牵连、结构不清的毛病。可以在"鲁迅先生"后面加上逗号,在"用笔作为武器与……"前加一个代词"他"。

(二)语法错误的检查和修改

关于语法错误的修改,应该考虑以下几条原则:

第一,忠实于原义。修改后的句子与原来句子的意思应该是对等的,即修改后的句子须保持原句的信息量。如:

　*A、最近，我们收到了一些群众的来信、来访。

　B、最近，我们收到了一些群众的来信。

　C、最近，我们收到了一些群众的来信，并接待了他们的来访。

　A是病句，属述宾搭配不当，"收到了来信"可以说，但不能说"收到了来访"。如果改为B，句子结构规范了，但缺少了"来访"的意思，丢失了重要的信息，所以改为C，句子结构规范了，同时也保持了原句的信息量。

　第二，小改不大改。修改病句以改动最少为准则，一般不随意加减词语，不能"另起炉灶"作大的修改。如：

　*A、今年又是一个丰收年，粮食产量超过去年的12.5%。

　B、今年又是一个丰收年，粮食产量比去年增长了12.5%。

　C、今年又是一个丰收年，粮食产量超过去年12.5%。

　A由于多用一个结构助词"的"而表义不清，令人费解，改成B句还是不很符合原义，而且还增加了词语；改成C句，去掉"的"，能够就病而改，而且符合小改的原则，也消除了歧义。

　第三，尽量保持原句结构。修改病句时尽量保持原句结构，不轻易变动原句结构，甚至原句关键性词语，如：

　*A、她对业务非常钻研，取得了许多成果。

　B、她对业务非常熟悉，取得了许多成果。

　C、她刻苦钻研业务，取得了许多成果。

　D、她对业务刻苦钻研，取得了许多成果。

　A用程度副词"非常"修饰普通行为动词，犯了状中搭配不当的毛病。B用"熟悉"替换了原句的"钻研"，搭配得当了，但改变了关键性词语,偏离了原句的词汇意义。C 把"对业务非常钻研"改成"刻苦钻研业务",解决了搭配不当的问题,但改变了原句结构,原句"对业务"的强调没有了,偏离了原句的结构意义。D 用"刻苦"替换"非常"修饰"钻研",状中搭配得当,原句结构没有变,消除了语误。

第十二节　语法研究

一、要点提示

语法研究发展的概况

新时期语法研究的特色和作用

二、重点难点分析

说明:本节作为一般讲解,不作重点难点分析。

第五章　修　辞

第一节　修辞概说

一、要点提示

什么是修辞　　修辞同语音、词汇、语法、逻辑的关系
修辞的作用　　修辞的基本原则和要求

二、重点难点分析

（一）修辞的含义

《周易·乾·文言》"修辞立其诚"的"修辞"是两个词，"修"是动词，指修饰；"辞"是名词，指词句。"修辞"就是修饰词句的意思。齐梁时代的刘勰讲"建言修辞，鲜克宗经"。修辞并不是简单的修饰词语，但它包含了修饰词语。修辞的"辞"在古代有的指语辞，有的指文辞。当然，文辞也包含了语辞，它是语辞的书面表达形式。

在现代汉语中，"修辞"是作为一个词来用的。

（二）修辞的功能

修辞的功能是本节的难点。

《左传》有言："言之无文，行之不远。"作家秦牧说过："文学作品的文字，除了要求清晰流畅之外，还要求优美。文字如果不能给人以美感，作品的艺术感染力就会大大降低。"这些都从不同角度指出了修辞的功能或作用。文章的优劣，除受审题、立

意、选材、构思等众多因素支配以外，还有一个关键因素，即语言要形象、生动、活泼。选用恰当的修辞手法，语言就会变化多姿，产生一种特殊的美：会使山上的石头唱歌，山下的流水动情，会使花草倾诉心中的秘密，枯枝败叶讲述生命的真谛，它可以百川汇海，激情澎湃；也可以轻风拂琴，嘤嘤成韵，会增强文章的审美含量和文化内涵。

关于修辞的作用，教材概括为三点。

第二节　词语与修辞

一、要点提示

选用词语的要求　　　词义锤炼

色彩鲜明　　　　　　音韵和谐

二、重点难点分析

（一）选用词语的要求

言语表达是以句子为基本单位的，而句子是由词语组成的。要使句子具有最佳修辞效果，必须讲究词语的运用与锤炼。我国古人关于"炼字"的论述十分丰富精辟。刘勰在《文心雕龙·章句》中指出："夫人之立言，因字而生句，积句而成章，积章而成篇。篇之彪炳，章无疵也；章之明靡，句无玷也；句之清英，字不妄也。"强调字（词）是句子的基础，"清英"之句是在炼字的基础上形成的。清代刘淇在《助字辨略》中也说："一字之失，一句为之蹉跎。"大量的修辞实践证明，只有在积累丰富词语的基础上，精确地掌握词语的涵义和用法，在说话写文章时才能运用得当，达到理想的表达效果。选用词语的具体要求包括下面几点：

1. 准确。准确贴切是选用词语的基本要求，要做到这一点必须注意准确理解词语的意义。要准确掌握意义相近的词语之间及同一个词语的几个相关意义之间的细微差别。因为有的词

语虽意义相近,但它们所代表的概念或适用的对象并不一样;有
的词语除了它的基本意义外,还带有感情色彩或语体色彩。这
就要求我们平时要注意积累丰富的词语,掌握它们在意义、用
法、风格等方面的细微差别,运用时才能准确到位。如:

①　于是我自己解释说:故乡本也如此,——虽然没有
进步,也未必有如我所感的悲凉,这只是我自己心情的改变
罢了,因为我这次回乡,本没有什么好心绪。(鲁迅《故
乡》)

②　"飞机吼叫着一头向浓雾中扎了下去,直俯冲到离
地面很近的高度,仍未找到机场,……"

例①中的"心情"和"心绪"是近义词,但有细微差别:前者
指感情状态,因此与"改变"搭配比较准确;后者指心情(多就安
定或紊乱说),因此与"没什么好"相组合较为准确。例②中的
介词"向"原稿写作"从",两个介词的用法不同:"从"表示动作
的起点,"向"表示动作面对的方向,定稿将"从"改为"向",表
义是准确的。

2. 得体。(1)适应特定的对象。这里的"对象"包括两个
方面:一是交际对象,一是陈述对象。

交际对象就是言语交际中话语的接受者。在言语表达中人
们常会根据交际对象的不同而选用相应的词语,如果不适应特
定交际对象,就会使听话人不理解甚至闹出笑话。例如全国普
查人口时,一位普查员问一位70多岁的老太太"有配偶吗?"老
太太愣了半天,问:"什么配偶?"普查员:"就是你的丈夫。"老
太太这才明白。鲁迅《狂人日记》所描写的狂人,逻辑混乱,语无
伦次,往往是通过跳跃性很大、上下不连贯的语句表现的,这很
符合狂人的口吻。《社戏》选用的是浅近易懂、动作性很强的词
语,符合农村孩子的身份。《伤逝》选用的书面语词较多,知识

分子腔调浓,符合小资产阶级知识分子的特点。

(2)适应语境。语境包括言内语境(上下文),也包括言外语境(时代背景、社会文化背景等现实的环境)。词语孤立地看无所谓好坏,但放到一定的上下文中就会显示出优劣来。杜甫《曲江二首》中的"穿花蝴蝶深深见,点水蜻蜓款款飞",写出了恬静自然的大好风光,其中两个叠音词韵味十足。"深深"写出了蝴蝶穿花的背景,展示了春花似锦、枝密叶深的画面;"款款"写蜻蜓点水、翩翩而飞的韵致,但这两个词只有在与"穿、见、点、飞"等动词的搭配中,在这种语境条件下,才显示出丰富优美的内涵。

(3)注意时地条件的制约。人们的言语交际都是在一定的时间空间里进行的,这些现实语境也会影响词语的选用。比如鲁迅的杂文多用反语,嬉笑怒骂,锋芒逼人,有时选用的词语隐晦曲折,语颇隽永,耐人寻味,这是鲁迅所处的特殊社会环境制约的结果。如:

> 赵府上的两位男人和两个真本家,也正站在大门口论革命,阿Q没看见,昂了头直唱过去:
> "得得……"
> "老Q",赵太爷怯怯的迎着低声的叫。《阿Q正传》

"老Q"的"老"是词的前缀。《现代汉语八百词》:"放在单音姓氏前用作称呼,语气比直呼姓名亲切。"这是"老"这个语素固有的表义功能,作者充分调动了这个语素的积极作用。在赵太爷的眼中,阿Q是个连姓赵都不配的人,但在宣统三年九月十日,绍兴光复的第二年这个特定的历史时刻,赵太爷改变了对阿Q的称呼,称他为"老Q",准确地表现了辛亥革命在地主官僚阶层中引起的不安和恐惧。"老"在这里起了点睛之笔,充分显示了它的艺术力量,它的修辞功能就是在作品描写的特定历史环境中实现的,离开了语境,"老"只有一般的词汇意义。

(4)体现文体特点。一般情况下,使用词语要适应相应的文体特点,如文言词语典雅、简洁、庄重,在比较庄重的书面语体如公文事务语体中经常使用;方言词语、俚词俗语等简明、通俗、易懂,在文艺语体中经常使用。例电影《林则徐》中写林则徐召见外商,申明中国政府关于严禁贩卖鸦片的命令,其中说到如有违令者,"船货交公,人即正法"。有外商问:"什么叫'正法'?"中国官员答:"正法就是杀头。"在这里,林则徐向外商说的是自己国家的法令,所以用的是庄重严肃的"正法",后头是官员回答外商的口头问话,所以用了浅显易懂的"杀头",和各自的语体都很协调。又如:

> 这样边干边谈,等把抬筐收拾好,他俩已经成了很熟识的朋友了。(王愿坚《普通劳动者》)

例中的"熟识"原来写作"熟稔",但"熟稔"的书面语色彩很浓,与小说的语体不协调,改作口语体词"熟识",上下文就风格一致了。

(5)切合文化背景。语言反映一个民族的特征,它不仅包含着该民族的历史和文化背景,而且蕴藏着该民族的人生观、生活方式和思维方式。因此选择词语时应适当考虑具有民族色彩和文化传统的词语。

> 但我要的是一处让我怦然惊动的风景,像宝玉初见黛玉,不见眉眼,不见肌肤,只神情恍惚地说:
> "这个妹妹,我曾见过的。"
> 他又解释道:"虽没见过,却看着面善,心里倒像是远别重逢的一般。"
> 我要的是一个似曾相识的山水——不管是在王维的诗里初识的,在柳宗元的永州八记里遇到过的,在石涛的水墨

里咀嚼而成了痕的,或在魂里梦里点点滴滴一石一木蕴积而有了情的。

　　我要的一种风景是我可以看它也可以被它看的那种。我要一片"此山即我,我即此山,此水如我,我如此水"的熟悉世界。(张晓风《常常,我想起那座山》)

　　例中的"宝玉、黛玉、王维、柳宗元、石涛、永州八记、水墨"等词都具有中国传统文化的色彩,带有中国传统文化的鲜明印记,因而作者所言的山水明显是渗透了中华文化传统意蕴的山水。

　　3. 生动。力求运用生动形象的词语,是选用词语的重要原则之一。要注意挑选概念具体、表义形象的词,使抽象的事理具体化,静态的事物动态化。例如:

　　雨是最寻常的,一下就是三两天,可别恼。看,像牛毛、像花针,像细丝,密密地斜织着,人家屋顶上全笼着一层薄烟。树叶儿却绿得发亮,小草也青得逼你的眼。(朱自清《春》)

　　这是描述春雨和春草的一段文字,春雨连绵,容易使人心情烦闷,可是作者却用了"可别恼"的写法,一个普通的"恼"字的使用,使人感到春雨的可亲可爱。接着用"斜织"描述细雨的情状,用"笼"作了形象化描绘,让人觉得身临其境,尤其值得注意的是一个"逼"字。前句写"树叶儿却绿得发亮",后句不落俗套,不写成"小草儿也青得耀眼",却是活灵活现地写成"逼你的眼"。这样从视觉效果上去描绘春色,比起直接用形容词描摹春色,要形象生动得多。

　　(二)词语的意义锤炼

　　词语的意义锤炼是本节难点。

　　1. 同义词语的选择。近义词是关注的重点。恰当地选择近义词可以增强修辞效果。首先,准确使用近义词,能够精密地

表达人们的思想感情,增强语言的表现力。如:

> 华大妈在枕头底下掏了半天,掏出一包洋钱,交给老
> 栓……
> 老栓慌忙摸出洋钱,抖抖的想交给他……(鲁迅《药》)

"掏"和"摸"都是伸手去取,但意义和形象色彩都是有区别的:"掏"强调洋钱收藏之深久,"摸"没有此意;"掏"有眼睛看或不看的意思,"摸"一般情况下是不用眼睛看的。

如果掌握了丰富的词汇,让同义或近义词语在上下文里交替使用,可以形成错综的变化,避免单调。如:

> 一个人的肩上担不起那样沉重的担子,况且还是那重
> 重的命运的打击。

例中的"沉重"与"重重"意义相同或相近,但在语体色彩上有区别,词语配用的效果一是借色彩之别避免重复,二是前后形成鲜明对照。

2. 反义词语的运用。一对反义词语同时出现,可以收到对比鲜明的表达效果。如:

> 朋友,我相信,到那时,到处是活跃的创造,到处都是日
> 新月异的进步,欢歌将代替了悲叹,笑脸将代替了哭脸,富
> 裕将代替了贫穷,康健将代替了疾苦,智慧将代替了愚昧,
> 友爱将代替了仇杀,生之快乐将代替了死之悲哀,明媚的花
> 园,将代替了凄凉的荒地。(方志敏《可爱的中国》)

这段文字使用了多组反义词,如"富裕—贫穷、友爱—仇杀、生—死"和"快乐—悲哀"四对反义词的配用,强烈地表达了作者对旧社会的控诉批判和对新世界的无限向往之情。

有些意义相反的词语结合使用,字面上看似自相矛盾、不合情理,但却表达了对立统一的含义,内涵深刻,引人深思,有警醒

作用。例如:平凡的伟大;为了忘却的纪念。

3. 词义的活用。例如:

①黄克山得理不让人:"我从来不矛盾他,他光矛盾我。"这个怪词,引得大家一阵大笑。(曲波《山呼海啸》)

②铁窗和镣铐,坚壁和重门,锁得住自由的身,锁不住革命精神!

③当三个女子从容地辗转于文明人所发明的枪弹的攒射中的时候,这是怎样的一个惊心动魄的伟大啊!中国军人的屠戮妇婴的伟绩,八国联军的惩创学生的武功,不幸全被这几缕血丝抹杀了。(鲁迅《纪念刘和珍君》)

例①的"矛盾"是名词活用为动词,意思是与他产生矛盾,例句的一般说法是"我从来不和他闹矛盾,他光和我闹矛盾"。可是例句打破常规,没有采用一般说法,这种说法显得更简洁,而且取得了幽默风趣、生动活泼的表达效果。例②中动词"锁"因甲事物而顺势移用到乙事物上去了,甲事物"身"是具体的,乙事物"精神"则是抽象的,这种修辞方式可以用来表达作者对现实事物的强烈感情,可使表义进一步深化,收到言简意赅的效果。例③的加点词本来都是褒义词,在这里却用来指称反面的、厌恶的人和事,明显带贬斥之意,这种褒贬色彩的改变,有力地控诉与鞭笞了北洋军阀的罪行。词语的活用现象,一般都是强调某种意思或者表达某种强烈感情的修辞手段,它对语境的依赖性极强,离开特定语境,这种用法就不合语言规范,不能成立。

第三节　句式与修辞

一、要点提示

各种句式的特点及表达作用　　　同义句式的选择原则

二、重点难点分析

（一）句式的特点及表达作用

从修辞角度讲,句式包括常式句与变式句、长句与短句、整句与散句、主动句与被动句、肯定句与否定句五种。

1. 常式句和变式句。比较:

①这位姑娘多漂亮啊!

②漂亮啊,这位姑娘!

例①是常式句,强调突出了"这位姑娘";例②是变式句,强调突出了"漂亮",增强了赞叹的语气和赞美之情。

2. 长句和短句。长句和短句各有修辞效果。比较:

③每逢看到了欣欣向荣的庄稼,看到刚犁好的涌着泥浪的肥沃的土地,我的心头就涌起像《红旗歌谣》中的民歌所描写的——"沙果笑得红了脸,西瓜笑得如蜜甜,花儿笑得分了瓣,豌豆笑得鼓鼓圆"这一类带着泥土、露水、草叶、鲜花香味的大地的情景。（秦牧《土地》）

④有个农村叫张家庄。张家庄有个张木匠。张木匠有个好老婆,外号叫"小飞蛾"。小飞蛾生了个女儿叫"艾艾",算到1950年正月十五元宵节,虚岁20,周岁19。庄上有个青年叫"小晚",正和"艾艾"搞恋爱。故事就是出在他们两个人身上。（赵树理《登记》）

例③是个长句,主语"我的心头"前是复杂的状语,宾语中心"情景"前的定语很长,"像……大地的"共有四个修饰限制的成分,细致、生动地描写了"我"心头涌起的情景,把读者带到了作者所描写的情景之中,去领会作者对土地的深厚情感。例④语言朴实无华,没有任何修饰语句,只使用短句平铺直叙,语言表达简洁、明快、清晰。

3. 整句和散句。整句是结构相同或相似、形式整齐匀称的句子。散句是结构不同，字数长短不一的句子，散句自由畅达，灵活自然，可以随意抒写。比较：

⑤走生路，生而出新；走险路，险而出奇；走难路，难而不俗。（徐刚《黄山拾美》）

⑥不过，瞿塘峡中，激流澎湃，涛如雷鸣，江面形成无数漩涡，船从漩涡中冲过，只听得一片哗啦啦的水声。过了八公里的瞿塘峡，乌沉沉的云雾，突然隐去。峡顶上一道蓝天，浮着几小片金色浮云，一注阳光像闪电样落在左边峭壁上。（刘白羽《长江三日》）

例⑤是字数、结构都相同的排比句式，属于整句，作者把黄山旅游之路与作家的创作之"路"进行类比，形式整齐匀称，表义简练清晰。例⑥是散句，句式各种各样，字数长短不一，灵活多变，把瞿塘峡的美景描写得形象生动，栩栩如生。

4. 主动句和被动句。主语是施事的句子叫主动句，主语是受事的句子叫被动句。如：

风卷着雪花，狂暴地扫荡着山野、村庄，摇撼着古树的躯干，撞开了人家的门窗，把破屋子上的茅草大把大把地撕下来向空中扬去，把冷森森的雪花撒进人家的屋子里，并且在光秃秃的树梢上怪声地怒吼着、咆哮着，仿佛世界上的一切，都是它的驯顺的奴隶，它可以任意地蹂躏他们，毁灭他们……（峻青《党员登记表》）

这段话连用一系列主动句，以"风"为题，生动地描写了残暴的风对自然的肆虐和对人的无情。如果把上面的句子改成被动句，则会是另一种效果。如：

雪花被风卷着，山野、村庄被风雪狂暴地扫荡着，古树的躯干被摇撼着,人家的门窗被撞开了,破屋子上的茅草被大把大把地撕下来扬向空中,人家的屋子里被撒进了冷森森的雪花,雪花在光秃秃的树梢上怪声地怒吼着、咆哮着,仿佛世界上的一切都是风的驯顺的奴隶,可以被它任意地蹂躏、毁灭……

陈述的对象不是"风"了,成了"雪,山野、村庄,古树的躯干,人家的门窗,破屋子上的茅草"等,变成了对自然界更多事物的描写,突出地表现了山野、村庄、古树的躯干、门窗、茅草等的弱小与孤单、可怜与无助,给人以寒冷、萧索与凄凉的感受。

5. 肯定句与否定句。"小李个子矮。""小李个子不高。"这两句话基本意思一样,但前者是肯定句,表义直截了当,语气比一般否定句要强些;后者是否定句,语义轻一些,语气委婉一些。

(二)同义句式的选择原则

所谓同义句式,从修辞角度说,是指那些意思基本相同而在风格色彩、修辞功能和表达效果方面有差别的一些句式。选择同义句式能有效地增强语言的表现力,达到理想的修辞效果。著名的散文大家朱自清就特别重视炼句,在《欧游杂记自序》里就谈过他的切身体验:"……'是'字句,'有'字句,'在'字句安排最难。显示景物间的关系,短不了这三种句法;可是老用这一套,谁耐烦!再说这三种句子都显示静态,也够沉闷的。"

同义句式的选择有以下原则:

1. 适应说写的目的。如:

① 先生,您要不要看一下我们公司今年的新款手机样机?

② 先生,请看一下我们公司今年的新款手机样机!

推销员在推销手机时,如果选用①,好多人会直接回答"不要!"可是选用②,再加上把手机递过去的动作,一般人都会愿意看一下。可见,选用不同的表达方式,往往会收到不同的效果。

2. 适应行文递接。文章是一个整体,其中的每一个句子都要受上下文的制约,从而才能保持行文的严整性。因此在选择同义句式时,要考虑上下之间的递接关系,即语句之间要连贯。要保持前后意义上的连贯性,就要保持叙述角度的一致。如:

> 将军一面走一面四下里看着,他被这劳动的场景深深地激动了。(王愿坚《普通劳动者》)

这个句子,前面分句的主语是"将军",后分句的主语用"他"复指"将军",前后主语一致。假如后一个分句改为"这劳动的场景深深地使他激动了",就使得前后主语不一致,句子结构不一致,语意不连贯,语气也不大流畅。

3. 切合语体特点。就公文语体而言,常用肯定或否定的判断句式,如果大量运用变式句或者散句,就会显得不正式,不庄重,不严谨。就专门科技语体而言,使用句式严整而单一,多使用主谓句,如果过多使用省略句和倒装句,就会影响句子表义的准确性和严密性,甚或产生歧义。就文艺语体而言,可以容纳各种各样的句子,常用省略句、非主谓句和倒装句,也用长句,但大量运用的是短句。文艺语体对句式的运用是开放的,如果运用句式单一,就不便表现丰富曲折的故事情节和塑造各式各样的人物形象。

4. 讲求声韵协调。如:

> 春温秋肃,默化迁移,身心获益靡崖,文笔增华有望。(郭沫若《鲁迅诗稿序》)

为了求得平仄相间、上下相对,造成抑扬顿挫之美,把固定短语的结构作了临时变动。

第四节　辞格与修辞

一、要点提示

辞格及其特性　　　　　　　　辞格的辨析
辞格的综合运用

二、重点难点分析

（一）辞格的辨析

辞格的辨析是本节的重点和难点。

1. 比喻与比拟的区别。比喻和比拟，都是两事物相比，使语言形象化。它们的不同主要是：

第一，比喻与比拟的性质和作用不同。比喻强调甲乙两事物的相似性，重点在喻；比拟强调甲乙两事物彼此交融，重点在拟。比喻能使深奥的道理浅显化，抽象的事物具体化，概括的东西形象化；比拟能启发读者展开联想，捕捉所描绘的事物的意境，体味它的深意。例如：

　　① 敌人已经成为瓮中之鳖，不好攻暂且围着算了。（徐海东《奠基礼》）

　　② 他确乎有点像一棵橡树，坚壮、沉默，而又有生气。（老舍《骆驼祥子》）

　　③ 月亮一露面，满天的星星惊散了。（杨朔《金字塔夜月》）

　　④ 真理它却不会弯腰。（臧克家《胜利的狂飙》）

例①取瓮中之鳖待擒说明敌人当时的困境，二者有相似点，能给人具体形象的感受，这是比喻。例②从树的外形特点联想到祥子的外貌、气质特征，两者有相似点，也属比喻。例③月亮、星星本不是生物，并无"露面、惊散"这样的特征，这里以生物的特征描写它们,只是为了让其情态逼真,跃然纸上,这是比拟。例④将无形的抽象物"真理"人格化、形象化,也属比拟。

第二,比喻与比拟的句式结构不同。比喻由本体、喻体和比喻词三部分组成。借喻虽然不出现喻词和本体,但可以变换为有喻词和本体的明喻、暗喻。不管是哪一种比喻,始终都有喻体;比拟主要是借助想象,将本体模拟为人或物的某种行为、动作或情态,不论是拟人,还是拟物,始终都无喻体。例如:

⑤ 东西长安街成了喧腾的大海。(袁鹰《十月长安街》)

⑥ 我们之间已经隔了一层可悲的厚障壁了。(鲁迅《故乡》)

⑦ 波浪一边歌唱一边冲向高空去迎接那雷声。(高尔基《海燕》)

例⑤是暗喻,由本体"长安街"、喻体"大海"、喻词"成了"构成。例⑥是借喻,借"厚障壁"比喻"我"与闰土之间形成的隔阂,本体和比喻词都隐去了,只用喻体代替本体。例⑦是拟人,将"波浪"当作人描写,赋予它一些人的动作和思想感情。

2. 借代与借喻的区别。借代和借喻在形式上都不出现本体,而用借体或喻体说话。借代和借喻又有区别:

(1)两者构成的客观基础不同。构成借喻的基础是本体和喻体的相似性,它是借中有喻,重点在喻;构成借代的基础是借体和本体的相关性,它们中间没有比喻关系,重点在代。例如:

① 钟山风雨起苍黄,百万雄师过大江。(毛泽东《七律·人民解放军占领南京》)

"钟山"代替南京,是因为钟山(即紫金山)位于南京附近,和南京有相关性,所以是借代。而"风雨"代替革命形势,是因为它和革命形势在事理上有相似点,所以是借喻。

（2）借喻可以转换为明喻，而借代不能。如果本体能加"像"构成明喻的，是借喻；反之就是借代。如：

　　② 鲁迅在一篇文章里主张打落水狗。他说，如果不打落水狗，它一旦跳起来，就要咬你，最低限度也要溅你一身的污泥。

　　③ 你们这一车西瓜，也不必过秤，一百张"大团结"，我们就包圆儿了。

例②是借喻，因为在"落水狗"前加"像"构成了"……像落水狗"，这是明喻。例③是借代，不能在"大团结"前加"像"构成明喻，因为"大团结"本身指代的是钞票。

3. 拈连与比拟的区别。在将描写人的特性的词语拈来用于描写物，或者将描写物的特性的词语拈来用于描写人这一点上，拈连和比拟有相似之处，但二者有明显的区别。拈连是利用上下文的联系，将用于甲事物的词语顺势拈来用于乙事物，并不把物当作人写，或把人当作物写，或把甲事物当作乙事物来写，只拈而不拟。而比拟是根据想象把物当作人或把人当作物写，或把甲物当作乙物来写。比拟重在根据想象来拟，因此往往带有强烈的主观感情。

　　① 铃子叮叮当当的摇着，一切低起头在书桌边办公的同事们，思想都为这铃子摇到午饭的馒头上去了。（沈从文《到北海去》）

　　② 假如是孤行者，就可以听到草棵、树叶被风吹折的声音，听到各类小虫的绵绵情话。（庞天舒《蓝旗兵巴图鲁》）

例①是拈连，把用于铃子的"摇"用于思想，表现铃声对大家的影响。例②是比拟，小虫能够说出"绵绵情话"来，赋予小虫人的思想情感,启发读者捕捉意境,体味它的深意。

4. 排比与对偶的区别。排比与对偶都属于整句。但排比是三个或三个以上句子的平行排列,对偶只限于两个句子。排比的形式不如对偶严格,排比的各个句子字数可以不完全相等,也允许出现相同的词语;对偶的两个句子字数必须相等,而且力避字面的重复。如:

　　① 天太大。海太阔。人太老。游泳的姿势和动作太单一。

　　② 接天莲叶无穷碧,映日荷花别样红。

例①是排比,例②是对偶:例①是四个句子的平行排列,例②是两个句子的对称并列;前者句子的字数不相等(前三句各是三个音节,而后一句却是十一个音节);后者两句字数相等。

5. 顶真与回环的区别。顶真与回环在头尾顶接这一点上相似,它们主要的区别是:(1)顶真不局限于两项,构成是顺连而下,由甲到乙,由乙到丙;回环一般由两项构成,是回环往复的构成形式,由甲到乙,再由乙回到甲。(2)顶真所关涉的几项是前项之尾和后项之首的词语相同;构成回环的两项只是语序不同,词语相同或基本相同。例如:

　　① 人们常说,胡杨一千年不死,死后一千年不倒,倒后一千年不腐。

　　② 科学需要社会主义,社会主义更需要科学。(郭沫若《科学的春天》)

例①是顶真,例②是回环,前者三个句子之间前顶后接,顺连而下,其轨迹是直线形(A—B,B—C,C—D);后者由两个句子组成,形式为圆形(A—B,B—A)。前者头尾蝉联,前面句子末尾的词语又做后面句子的开头,语句结构环环相扣,句意层层推进,语气一气呵成;后者构成前后两个句子的词语是基本相同的,只是巧妙地变换了词语的顺序,组织成穿梭一样的循环往复的形式,使人容易理解事物之间的辩证关系,同时这种形式语感上给人有一种美的感受。

6. 对偶与对比的区别。这两种修辞格都是上下两句两两相对,但它们有明显的不同。对偶的基本特点是形式上对称,借助对称的形式、和谐的音节,把两方面的意思表现出来,所以节奏明快、音调铿锵、上口悦耳、语言很有感染力。对比的基本特点是内容上对立,是把两种不同事物或者同一事物的两个方面放在一起以揭示对立的意义,使事理和语言色彩鲜明。例如:

① 宝剑锋从磨砺出,梅花香自苦寒来。

② 时雨点红桃千树,春风吹绿柳万枝。

③ 朱门酒肉臭,路有冻死骨。(杜甫《自京赴奉先咏怀五百字》)

④ 有的人活着,他已经死了;有的人死了,他还活着。(臧克家《有的人》)

以上四例的结构都相似,但明显的区别是:首先,对偶上下二句的词性都要求对应,如例①的"宝剑"和"梅花"相对,都是名词,"锋"和"香"相对,都是名词,"从"和"自"相对,都是介词,"出"和"来"相对,都是趋向动词。例②的"时雨"和"春风"相对,都是名词,"点"和"吹"相应,都是动词,"红"和"绿"相应,都是形容词,"桃"和"柳"、"千树"和"万枝"各自呼应,都是名词。而对比主要是在内容上的比较,例③的对比突出了旧社会富贵人家和贫民生活状况的悬殊,突出了两个阶级的对立。其次,对偶的上下两句一般不出现重复的词语,而对比则可以出现,例④是对比,它上下两句出现了重复的词语"有的人、活"和"死",通过对比,鲜明地揭示了不同人的人生观。

7. 移就与拟人的区别。在将描写人的特性的词语移用于物这一点上，移就和拟人有相似之处，但二者有着明显的区别。从内容上看，拟人侧重在比拟，把物人格化了。移就只是把描写甲事物的词语移来修饰乙事物，移而不拟，不把物人格化，如"黑色幽默、灰色收入"。从形式上看，拟人是把物当人描写，移就则是移用词语来刻画事物，并不当作人来描写。如"杜甫川唱来柳林铺笑，红旗飘飘把手招"是拟人，"广场上又烧起欢乐的篝火"是移就。移就所移用的词语常作定语，拟人所选用的词语多作谓语。

8. 对比与映衬的区别：(1)对比是两种对立的事物无主次之分，映衬是陪衬事物和被陪衬事物有主次之分。(2)映衬的目的是烘托事物，强化感情，突出中心；对比的目的是采用对照的方法来揭示对立意义，使事理和语言色彩鲜明。例如：

① 虚心使人进步，骄傲使人落后。(毛泽东《中国共产党第八次全国代表大会开幕词》)

② 我站在那个有路可上的近二千米的山顶，极目眺望，在湛蓝的天穹之下，那一望无际、形态各异、连绵不断的山外有山的吕梁山脉的蓝色连山，好像成了北武当山的天然屏障。我虽不能设想传说中的真武大帝的自得其乐，但也感到心胸开阔，有时，山鹰在天空里从容飞翔，我仿佛也能体验它的自由感。(王朝闻《北武当游》)

例①是对比，从正反两个方面说明道理，告诫人们要树立虚心学习和工作的态度，克服在学习和工作中骄傲自满的情绪，前后两句不分主次，是并列关系。例②是映衬，用壮丽的山色衬托作者开阔的心情，所描绘的景物是衬体，次要的，而人则是被陪衬的事物，是主体，主体是作者的表现意图所在。

9. 通感与比喻的区别。通感是通过人们的联想，将听觉、

视觉、嗅觉、味觉、触觉等在一定的条件下相互沟通起来的修辞
手法。例：

     ① 暮色灰黄而凉爽，本来就宁静的黄昏，静止了一般。
（陈丹燕《玻璃做的夏天》）

     ② 被角的湿冷使我惊醒，歌声还在心的深处长颤。
（沈从文《遥夜》）

例①暮色可视不可感，"凉爽"是感觉效果移用于视觉。例
②歌声"长颤"是感觉效果移用于听觉，通过感觉转移和相通强
化人的感受，巧妙地传递感情。通感经常借助于比喻的形式来
表达，如：

     ③ 女子们朗朗的笑声，像水上的波纹，在工地的上空
荡漾开去。（魏钢焰《绿叶赞》）

借助"……笑声，像……波纹"的比喻形式，将听觉形象"笑
声"与视觉形象"波纹"沟通起来。

因为通感往往采用比喻的形式，有人称之为特殊的比喻。
但二者有明显的区别：比喻重在喻，本体和喻体是同一感官感受
到的本质不同的事物，本体和喻体可以是抽象的事物，也可以是
具体的事物，范围较宽；通感重在移，是借一种感觉表现另外一
种感觉，多是对内心感受的表达。

10. 层递与排比的区别。在内容上，排比的各项是平列关
系，层递的各项是等级关系。在形式上，排比要求结构相同或相
似，往往要用相同的提示语；层递的结构不强调相同或相似，往
往不用相同的词语。在表达效果上，排比多项并列，以增强语
势；层递借步步推进，层层深化人们认识。

     ① 时间在变，不变的是健康的品质，不变的是健康的
祝愿，不变的是健康的滋味。（中央电视台 CCTV1 广告）

②　事情就是这样,他来进攻,我们把他消灭了,他就舒服了,消灭一点,舒服一点;消灭得多,舒服得多;彻底消灭,彻底舒服。(毛泽东《关于重庆谈判》)

例①是排比,首先,三个"不变……"之间是并列关系,分不出主次关系;例②是层递,"消灭一点……、消灭得多……"和"彻底消灭……"之间是层层递升的关系。其次,前句结构整齐,并且有相同的提示语"不变";后句构成层递的各项结构不对等,"消灭一点"和"消灭得多"是补充结构,"彻底消灭"是偏正结构,而且没有在相同位置上出现的提示语。再次,前句从不同角度强调了健康的重要,宣传了产品的信誉,增强了语势,富有表现力;后句"消灭一点,舒服一点""消灭得多,舒服得多""彻底消灭,彻底舒服",范围逐步扩大,意思层层递升。

11. 设问与反问的区别。设问和反问都是无疑而问,但是有明显的区别:设问,有问有答,答案紧跟其后;反问,有问无答,答案在它的反面,要让读者领会。设问的作用是为了引起读者的注意和思考,反问的作用是为了加强语气,表达强烈的感情。设问一般在篇、段的前面出现,反问一般在篇、段的后面出现。

现在我们要向外国学习,将来我们从落后转化为先进了,还要不要学呢?那个时候,外国仍然会有许多值得学习的好东西,我们仍然要向人家学习。这有什么不好呢?

这一例是设问和反问的连用,阐明了在洋为中用的前提下,向外国学习的必要性。先尖锐地提出问题:将来我们先进了还学不学?波澜突起,发人深思,随后明确回答:"仍然要向人家学习。"接着是一个反问:"这有什么不好呢?"进一步给上句答案以肯定。这样既有启发性又有说服力,使人没有怀疑的余地。

(二)辞格的综合运用

这是本节的难点。

1. 辞格连用。如：

娘的头发花白,脸皱得像核桃,身子佝偻着。娘像一只孱弱的老猫,蜷缩在床的一角。(倪学礼《六本书》)

这是比喻的连用,形象地写出了"娘"的苍老和病态。

2. 辞格兼用。如：

真正的铜墙铁壁是什么? 是群众,是千百万真心地拥护革命的群众。

这是设问和比喻的兼用。设问和比喻的兼用,增添了表达的力量,突出了人民群众的重要地位。

3. 辞格套用。如：

一站站灯火扑来,像流萤飞走,
一重重山岭闪过,似浪涛奔流,……(贺敬之《西去列车的窗口》)

这是对偶里套用了比喻,比喻里又套用了比拟。这三个辞格有层次地运用在一个句子中,效果上给人以层出不穷的形象逼真之感。

从综合运用的角度分析下面句子所用的辞格：

好! 黄山松,我大声为你叫好,
谁有你挺得硬,扎得稳,站得高!
九万里雷霆,八千里风暴,
劈不歪,砍不动,轰不倒! (张万舒《黄山松》)

第一行是拟人,抒发了对黄山松的赞美之情,使人倍感亲切。第二行是排比,语气强烈,气势无比,高度赞美了黄山松的坚强意志和高远境界。后两行是夸张,激情饱满地歌颂黄山松的坚强意志和高贵品质,使人产生强烈的共鸣;其中第三行是对偶,第四行是排比,这两行都属于整句,节奏鲜明,语气顺畅,气势贯通。读完这段气势磅礴、激情洋溢的文字,人们的心灵会被一种黄山松精神所震撼,使人突然顿悟,这黄山松精神就是我们伟大的民族精神和时代精神。

还可采用图示法分析。例如:

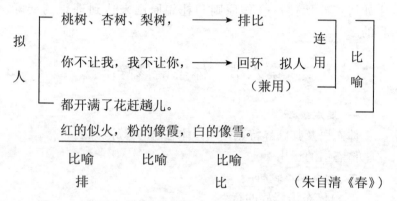

红的似火,粉的像霞,白的像雪。

比喻　　比喻　　比喻

排　　　　　比　　　　（朱自清《春》）

总体看是比喻,比喻中包含(套用)着其他辞格。

第五节　口语修辞

一、要点提示

口语交际的特点　　　　口语交际的要素
口语交际的原则　　　　口语修辞的语体类型

二、重点难点分析

(一)口语交际的特点

(二)口语交际的原则

口语交际的原则是本节的难点。

"合作的原则就是要求言语交际的参与者在交谈过程中所说的话要符合这次交谈的目标或方向"(赵毅、钱为刚《言语交际学》)。

利奇认为"礼貌原则不能被视为添加到合作原则上去的另一个原则,而是为了援救合作原则解决一系列麻烦的一种必要的补充"(索振羽《语用学教程》)。

这里需要说明的是,口语交际的难点在于日常的口语交际中如何正确地使用合作原则和礼貌原则来达到理想的交际目的。

第六节　体态语修辞

一、要点提示

体态语及其修辞特点　　　　体态语的修辞功能
体态语的运用

二、重点难点分析

(一)体态语修辞的特点

(二)体态语的重要性

体态语作为有声语言的辅助性交际工具,具有丰富的表达功能,言谈者的一举一动、一颦一笑都能展现特定的含义,体现特定的思想内容。尼克松《领袖们》在回忆与周恩来交谈的情景时说:"他经常靠在椅背上,用富有表现力的手势来增强谈话的效果,当要扩大谈话范围,或是从中得出一般结论时,他经常用手在面前一挥;在搁浅的争论有了结论时,他又会把两手放在一起,十指相对。在正式会议中,他对一些俏皮话暗自发笑,在闲聊时,他又变得轻松自如,有时对善意的玩笑发出朗朗的笑声。"可以看出,周总理在交际场合,善于以很得体的体态语为谈话内容服务,表现了总理的沉着举止和儒雅风度。可见,有声语言要发挥它有效的交际作用,是离不开体态语的,二者相互配合,共同传达确切、完整的信息。

（三）体态语的运用

体态语的运用是本节的难点。

恰当运用体态语，能使言语交际取得意外的效果。可是，要运用好体态语，就要考虑到多方面的因素。

体态语运用的几个方面，只有在言语交际的实践中体会与掌握。

第七节 书面语修辞

一、要点提示

不同语体的语言特点　　语体的交叉

二、重点难点分析

（一）不同语体的语言特点

1. 公文语体的语言特点。公文语体，也叫公文事务语体。下面节选一段北京市征兵工作条例：

第一章 总 则

第一条 为了加强国防建设，保障征兵工作顺利进行，根据《中华人民共和国兵役法》和《征兵工作条例》以及其他有关法律、法规的规定，结合本市实际情况，制定本条例。

第二条 本条例适用于具有本市常住户口的公民和本市行政区域内的机关、团体、企业事业单位以及其他组织。

第三条 保卫祖国、抵抗侵略是每个公民的神圣职责。依法服兵役是公民的光荣义务。

依法做好征兵工作，是加强部队建设、巩固国防的一项重要任务，是全社会的共同责任。

第四条 每年12月31日前年满18岁的男性公民，符合条件的，应当被征集服现役。当年未被征集的，在22岁前仍可以被征集服现役。

女性公民的征集,按照国家有关规定执行。

每年 12 月 31 日前年满 17 岁未满 18 岁的男女公民,根据军队需要和本人自愿的原则,可以被征集服现役。

适龄公民是正在全日制学校就学的学生或者是维持家庭生活的唯一劳动力,可以缓征,但本人自愿的可以被征集服现役。

……

这段公文语体的语言特点是:(1)用词客观、准确,简要、明晰,不用修辞手段。(2)多用陈述句,表述清楚明白,语言风格典雅、庄重。(3)有固定的行文格式,如先是总则,然后再分多个具体条款"第一条……、第二条……"等等。

2. 科技语体的语言特点。看下面选取的工科教材上的一段文字:

由于人类拥有了火箭和卫星,就可以对 X 和 UV 区间的大气吸收问题进行研究。X 和 UV 区间的物质是密集的,它们在磁弧、高度弧、温度弧和不同的密度弧上变化着。但在光球层的静区上方,人们不会看到辐射,因为那里是日冕洞。日冕洞的扩展是随着太阳活动性的变化而变化的:在太阳活动极大期,日冕洞会被限制在太阳的两极地区。在这些区域中,磁场是垂直的,因此磁力线在太阳上是不会卷曲的,正因为如此,太阳风是很容易摆脱太阳而吹向太空的。(宋世文编译《神秘的日冕》)

可以看到科技语体的一些特点:句中含有单义术语和单义符号,都是主谓句,词句规范;没有使用修辞方式,语言朴实无华;有关联词语连接分句与分句、句子和句子,结构组织严密。

3. 政论语体的语言特点。政论语体的主要风格是庄重、谨严。由于政论语体更直接地为政治服务,其宣传鼓动作用很强,因而在语言的使用上也比较复杂。

政论语体大量运用政治性的词语,如"民主、自由、制度、政党、社会主义、资本主义"等,广泛运用带有感情色彩的褒贬词语,如"可贵、崇高、优秀、恶劣、后果"等,还经常使用文言词语和熟语等。另外,由于政论语体具有宣传鼓动性,对社会的发展变化有极大的敏感性,所以经常会运用大量的新词语,例如"承包、钻台、飞碟、地铁、集装箱、三连冠、超声波、经济特区、联产责任制"等。

在句类选择上,政论语体较多运用陈述句和祈使句,在句型上,主要运用主谓句,还较多地运用复句。

政论语体还经常运用谚语、歇后语、俚俗语等,在句式选择方面,长句、短句并用;在辞格运用方面较多地运用比喻、拟人、借代、设问、排比、对偶等。例如:

> 夺取全国胜利,这只是万里长征走完了第一步。……中国的革命是伟大的,但革命以后的路程更长,工作更伟大,更艰苦。这一点现在就必须向党内讲明白,务必使同志们继续地保持谦虚、谨慎、不骄、不躁的作风,务必使同志们继续地保持艰苦奋斗的作风。(毛泽东《在中国共产党第七届中央委员会第二次全体会议上的报告》)

这里阐述的是在全国胜利后如何巩固胜利的问题,指出了巩固胜利的艰巨性、长期性,向全党提出了巩固胜利的观点。气势连贯,鼓动性强,充满了逻辑力量,使人确信坚持两个"务必"的正确性。从语言特点上看,首句通过比喻说明事理,具体形象地说明革命胜利后还要走更长、更艰苦的路程。句类上前面是陈述句,后面由两个"务必……"构成的句子是祈使句,句式上,"谦虚、谨慎、不骄、不躁"构成了排比(句子成分排比),用词上,有政治色彩明显的词语,如"胜利、革命、党内"等。从这段文字可以看到政论语体语言的一般特点。

4. 文艺语体的语言特点。文艺语体是通过艺术形象来反映社会生活的一种语体。如:

> 今年二月,我从海外回来,一脚踏进昆明,心都醉了。我是北方人,论季节,北方也许正是搅天风雪,水瘦山寒,云南的春天却脚步儿勤,来得快,到处早像催生婆似的在催动花事。(杨朔《茶花赋》)

《茶花赋》是一篇情文并茂的佳作,作者托茶花的瑰丽姿质,赞美了千枝竞发、春光永驻的祖国。这段文字描绘了云南春早的情景,写得生气勃勃,春意盎然,其语言优美,形象生动,充分显示了文艺语体在语言运用上的突出特点。

(二)语体的交叉

语体的交叉是本节的难点。

各类语体自有它明显的特点,其特点相对说都是独立的和稳固的,所以在对待其他语体要素上具有封闭性的一面。"但随着交际领域的日益扩大,交际内容的日益繁复,要想更好地达到交际目的,各语体又得根据表达的需要而吸收一些其他语体的要素,通过互相渗透来完善自己,丰富自己的表现力"①。所以在对待其他语体要素上又有开放性的一面。如:

> 他明白自己上当了,杯子里的溶液不但未使他心绪宁静,到叫人像中了魔一样神经错乱了。忽然他想起初中学过的一个化学名词,叫乙醇中毒。(中杰英《在地震的废墟上》)

---

① 邢福义《现代汉语语法修辞专题》第 201 页,高等教育出版社 2002 年。

这个例子本是文艺语体,但又使用了科技语体的词语,接受了科技语体的渗透,作者用科技术语"溶液"和"乙醇中毒"描写科学家的生活,没有用"酒"和"醉"直接去写,使文学作品语言呈现出一种特殊的情调和色彩。

第八节　修辞研究

一、要点提示

汉语修辞学研究的传统

汉语修辞学体系的创立与形成

汉语修辞学研究的内容与成果

21 世纪汉语修辞学研究的方向

二、重点难点分析

说明:本节作为一般讲解,不作重点难点分析。

叁　思考与练习参考答案

绪　论

第一节　语言和现代汉语

一、谈谈你对语言的功能、性质的理解。[①]

从本质上看,语言是人类共同的交际工具,是一种特殊的社会现象。与文字、旗语、红绿灯以及手势、表情等辅助语言的交际工具比较,语言是人类最重要的交际工具。语言也是人类的思维工具,思维过程离不开语言,需要借助语言表达思想。

语言是一种音义结合的符号系统。语言符号的音义结合是社会约定俗成的,具有任意性的特点。语言符号不是一盘散沙,是按照一定的规律,层层组成的一个复杂系统。语言符号的组合其内部各个单位之间的相互联系是很紧密的。从语言符号的组合能看出其生成性和层次性的特点。

二、什么是现代汉语,现代汉民族共同语是怎样形成的?

现代汉语有广狭两个含义。广义的现代汉语指现代汉民族使用的语言,它包括现代汉民族的共同语和现代汉语各方言。狭义的现代汉语只指现代汉民族共同语,即以北京语音为标准音,以北方方言为基础方言,以典范的现代白话文著作作为语法规范的普通话。

---

① 参考贰　绪论第一节重点难点分析(一)。

现代汉民族共同语是在北方方言的基础上形成的。在形成过程中,北方话占特殊的地位。早在唐代,北京已是北方军事重镇了。北京还是辽、金、元、明、清各代的都城,近千年来,一直保持着全国政治、经济、文化中心的地位,北京话的影响因此也越来越大。一方面,它作为历代官府的通用语言传播到全国各地,发展成为"官话";另一方面,白话文学作品更多地接受了北京话的影响。

二十世纪初,特别是"五四"运动以后,掀起了"白话文运动",彻底动摇了文言文的统治地位;同时,"国语运动"的开展也加强了北京话在口语方面的代表地位。这两个运动促使书面语和口语日趋接近,形成了现代汉民族的共同语。

新中国成立后,国家对民族共同语的统一和规范有了更高的要求,1955 年正式确立普通话为现代汉民族共同语,并对其内涵作了准确的界定。

三、什么是现代汉语规范化,谈谈你对规范标准的理解。

现代汉语规范化就是确立现代汉民族共同语(普通话)明确的、一致的标准,并用这种标准来消除现代汉语及其使用中存在的分歧和混乱现象,同时对它的书写符号,文字的形、音、义各个方面也要制定标准进行规范,从而保证现代汉语发挥高效的交际职能,为现代社会的经济建设和科学技术的发展服务。

普通话"以北京语音为标准音",主要是指采用了北京话的语音系统,但并不包括北京话中的土语成分和一些地方色彩很浓的儿化、轻声词语;同时还要消除北京话中存在的异读词等分歧现象。要通过调查研究确定普通话的语音规范。

普通话的词汇是"以北方方言为基础方言"。北方话词汇有极大的普遍性,但并不是说北方话中所有的词都可以进入普通话词汇系统。因为北方话分布地区很广,各地使用的词也有分歧,有些地方性很强的词,说出来只有少数地区的人能懂,就不应该吸收到普通话里。当然,为了丰富词汇,普通话也要从古汉语、其他方言、外语中吸收一些词语,以丰富人民群众的语言,满足表达的需要。如何排除某些词存在的分歧现象,吸收哪些词语,这是词汇规范化所要做的工作。

普通话"以典范的现代白话文著作为语法规范",典范的现代白话文是在书面语的基础上经过加工、提炼的文学语言形式,比一般的书面语规范程度更高。选取最具代表性的文学语言作为语法规范的标准,对现代汉民族共同语的健康发展十分必要。当然,现代汉语规范化在确定语法规范时,只选择典范的现代白话文中具有普遍性的一般用例,而不包括特殊用例。语法上逻辑上有毛病的某些流行的说法要从普通话里清除,普通话内部表达同一个意思的截然相反的两种说法,也是语法规范工作应予重视的。

第二节　现代汉语的方言

一、谈谈共同语与方言的关系。[①]

共同语与方言的关系密切:一方面,方言是形成共同语的基础,共同语将不断地从方言中吸取新鲜的成分丰富自己;另一方面,方言的发展演变也会受到共同语更多的影响,共同语代表了方言的发展方向。

二、谈谈现代汉语方言的分布情况。

下面对现代汉语方言分布状况作一简要说明:

1. 官话方言。具体包括以下三部分地域的汉族居住区和某些少数民族自治区:(1)长江以北地区;(2)长江以南包括西南的四川、贵州、云南三省,湖北西南角,镇江至九江的部分沿长

---

① 参考贰　绪论第二节重点难点分析(二)。

江地区;(3)河西走廊及新疆全区。

官话方言地域辽阔,又可分为七个次方言。官话方言使用人口6.6亿,占全国人口的64.51%,占说汉语人口的67.76%,以北京话为代表。

2. 吴语。吴语分布在江苏南部、上海和浙江全境,以及江西、福建和安徽的小部分地区。使用人口七千多万,以上海话为代表。

3. 湘语。湘语分布在湖南的湘江、资江流域和沅江中游少数地区以及广西北部的兴安、灌阳、全州、资源四县,使用人口四千多万,以长沙话为代表。

4. 赣语。赣语分布在江西省的赣江中下游和抚河流域以及鄱阳湖地区,湘东、湘西南、鄂东南、皖西南等地也有分布。使用人口四千多万,以南昌话为代表。

5. 客家话。客家话主要分布在广东中部、东部,福建西部,江西南部,此外,广西、台湾、海南、湖南、四川也有小片分布,共两百多个县市。使用人口约三千五百万,以广东梅州话为代表。海外华侨也有许多人讲客家话。

6. 粤语。粤语是海外华人社区的主要交际用语之一,分布于广东珠江三角洲、粤中、粤西南及粤北的部分地区,以及广西的桂东南,香港、澳门两个特别行政区。使用人口约八千万,以广州话为代表。

7. 闽语。闽语分布于福建沿海大部分地区,广东潮汕地区和雷州半岛,海南东部、南部和西南沿海,浙江东南部,台湾大部分地区。海外华侨也有许多人使用闽语,尤其是东南亚华侨更为集中。闽语内部分歧严重,一般分为闽南、闽东、闽北、闽中和蒲仙五个次方言。闽语使用人口六千多万,闽南话以厦门话为代表,闽东话以福州话为代表。

8. 晋语。晋语指山西省及其毗连地区有入声的方言。分布在山西大部、陕西北部、内蒙古西部、河南北部、河北北部南部。使用人口四千五百七十万,以太原话为代表。

9. 徽语。徽语分布在黄山以南、新安江流域的安徽旧徽州府全境,浙江旧严州府大部及江西旧饶州府小部分地区。使用人口三百二十万,以徽州话为代表。

10. 平话。平话分布于广西壮族自治区交通要道附近的城市郊区、乡镇和农村,以桂林市郊县、永福县、南宁市郊县平话居民较集中。以柳州市为界,分为桂北平话和桂南平话。使用人口两百多万,以桂林话为代表。

三、谈谈现代汉语十大方言的主要特点。

1. 官话方言。(1)古全浊声母今读清音,由古全浊声母变来的塞音和塞擦音平声送气,仄声不送气。但晋南、关中、陇东不少方言白读音不论平仄一律送气。(2)大多数地区没有入声韵和入声调(江淮官话例外)。(3)古全浊上声字今归去声,声调一般为四个,部分方言是三个或五个。(4)鼻辅音韵尾只有[-n、-ŋ]两个。(5)单数第三人称代词用“他”。(6)家畜、家禽表性别的语素在前,如“公牛、母鸡”。(7)修饰语在前,中心语在后,如“客人”。(8)给予义的双宾句,指人宾语在指物宾语前,如“给他一本书”。

2. 吴语。(1)保留古全浊声母,塞音分清送气、清不送气、浊音三套。(2)保留古入声,保留喉塞音韵尾[-ʔ]。(3)多数地区单韵母丰富。(4)多数地点只有[ts、tsʻ、s]声母,没有[tʂ、tʂʻ、ʂ]声母。(5)一般有七个单字调,连读变调复杂。(6)“东西”说“物事”、“铜钱”说“铜钿”、“洗”说“汏”、“稀”说“薄”、“二十”叫“念”。(7)带后缀“头”的派生词发达。(8)宾语前置的主谓谓语句占优势。如“我看过了京戏”常说成“我京戏看过了”。

3. 湘语。(1)古浊塞音和塞擦音,无论今读浊音或是清音,不论平仄,都念不送气音。(2)北京话[n][l]两声母,在开口呼、合口呼韵母前一般相混,在齐齿呼、撮口呼韵母前不相混。(3)北京话的[ən/əŋ、in/iŋ、un/uŋ、yn/yŋ]四对韵母,多数方言前两对相混,读前鼻音韵母,后两对有别。(4)调类五或六个,去声分阴、阳,半数方言有入声调类,但无塞音韵尾。(5)"儿子"说成"崽"、"男孩儿"说成"伢子"、"青蛙"说成"麻怪"、"圆"说成"圌"。(6)以"子"为后缀的派生词发达。

4.赣语。(1)古全浊声母读塞音、塞擦音时,不论平仄一律为送气清音。(2)古咸山摄一二等字韵母主要元音有区别。如南昌话"搬[pon⁴²]"≠"班[pan⁴²]"。(3)声调有六至七类。(4)"他"说成"渠[kʻɛ]"、"吃"说成[tɕʻiak],"我的"说成"我个"。

5.客家话。(1)古全浊声母逢塞音、塞擦音一律读送气清音。(2)一般没有撮口呼韵母。如"吕"读[li]、"居"读[ki]。(3)古上声次浊声母字部分读阴平调,如"尾、暖、软、冷"等字。(4)"我"说成"𠊎"[ŋai¹¹],"什么"说成"麻介"[mak¹keⁿ⁵³]。(5)常用后缀"子、里、儿"表小称。

6.粤语。粤语语音系统复杂,韵母和声调调类较多。(1)古双唇鼻音和唇齿鼻音声母合流,念[m-],如"微"[mei²¹]、"文"[mɐn²¹]。(2)古舌根音声母字不论洪细一律读[k、kʻ、h],如"叫"[kiu³³]、"舅"[kʻiu²³]、"晓"[hiu³⁵]。溪母合口部分字读[f]声母,如"科"[fɔ⁵³]。(3)大部分地区有[-m、-n、-ŋ]三个鼻音韵尾和[-p、-t、-k]三个塞音韵尾。(4)大部分地区复合韵母、鼻音韵尾和塞音韵尾中元音有长元音[aː]和短元音[ɐ]的对立。例如"街/鸡"[kaːi⁵³]/[kɐi⁵³]、"三/心"[ɬaːm⁵³]/[ɬɐm⁵³]。(5)一般为九个声调。(6)有前缀"啊"和后缀"仔、佬、女、婆"。

7.闽语。(1)声母数量是汉语方言中最少的,一般有十五个左右,称为"十五音"。(2)古全浊声母今读清音,多数读不送气,少数读送气。(3)古轻唇字今口语中不少读重唇音。如厦门"分"[pun⁵⁵]、"飞"[pui⁵⁵]。(4)古舌上音(舌尖塞擦音)今口语中不少仍读为舌头音(舌尖塞音)。如厦门"竹"[tik³²]、"中"[tioŋ⁵⁵]。(5)声调多为七个。(6)有复杂的文白异读。(7)"锅"说"鼎"、"房"说"厝"、"小儿"说"囝"(厦门音[kia⁵¹])。

8. 晋语。晋语是在官话包围中的方言,它跟周围的官话方言的主要区分标准就是保留有入声,收喉塞音韵尾[-ʔ]。此外,晋语还有下列特点:(1)古全浊声母今读清音,但清化后读音有分歧。多数地区塞音、塞擦音平声送气,仄声不送气,但秦晋两省黄河沿岸白读音不论平仄(或入声字)一律送气,晋中地区白读一律不送气。(2)北京话的[ən/əŋ、in/iŋ、un/uŋ、yn/yŋ]四对韵母,晋语多数方言相混。(3)有系统而复杂的文白异读,表现在声母、韵母等方面。(4)有大量的分音词。如(分音词用同音词代替):棒→不浪、摆→不来、搅→圪老、腔→克朗。(5)有大量的带表音词头的派生词,这些词头均为入声音节,没有表义和标类动能。其中最典型的是"圪头词"。如:圪蛋(圆形物体)、圪都(拳头)、圪台(台阶)、圪搅(搅动)、圪挤(多人挤在一起)、圪嚓嚓等。

9. 徽语。(1)古全浊声母清化,塞音、塞擦音声母不分平仄,以读送气清音为主。(2)古鼻音韵尾及[i、u]韵尾大量脱落或弱化。(3)大多数方言有六个单字调,去声字按古声母清、浊分化。(4)古全浊上声字以保留读上声为主。(5)有鼻化式儿化小称音变。(6)"你"说"尔"、"自己"说"自家"、"膝盖"说"脚膝头"、"窗子"说"槛"、"堂屋"说"堂前"。

10. 平话。桂北平话语音系统与西南官话、桂北湘方言、客家话、粤语、闽方言均不像,混合程度高。桂南平话在语音、词汇及语法等方面受粤语影响较大,内部差异不大。总体看,平话的主要特点是:(1)古全浊声母清化后塞音、塞擦音大多不送气。

（2）桂北平话少数古知澄母保留舌头音，如临桂五通镇"猪" [tiou³⁵]。部分古溪声母字在一些方言中变读为擦音，如"开" [hei³⁵]。没有鼻音韵尾[-m]和塞音韵尾[-p、-t、-k]。（3）桂南 平话古心母音值为[ɬ]，如南宁亭子乡"锁"[ɬu³³]。保留鼻韵尾 [-m]和塞韵尾[-p、-t、-k]。清浊入声字各分化为两个调，共八 个声调。

第三节　现代汉语的教学与研究

一、现代汉语学科的性质如何？谈谈你的看法。

现代汉语是大学中文系的专业必修课之一。它不同于大学 中文系开设的古代汉语、语言学概论以及写作等课程，它兼有工 具课、理论课和实践课的因素。它的教学对象是以汉语为母语 的大学生，教学目的是把学生对现代汉语的感性认识上升为理 性认识，培养基本的语言学素质，提高分析语言和运用语言的能 力，为今后从事语文教学和语言文字工作打好基础。

二、联系实际，谈谈学习现代汉语的意义。

现代汉语是高等学校文科院系的一门很重要的基础课。学 习现代汉语具有重要的意义：首先，学习现代汉语可以把对母语 的感性认识上升为理性认识。作为中文系的学生或许可以把话 说好，把文章写通，但是作为合格的中文系学生不能只停留于熟 练地使用汉语，还应该对自己母语的内部规律有系统的理性认 识，不仅要知其然，还要知其所以然。如"加"，正确的拼写是 jiā，为什么不能拼写为jā，要是不了解舌面音声母不能和开口呼 韵母相拼这条声韵的拼合规律就不能作出正确的解释。其次， 学习现代汉语可以提高语言分析、鉴赏能力。比如，掌握了语音 学的基本知识，就会对诗歌特别是古典诗词的平仄、押韵情况有 透彻的理解与分析。文学作品都有很多精彩的修辞现象，要是不具备一定的修辞知识,就难以体会其修辞效果的妙处所在,也就谈不上提高欣赏文学作品的水平。再次,学习现代汉语,可以提高语言的运用能力。如掌握了现代汉语语法的结构规律,就知道语句该怎样组织,不该怎样组织;哪种组织是规范的,哪种组织是不规范的。如:我愿意把青春献给伟大祖国的建设事业。这句话符合"把"字句的规范,但如果说成"我把青春愿意献给伟大祖国的建设事业",就违背了"把"字句的组织规范。因为一般情况下能愿动词、否定副词要置于"把"字前面。可见,有了语法知识,说话、写文章时便能有意识地避免病句的发生。

三、谈谈你打算怎样学好现代汉语。①

以下几点供参考:

第一,既要掌握理论知识,又要进行基本技能的训练。第二,要善于提出问题,要勤于寻求解决问题。第三,要多联系实际,边学边用。第四,掌握现代汉语的一般规律,也不能忽略其特殊现象。

---

① 此题不展开阐述,参考附录二。

第一章 语音

第一节 语音概说

一、什么是语音？为什么说语音是语言的物质外壳？

语音是由人的发音器官发出的代表一定意义的声音。语言作为一种交际工具，作为一套符号系统，要依托一定的物质形式。就现有的口语和书面语来说，语言可以依托于声音，也可以依托于文字，而文字不过是记录语言的辅助性工具。语音是语言的物质材料，是语言的外壳。没有语音这种物质外壳，语言的意义就没有载体，就无法表达。

二、说出发音器官示意图中各部位的名称。

人类的发音器官可以分成三个部分：肺和气管；喉头和声带；口腔、鼻腔和咽腔。发音器官共有十八个部位：上唇、上齿、齿龈、硬腭、软腭、小舌、下唇、下齿、舌尖、舌面、舌根、咽腔、咽壁、喉盖、声带、气管、食道、鼻孔。

三、为什么说社会性是语音的本质属性？

可以从两个方面来看：一方面从语音和意义的结合来看。语言的各种意义要依靠语音表示，什么样的语音形式表示什么样的意义，不是由个人决定的，而是由使用这种语言的全体社会成员约定俗成的。在一种语言里，同一个语音形式可以表示不同的意义，例如汉语 gōngshì，可以表示"公式、攻势、公示、公事、工事";同一个意义也可以用不同的语音形式来表示,例如"老鼠—耗子、计算机—电脑"。另一方面从语音的系统性看,各种语言或方言都有自己的语音系统。同样的两个音,在一种语言里区别得很清楚,到了另一种语言里就可以忽略不计。如:n[n]和l[l]在普通话中分属不同的音位,有区别意义的作用,"男""兰"不同音,"年""连"不同音。但是到了南京话里,就属于同一个音位,可以互相替代而不影响意义的表达,"男""兰"同音,"年""连"同音。这从物理属性和生理属性上是无法解释的,只能用社会属性来解释。语音的社会属性是音位学、音系学的理论基础。

四、举例说明什么是音素。

音素是最小的语音单位,它是从音色的角度划分出来的。比如普通话里的"女人 nǚrén"共由五个最小的语音单位构成,其中,n[n]、ü[y]、r[ʐ]、e[ə]、n[n]的音色各不相同,而且不能再进行细分。这些最小的语音单位便是音素。

五、元音和辅音的主要区别是什么?

元音和辅音是音素的两大类别,其主要区别表现在以下四个方面:

1. 气流是否受阻。元音发音时呼出的气流不受口腔等通道的阻碍(但受节制);辅音发音时呼出的气流要受口腔等通道的阻碍。这是二者的本质区别。

2. 紧张均衡与否。元音发音时,发音器官各部位保持均衡的紧张状态;辅音发音时,构成阻碍的部位比较紧张,其他部位则比较松弛。

3. 气流强弱与否。发元音时,气流较弱;发辅音时,气流较强。

4. 声带是否颤动。发元音时,声带一定要颤动,发出的声音响亮;发辅音时,有的声带颤动,声音较响亮,如 m、n、l、r,有的声带不颤动,声音不响亮,如 k、t、z、c。

六、概念解释:音节　声母　韵母　声调。

音节:音节是语音结构的基本单位,是听觉上最容易分辨的语音单位,也是自然感到的最小的语音片段。每发一个音节,发音器官的肌肉特别是喉部的肌肉都明显地紧张一下。每一次肌肉的紧张度增而复减,就形成一个音节。如"快 kuài"和"酷爱 kù'ài"的构成成分都相同,但"快"发音时发音器官的肌肉紧张一次,"酷爱"紧张两次。我们一听就明白"快"是一个音节,"酷爱"是两个音节。

声母:声母是一个音节开头的辅音,如果音节开头没有辅音,则称为零声母。比如普通话中"八 bā"中的 b[p]、"鸡 jī"中的 j[tɕ]、"汁 zhī"中的 zh[tʂ]就是声母,"挖 wā[uA⁵⁵]"这个音节开头没有辅音,即为零声母。

韵母:韵母是音节中声母后面的部分,它可以由一个元音构成,也可以是两个或三个元音构成,也可以是元音和辅音构成。比如普通话中"居 jū"中的 ü[y]、"蕉 jiāo"中的 iao[iau]、"王 wáng"中的 uang[uaŋ]就是韵母。

声调:声调是指整个音节高低升降的变化。比如普通话"妈 mā、麻 má、马 mǎ、骂 mà"四个音节的声母和韵母都相同,只是声调不同,因而表示了不同的意思。

七、说明《汉语拼音方案》的主要用途。

《汉语拼音方案》的用途是:1. 给汉字注音;2. 作为推广普通话的工具;3. 作为输入汉字的手段,或在互联网上传输汉语;4. 设计特殊语文(如聋哑人用的手指字母,盲人用的摸读文字——盲文);5. 作为制订少数民族文字的基础。

此外,《汉语拼音方案》还可以用来帮助外国人学习汉语,音译人名、地名和科学术语,以及编辑索引和代码等。

第二节　辅音与声母

一、什么叫发音部位？什么叫发音方法？

辅音发音时气流受到阻碍的位置叫发音部位。辅音发音时发音器官具体活动的方式和状况叫发音方法。发音方法又分为构成和克服阻碍的方式、声带是否颤动、气流的强弱三个方面。

二、普通话语音系统中辅音有哪几个发音部位？

普通话语音系统中辅音的发音部位可分为七类：双唇音（b、p、m），唇齿音（f），舌尖前音（z、c、s），舌尖中音（d、t、n、l），舌尖后音（zh、ch、sh、r），舌面音（j、q、x），舌根音（g、k、h、ng）。

三、解释概念：塞音　擦音　塞擦音　鼻音　边音。

塞音：又叫爆发音、爆破音。软腭上升，堵塞通向鼻腔的通路。两个发音部位形成闭塞，气流经过口腔时冲破阻碍迸发而出。塞音在发本音时，不可能持续，一发即了。

擦音：也叫摩擦音。软腭上升，堵塞通向鼻腔的通路。构成阻碍的两个部位接近，留下一条缝隙，气流经过口腔时从缝隙中挤出，摩擦成声。擦音的发音可以持续。

塞擦音：软腭上升，堵塞通向鼻腔的通路。两个发音部位形成闭塞，气流经过口腔时先把阻塞部位冲开一条缝隙，再从缝隙中挤出，摩擦成声。塞擦音可以分解为先塞后擦两个动作，即一个塞音和一个擦音的组合，但是塞擦音并不是两个音素，不是复辅音，而是一个音素。

鼻音：口腔内构成阻碍的两个部位完全闭塞。软腭下降，打开通向鼻腔的通路。气流振动声带，从鼻腔通过。

边音：软腭上升，阻塞通向鼻腔的通路。两个发音部位舌尖和上齿龈相抵构成阻碍，舌尖两边留有空隙。气流振动声带，经过口腔，从舌头的两边通过。

四、举例说明送气和不送气声母的区别。

辅音声母发音时,口腔呼出的气流量比较短的叫不送气声母,普通话有 b、d、g、j、zh、z 六个不送气声母;辅音声母发音时,口腔呼出的气流量比较长的叫送气声母,普通话有 p、t、k、q、ch、c 六个送气声母。从人的听觉看,气流量的长、短表现为气流的强、弱。送气、不送气在普通话的声母系统里是对立的。

五、举例说明什么是清音,什么是浊音。

按照发音时声带是否振动,可以把音素分为清音和浊音两类。发清音时,声带不振动,发出的音不响亮,只有发音部位进发摩擦的微小声音;发浊音时声带振动,发出的音比较响亮。普通话的清辅音有十七个,浊辅音有五个。普通话声母中大多数塞音、擦音、塞擦音都是清音,有 b、p、f、d、t、g、k、h、j、q、x、zh、ch、sh、z、c、s 十七个清音声母,l、m、n、r 四个浊音声母,还有一个不作声母的 ng。

六、根据发音部位和发音方法填出相应的辅音声母。

1. p[pʻ]　　　2. j[tɕ]　　　3. sh[ʂ]

4. l[l]　　　5. r[ʐ]　　　6. d[t]

7. m[m]　　　8. g[k]　　　9. ch[tʂʻ]

七、根据所提供的辅音声母,写出它的发音部位和发音方法。

k:舌根送气清塞音。

ch:舌尖后送气清塞擦音。

f:唇齿清擦音。

x:舌面清擦音。

m:双唇浊鼻音。

P:双唇送气清塞音。

l:舌尖中浊边音。

q:舌面送气清塞擦音。

zh:舌尖后不送气清塞擦音。

r:舌尖后浊擦音。

s:舌尖前清擦音。

八、举例说明什么是零声母。

普通话除了二十一个辅音声母外,还有一个零声母。零声母音节是以元音起头的音节,它没有辅音声母。零声母国际音标用[ø]表示。零声母的设置是为了占一个空位,以便进行历时语音研究和方言比较研究。

零声母音节有 i、u、ü 起头的,如 iao、ua、üan,有非 i、u、ü 起头的,如 ao、en,就实际发音来说,以元音起头的零声母音节前面往往有一个带摩擦的半元音或喉塞音成分。如:以 i 起头的零声母音节,在实际发音时起头有一个半元音[j],例如"衣",严式标音可标为[ji⁵⁵];以 u 起头的零声母音节,在实际发音时起头有一个半元音[w]或[ʋ],例如"屋"和"外",严式标音可标为[wu⁵⁵][ʋai⁵¹];以 ü 起头的零声母音节,在实际发音时起头有一个半元音[ɥ],例如"鱼",汉语拼音方案借用 yu 来表示的,严式标音可标为[ɥy⁵⁵];i、u、ü 以外的元音起头的零声母音节,如"袄"ǎo、"爱"ài 等,在实际发音时起头有一个舌根浊擦音[ɣ]或喉塞音[ʔ]。

九、分辨 z、c、s 与 zh、ch、sh。标出每一个音节的声母。读准每个词。

z z	z s	z c	c z	c c	c c
咂嘴	砸碎	早操	参赞	残存	仓促

c c	c s	s z	s z	s c	s c
苍翠	彩色	塑造	酸枣	素材	随从

zh zh	zh zh	zh ch	zh sh	zh sh	ch zh
辗转	真正	展出	展示	准时	查证

ch ch	ch sh	ch sh	ch sh	sh zh	sh sh
茶炊	插手	超市	除数	山寨	闪失
z zh	z ch	z ch	z zh	z sh	z ch
栽种	在场	责成	增长	赞赏	早晨
zh c	zh z	zh c	zh c	zh c	zh c
榨菜	指责	政策	主次	珍藏	章草
c zh	c zh	c ch	c ch	c sh	c sh
才智	参照	裁处	餐车	苍生	测试
ch z	ch c	ch c	ch c	ch s	ch s
插嘴	炒菜	场次	差错	拆散	场所
s zh	s zh	s ch	s sh	s sh	s sh
诉状	素质	酸楚	诉说	算术	随时
s sh	sh z	sh z	sh z	sh c	sh z
损伤	沙子	涉足	始祖	数词	水族

十、分辨 f、h。标出每一个音节的声母。读准每个词组。

d x f f	f ch f f	h h h h	h h f f
大雪纷飞	风吹蜂房	花卉绘画	黄花芬芳
f f f z	f f zh h	h h h p	b h h h
分发肥皂	分封诸侯	毁坏花圃	不会悔婚
f f [∅] b	sh x f f	z [∅] h h	h [∅] h h
佛法无边	上下翻飞	左右回环	华语会话

十一、分辨 n、l。标出每一个音节的声母。读准每个词组。

n n b l	n f l x	l l l ch	l l l s
哪能不来	南方来信	楼兰龙城	留恋绿色
ch k n l	n n n n	l l g d	h h l l
吃苦耐劳	拿泥捏鸟	劳累过度	红黄蓝绿
[∅] sh n n	n d n l	l l l d	l n z zh
饮食男女	虐待奴隶	乱拉乱堆	冷暖自知

十二、分辨 f、sh。标出每一个音节的声母。读准每个词。

sh[∅] f[∅] sh[∅]f[∅] sh t f t sh h f h
书案—伏案 输液—副业 梳头—斧头 书画—孵化

sh[∅] f[∅] sh j f j sh x f x sh ch f ch
鼠疫—服役 摔跤—发酵 吮吸—分析 水池—飞驰

第三节 元音与韵母

一、在元音舌位图上标出普通话的七个舌面元音,并逐一描写其发音特征。

(元音舌位图略)

a[A]舌面、央、低不圆唇元音。发音时,舌体自然地放在中央,舌位低,口腔大开,双唇自然展开。

o[o]舌面、后、半高、圆唇元音。发音时,舌体后缩,口腔半闭,舌面后部隆起到半高状态,唇形拢圆。

e[ɤ]舌面、后、半高、不圆唇元音。发音时,舌体后缩,口腔半闭,舌面后部隆起到半高状态,唇形展开。

i[i]舌面、前、高、不圆唇元音。发音时,舌体前伸,舌尖接近下齿背,口腔开度极小,舌面前部隆起,唇形展开呈扁平状。

u[u]舌面、后、高、圆唇元音。发音时,舌体后缩,口腔开度极小,舌面后部隆起接近软腭,唇形拢圆。

ü[y]舌面、前、高、圆唇元音。发音时,舌体前伸,舌尖接近下齿背,口腔开度极小,舌面前部隆起,唇形拢圆。

ê[ɛ]舌面、前、半低、不圆唇元音。发音时,舌体前伸,舌尖接近下齿背,口腔半开,舌面半低,唇形展开。

二、分析下列单元音韵母的发音异同。

i—ü

相同点:舌面、前、高元音;不同点:i 是不圆唇元音,ü 是圆唇元音。

　　e[ɤ]—o

　　相同点：舌面、后、半高元音；不同点：e[ɤ]是不圆唇元音，o是圆唇元音。

　　ɑ[ʌ]—ê[ɛ]

　　相同点：舌面、不圆唇元音；不同点：ɑ[ʌ]是央低元音，ê[ɛ]是前、半低元音。

　　u—o

　　相同点：舌面、后、圆唇元音；不同点：u是高元音，o是半高元音。

　　三、列表分析下列字的韵母结构及四呼：

	注音	韵头	韵腹	韵尾	四呼
东	dōng		o	ng	合口呼
方	fāng		ɑ	ng	开口呼
英	yīng		i	ng	齐齿呼
雄	xióng		ü	ng	撮口呼
群	qún		ü	n	撮口呼
众	zhòng		o	ng	合口呼
流	liú	i	o	u	齐齿呼
水	shuǐ	u	e	i	合口呼
知	zhī		-i[ʅ]		开口呼
觉	jué	ü	ê		撮口呼

　　四、分类列举普通话的单韵母、复韵母、鼻韵母。

　　普通话语音系统共有十个单韵母。其中，舌面元音七个，如下列汉字的韵母是：打ɑ[ʌ]、佛o[o]、德e[ɤ]、棋i[i]、读u[u]、巨ü[y]、欸ê[ɛ]；舌尖韵母两个，如：此i[ɿ]、吃i[ʅ]；卷舌韵母一个，如：儿er[ɚ]。

普通话语音系统共有十三个复韵母。其中,前响复元音韵母有四个,如下列汉字的韵母是:凯 ɑi[ai]、给 ei[ei]、到 ɑo[ɑu]、逗 ou[ou];中响复元音韵母四个,如:怪 uɑi[uai]、缀 uei[uei]、小 iɑo[iau]、就 iou[iou];后响复元音韵母有五个。如:夏 iɑ[ia]、抓 uɑ[ua]、过 uo[uo]、节 ie[iɛ]、确 üe[yɛ]。

普通话语音系统共有十六个鼻韵母。其中,前鼻音韵母八个,如:下列汉字的韵母是:看 an[an]、前 ian[iæn]、欢 uan[uan]、旋 üan[yæn]、肯 en[ən]、今 in[in]、棍 uen[uən]、军 ün[yn];后鼻音韵母八个,如:党 ang[ɑŋ]、强 iang[iɑŋ]、黄 uang[uɑŋ]、衡 eng[əŋ]、警 ing[iŋ]、红 ong[uŋ]、琼 iong[yŋ]、瓮 ueng[uəŋ]。

五、举例说明按四呼划分出的普通话韵母及其类别。

普通话韵母按开头的元音发音时的唇形不同,可分为开口呼、齐齿呼、合口呼、撮口呼韵母四类。

开口呼:韵母不是 i、u、ü 和不以 i、u、ü 起头的韵母。如下列汉字的韵母:字 i[ɿ]、师 i[ʅ]、他 ɑ[ʌ]、摸 o[o]、和 e[ɤ]、欸 ê[ɛ]、而 er[ɚ]、盖 ɑi[ai]、黑 ei[ei]、考 ɑo[ɑu]、蔻 ou[ou]、战 an[an]、跟 en[ən]、张 ang[ɑŋ]、胜 eng[əŋ]。

齐齿呼:i 韵母或以 i 起头的韵母。如下列汉字的韵母:计 i[i]、恰 ia[ia]、蝶 ie[iɛ]、巧 iao[iau]、丢 iou[iou]、仙 ian[iæn]、秦 in[in]、想 iang[iɑŋ]、性 ing[iŋ]。

合口呼:u 韵母或以 u 起头的韵母。如下列汉字的韵母:朱 u[u]、刷 ua[ua]、郭 uo[uo]、怀 uai[uai]、桂 uei[uei]、转 uan[uan]、准 uen[uən]、双 uang[uɑŋ]、翁 ueng[uəŋ]、同 ong[uŋ]。

撮口呼:ü 韵母或以 ü 起头的韵母。如下列汉字的韵母:曲 ü[y]、绝 üe[yɛ]、选 üan[yæn]、熏 ün[yn]、兄 iong[yŋ]。

ong[uŋ]放在合口呼、iong[yŋ]放在撮口呼,是按它们的实际读音排列的。《汉语拼音方案》用 ong、iong 表示［uŋ］［yŋ］,没有采用 ung、üng,是为了使字形清晰,避免手写体 u 和 ü 相混。

六、举例说明按韵尾划分出的普通话韵母及其类别。

根据韵尾的不同,普通话的韵母可分为无尾韵、元音尾韵和鼻音尾韵三类。

无尾韵母:又叫开韵尾,指不带韵尾的韵母,共十五个。包括单元音韵母 a、o、e、i、u、ü、ê、-i［ɿ］、-i［ʅ］、er 和后响复元音韵母 ia、ua、uo、ie、üe。

元音尾韵母:以元音作韵尾的韵母,共八个。包括前响复元音韵母 ai、ei、ao、ou 和中响复元音韵母 uai、uei、iao、iou。

鼻音尾韵母:以鼻音作韵尾的韵母,共十六个。包括前鼻音韵母 an、ian、uan、üan、en、in、uen、ün 和后鼻音韵母 ang、iang、uang、eng、ing、ueng、ong、iong。

七、根据所给的发音条件写出单元音韵母。

1. i［i］　2. o［o］　3. -i［ʅ］　4. ê［ɛ］　5. e［ɣ］

八、写出下列单元音韵母的发音条件。

1. ü［y］舌面前高圆唇元音。

2. i［i］舌面前高不圆唇元音。

3. e［ɣ］舌面后半高不圆唇元音。

4. a［A］舌面央低不圆唇元音。

5. -i［ɿ］舌尖前高不圆唇元音。

九、举例说明下列各类韵母发音上的区别。

单韵母—复韵母

单韵母发音时舌位和唇形始终不变,软腭向上抬起堵塞鼻腔通道,不能夹带鼻音色彩,没有动程,音色稳定。比如,发 a［A］音时,舌体自然地放在中央,舌位低,口腔打开,双唇自然展开,发音过程保持舌位唇形不变,气流通过咽头、口腔不受阻碍。复韵母是从一个元音的发音状况快速地向另一个元音的发音状况过渡,舌位的高低前后、口腔的开闭、唇形的圆展,都是在逐渐变动的,不是突变的、跳动的,中间有一串过渡音;同时气流不中断,中间没有明显的界限,发的音围绕一个中心,形成一个整体。比如发 iou[iou]的音,先由发音轻短的韵头 i[i]向发音清晰响亮的韵腹 o[o]滑动,再向发音含混的韵尾 u[u]滑动。

前响复韵母—后响复韵母

前响复元音韵母发音时,由发音响亮清晰的韵腹向发音含混的韵尾滑动,比如发 ɑi[ai]的音,韵腹 ɑ[a]的音要发得响亮清晰,然后向发音含混的韵尾 i[i]滑动;后响复元音韵母发音时,由发音轻短的韵头很快滑向发音响亮的韵腹,发音有明显的动程,比如发 iɑ[ia]的音,韵头 i[i]的发音轻短,然后很快地滑向韵腹 ɑ[a],韵腹 ɑ[a]的发音响亮完整。

前鼻尾韵—后鼻尾韵

前鼻尾韵发音时,由元音的发音动作和舌位向舌尖中鼻音 n 的部位和动作滑动,韵尾 n 不除阻。后鼻尾韵发音时,由元音的发音动作和部位向舌根鼻音 ng[ŋ]滑动,韵尾 ng 不除阻。分辨这两组韵母的发音,首先要发准前鼻尾韵[n]和后鼻尾韵[nŋ],[n]的部位是舌尖抵住齿龈,发前鼻尾韵时,由元音[ə][i]等向[n]动作过渡;[ŋ]的部位是舌根抵住软腭,发后鼻尾韵时,由前面的元音[ə][i]等向[ŋ]的动作过渡。

舌尖元音韵母—舌面元音韵母

舌尖元音韵母发音时主要是舌尖起作用。比如发-i[ʅ]的音,舌尖上翘,接近硬腭前部,嘴唇展开,气流通路狭窄,但不发生摩擦。发-i[ɿ]的音,舌尖前伸,接近上齿背,嘴唇展开,气流通路狭窄,但不发生摩擦。舌面元音发音时主要是舌面起作用,舌尖总是放在下齿附近,始终不抬起,舌面有高低、前后变化,嘴唇有圆展变化。比如发 e[ɤ]的音,舌体后缩,口腔半闭,舌面后部隆起到半高状态,唇形展开。发 ü[y]音时,舌体前伸,舌尖接近下齿背,口腔开度极小,舌面前部隆起,唇形拢圆。

十、举例说明元音尾韵母和鼻音尾韵母的发音有什么区别?

元音尾韵母共有八个,包括四个前响复韵母和四个中响复韵母。元音尾韵母发音时有明显的动程,韵尾 i[i]、o[u]只表示舌位运动的方向,实际音质达不到[i][u]的高度。其中,前响复韵母由发音响亮清晰的韵腹向发音含混的韵尾滑动,比如发 ei[ei]的音,由发音响亮清晰的韵腹 e[e]向发音含混的韵尾 i[i]滑动;中响复韵母先由发音轻短的韵头向发音清晰响亮的韵腹滑动,再向发音含混的韵尾滑动,比如发 iao[iɑu]的音,先由轻短的韵头 i[i]向发音清晰响亮的韵腹 ɑ[ɑ]滑动,再向发音含混的韵尾 o[u]滑动。

鼻韵尾韵母共有十六个,包括八个前鼻尾韵母和八个后鼻尾韵母。发前鼻尾韵母时,由元音的发音部位和动作向 n[n]的发音部位和动作滑动,韵尾不除阻,比如发 en[ən]的音,由元音[ə]的发音部位和动作向辅音 n[n]的发音部位和动作滑动,韵尾不除阻;发后鼻音尾韵母时,由元音的发音部位和动作向 ng[ŋ]的发音部位和动作滑动,韵尾不除阻,比如发 ong[uŋ]的音,由元音 u 的发音部位和动作向辅音 ng[ŋ]的发音部位和动作滑动,韵尾不除阻。

十一、韵母的四呼分类有什么意义?按四呼给下列音节的韵母分类。

四呼是我国传统音韵学对韵母的一种分类方法,大多数方言的韵母表,都是以四呼为经、韵尾为纬来排列的,它们集中体现了韵母的系统性。这种分类方法有利于揭示普通话声母和韵母的配合规律,因为普通话声母跟韵母的配合是有一定的选择性的,这种选择性主要决定于声母的发音部位和韵母的四呼特征。四呼可以用"ɑ、i、u、ü,开、齐、合、撮"来帮助记忆。

开口呼:e、(zh)i、er、ai、(s)i

齐齿呼：yin、yan、ying、yao、you

合口呼：wai、(g)ong、weng

撮口呼：yuan、yong、yu

十二、写出下列汉字的普通话韵母，并按韵尾分别归类。

无尾韵母：八 a、哥 e、野 ie、和 e、雨 ü、家 ia、多 uo、月 üe、志 i[ʅ]、西 i、哭 u、瓜 ua、车 e、书 u、耳 er

元音尾韵母：快 uai、高 ao、油 iou、飞 ei、来 ai、回 uei、头 ou

鼻音尾韵母：转 uan、今 in、方 ang、风 eng、空 ong、班 an、圆 üan、顺 uen、亮 iang、英 ing、用 iong、先 ian、根 en、军 ün

十三、分辨 en、in、uen、ün 和 eng、ing、ong、iong，给下列各字注音，读准每个词。

1. fēnshù—fēngshù　lúnzi—lóngzi　　　zhènshì—zhèngshì
分数—枫树　　　轮子—聋子　　　　阵势—正式
chénjiù—chéngjiù　rénshēn—rénshēng　qīnjìn—qīngjìng
陈旧—成就　　　人参—人生　　　　亲近—清净
fēnfù—fēngfù　　qīnshēn—qīngshēng　sūnzi—sōngzǐ
吩咐—丰富　　　亲身—轻生　　　　孙子—松子
yīngyǔn—yīngyǒng　xuǎnzhǔn—xuǎnzhǒng　tánqín—tánqíng
应允—英勇　　　选准—选种　　　　弹琴—谈情
dùncí—dòngcí　　dùnròu—dòngròu　　dūnxià—dōngxià
遁词—动词　　　炖肉—冻肉　　　　蹲下—冬夏

2. pénjǐng　fěnbǐng　zhènjìng　kěndìng　fēnfēng　zhēnchéng
盆景　　粉饼　　镇静　　肯定　　分封　　真诚
shénshèng　chénzhòng　shēnqǐng　pīnmìng　pínqióng
神圣　　　沉重　　　申请　　拼命　　贫穷
pǐnpíng　jīnxīng　jìngōng　xīnyǐng　yīnpíng　xīnbìng
品评　　金星　　进攻　　新颖　　阴平　　心病

xīnqíng　xìnyòng　mínbīng　hùntóng　chǔndòng　chúnzhǒng
心情　　信用　　民兵　　混同　　蠢动　　　纯种
zūnzhòng　jūnhéng　qúnzhòng　yùndòng　yùnyòng
尊重　　均衡　　群众　　运动　　运用

3. méngjūn　fēngchén　féngrèn　zhēnglùn　zhēngwén　zhěngdùn
盟军　　风尘　　缝纫　　争论　　征文　　整顿
chéngzhèn　zēngjìn　bìnggēn　pínglùn　míngfèn　mìngyùn
城镇　　增进　　病根　　评论　　名分　　命运
dǐngzhēn　dìngqīn　nìngkěn　língmǐn　jīngxīn　jīngpǐn
顶针　　定亲　　宁肯　　灵敏　　精心　　精品
qīngchén　qīngxīn　qīngchūn　yíngxīn　tóngrén　tònghèn
清晨　　清新　　青春　　迎新　　同人　　痛恨
tǒngqún　nóngmín　zhōngxīn　chōngfèn　cóngjūn　cónglín
筒裙　　农民　　中心　　充分　　从军　　丛林
qióngkùn　xiōnghěn　xiōngjīn　xiónghún　xióngxīn
穷困　　凶狠　　胸襟　　雄浑　　雄心

十四、根据形声字的声符辨别下列汉字的韵尾,韵尾相同的归为一类。

韵尾是 n 的有:分、申、斤、林、纷、伸、近、淋、芬、神、呻、盆、审;

韵尾是 ng 的有:风、生、茎、凌、枫、牲、经、陵、疯、胜、笙。

十五、辨别字音可采用代表字类推的办法,试从分辨前鼻尾韵母和后鼻尾韵母的角度写出下列各代表字的类推字来。

1. 今 jīn　　　　矜、妗、衿、纺、硈、黔
2. 斤 jīn　　　　近、靳、忻
3. 丁 dīng　　　顶、订、盯、钉、叮
4. 令 lìng　　　领、苓、玲、零、岭
5. 分 fēn　　　　份、纷、芬、粉、忿

6. 艮　gèn　　　　跟、根、哏、茛、垦
7. 争　zhēng　　　挣、睁、铮、筝、峥
8. 正　zhèng　　　征、证、症、政、怔

十六、怎样给韵母分类，按整体结构分类有何缺点，按韵尾分类有何好处？

普通话的韵母可以根据韵头、韵尾、整体结构等标准进行分类。按韵头分类，即按韵母开头的元音发音唇形的不同分类，可以将普通话的韵母分为开口呼、齐齿呼、合口呼和撮口呼四类；按韵尾分类，根据韵尾的不同，可以将普通话的韵母分为无尾韵、元音尾韵和鼻音尾韵三类；按整体结构分类，即根据韵母内部结构成分的不同分类，可以将普通话的韵母分为单韵母、复韵母和鼻韵母三类。

按整体结构给普通话的韵母分类主要显示了韵母内部组成成分的语音特点，对方言区的人们学习普通话有帮助，但不能够体现和说明普通话语音的内在的系统性。

按韵尾给普通话的韵母分类，对了解和说明普通话语音内在的系统性很有价值。比如轻声、儿化中韵母读音的弱化规律，便于通过这种分类作出概括说明。这种分类方法在方言学界常用，因为它能很好地说明方言与普通话的对应关系。总之，以韵头的不同为竖轴，韵尾的不同为横轴，纵横配合构成的韵母分类表，对说明普通话语音的系统性，包括音节结构的构造、语流音变的规律、方言对应的差异以及诗歌押韵的特点都有好处。

十七、从前到后、从上到下朗读几遍韵母表。体会普通话韵母的系统性。

（实践题，不拟答案）

第四节　普通话的声调

一、什么是调值？什么是调类？简述普通话的调类和调值。

调值是指声调的高低、曲直、长短、升降的变化形式，也就是声调的实际读法。调类是声调的种类，就是某种语言或某种方言把调值相同的音节（字）归纳在一起所建立的类。一般地说，有几种基本调值就可以归纳成几种调类。

普通话有四种调类，按传统习惯称为阴平（高平调）、阳平（中升调）、上声（降升调）和去声（全降调）。普通话的阴平调读起来高而平，它的调值是 55；阳平调读起来是逐渐升高，它的调值是 35；上声调读起来是先降后升，它的调值是 214；去声调读起来是从高降到低，它的调值是 51。

二、举例说明古四声和普通话四声的分合情况。①

普通话的调类系统是由古代汉语发展而来的。古汉语的声调演变到现在，就调类来讲，在普通话里有四个声调，沿用了古代调类"平、上、去、入"的名称，分别称为"阴平、阳平、上声、去声"，这样便于了解古今调类演变的来龙去脉，进行类推。

普通话的阴平声字，大致跟古清声母的平声字相当，比如今读阴平调的"夫、汤、妻、诗"，古时读清声母平声调。普通话的阳平声字，也大致跟古浊声母的平声字相当，比如今读阳平调的"门、难、齐、时"，古时读浊声母平声调。普通话的上声字，包括古清声母的上声字和部分浊声母的上声字，比如今读上声调的"府、短、酒、纸"，古读清声母上声字，今读上声调的"米、老、藕、有"，古读浊声母上声字。普通话的去声字，包括古去声字和另一部分古浊声母上声字，比如今读去声调的"富、对、去、试"，古

---

① 参考贰　第一章第四节重点难点分析（三）。

读清声母去声字,今读去声调的"妇、稻、旱、似",古读浊声母上声字。古代入声调类在普通话里已经消失了,古清声母入声字在普通话里分别读成阴平、阳平、上声、去声。比如今读阴平调的"哭、桌、出、瞎",阳平调的"革、国、博、节",上声调的"谷、铁、北、百",去声调的"客、阔、必、式",古读清声母入声字。古浊声母入声字在普通话里读成去声或阳平,比如今读阳平调的"白、敌、学、直",去声调的"木、绿、日、叶",古读浊声母入声字。

　　三、试把你的方言声调跟普通话的声调作一个比较,看看有什么区别?怎样利用"声调对应规律"进行声调辨正?

　　(根据各人的方言实际情况回答)

　　四、读准下列各字的声调,并指出它们的调类和调值。

[55 51 51 214]　　[55 55 35 51]　　[51 214 35 55]

飞跃梦想　　天高云淡　　妙手回春

[55 35 214 51]　　[55 35 214 51]　　[55 35 214 51]

风调雨顺　　山穷水尽　　千锤百炼

[55 55 214 51]　　[51 214 35 55]　　[35 55 214 51]

冰天雪地　　大好河山　　集思广益

[51 214 55 35]　　[214 35 51 51]　　[35 35 51 51]

万马奔腾　　与时俱进　　和谐社会

[51 214 35 55]　　[35 51 35 51]　　[51 51 214 214]

字里行间　　实事求是　　趁热打铁

　　以上55调值归阴平调,35调值归阳平调,214调值归上声调,51调值归去声调。

　　五、拼读下列词语并写出汉字。

采花——菜花　　　实业——事业

达到——大道　　　厂房——长方

信封——信奉　　　同志——通知

反省——繁星　　　初中——出众

　　抵制——地址　　　歌星——革新

　　六、有的西安人说："西安话'试市事盖'的调值是55,所以它们是阴平",这样说法对不对? 为什么?

　　这种说法不对。因为阴平是调类名称,而55是调值。调类名称和调值并没有必然的联系。古汉语的声调演变到现在,在普通话里变为四个声调,调类名称分别是阴平、阳平、上声和去声,调值分别是55、35、214和51。在西安话里也是变为四个声调,调类名称同样是阴平、阳平、上声和去声,但调值分别是21、24、53和55。调类名称和调值的关系跟普通话并不相同。调类名称是根据其与古汉语平、上、去、入的关系确定的,而不是根据其与普通话四声调值的关系确定的。所以普通话和方言之间,方言和方言之间,调类名称相同,调值却不一定相同。西安话中"试、市、事、盖"调值是55,但它们归属于西安话的去声调类,也就是说,西安话的去声读55调值,这个调值刚好和普通话的阴平调值一样。不能因为和普通话阴平的调值相同,就说它们是阴平。

　　七、两个方言的调值相同,调类是否一定相同? 调类相同,调值是否一定相同? 为什么?

　　两个方言的调值相同,调类不一定相同;两个方言的调类相同,调值不一定相同。因为调类是按调值归纳出来的,调值相同的字为同一个调类,同一种方言里有几种调值就有几种调类。比如西安话有四种基本的调值,就有四个调类,分别是阴平21、阳平24、上声53、去声55。但调类的名称是依据古调类的分类法继承下来的,在不同的方言里,调类相同,调值不一定相同,调值相同调类也不一定相同。比如普通话和西安话里都有阴平,但普通话阴平的调值是55,西安话阴平的调值是21。普通话和西安话里都有55调值的字,但普通话里55调归属阴平,西安话的55调属去声。

八、下列两组字都是古阳入字,请用普通话读准确,并说说它们在普通话里的分化规律。

第一组汉字属于古次浊入声字(指声母是 m、n、l、r 等的入声字),归入普通话的去声调类;第二组汉字属于古全浊入声字,一般归入普通话的阳平调类。

九、普通话的古入声字已经消失,请指出普通话中读阳平的字来自古声调的哪几类? 读去声的字来自古声调的哪几类?

1. 有四类古声调归入普通话的阳平调类:

古次浊平声字,如"麻、龙、娘、油";

古全浊平声字,如"房、田、雄、锄";

部分古阴入字,如"泊、责、急、革";

古全浊入声字,如"白、毒、浊、局"。

2. 有六类古声调归入普通话的去声调类:

古全浊上声字,如"妇、坐、弟、抱";

古阴去字,如"盖、正、唱、菜";

古次浊去声字,如"让、路、帽、饿";

古全浊去声字,如"大、病、阵、树";

部分古阴入字,如"不、必、括、色";

古次浊入声字,如"绿、业、纳、木"。

十、普通话阳平字中,不送气的塞音、塞擦音声母字大都来自古入声。想一想这是为什么?

这一现象分别反映了三条古今语音演变的规律:古浊声母清化的规律:平声送气,仄声不送气;平分阴阳;入派四声。

第一条:古浊塞音、塞擦音声母字今一律清化,分归送气音和不送气音两类,以古声调为条件:平声送气、仄声不送气。这一条同其他两条都有关系。

第二条:平分阴阳。古平声调类的字在普通话中分化为阴平、阳平两类,归入阳平的是古浊声母字。根据第一条,其中的古浊塞音、塞擦音声母字,一律读送气音。

第三条,入派四声。古入声调的字分别归入了普通话的阴平、阳平、上声、去声四个调类。其中归入阳平的字,包括①全部古浊塞音、塞擦音声母字(全浊入声字),②少量古清塞音、塞擦音声母字(古清声母字),第①类是绝大多数。古入声属仄声,根据第一条,古全浊入声字普通话应当一律读不送气音声母。而第②类中的塞音、塞擦音也大都是不送气的塞音、塞擦音。

因此,就有了上面所说的现象。

十一、用汉语拼音和国际音标给下面的唐诗注音。

jiāng xuě

Liǔ Zōngyuán

qiānshānniǎofēijué,　　　　　wànjìngrénzōngmiè。

gūzhōusuōlìwēng,　　　　　dúdiàohánjiāngxuě。

$[\ t\mathrm{\varepsilon}ia\mathrm{\eta}^{55}\ \mathrm{\varsigma}y\varepsilon^{214}\ ]$

$[\ liou^{214}\ tsu\mathrm{\eta}^{55}\ yan^{35}\ ]$

$[\ t\mathrm{\varepsilon}'i\mathrm{æ}n^{55}\ \mathrm{ʂ}an^{55}\ niau^{214}\ fei^{55}\ t\mathrm{\varepsilon}y\varepsilon^{35}\ ],\ [\ wan^{51}\ t\mathrm{\varepsilon}i\mathrm{\eta}^{51}\ \mathrm{z}_{\mathrm{ɻ}}\mathrm{ə}n^{35}\ tsu\mathrm{\eta}^{55}\ mi\varepsilon^{51}\ ]。$

$[\ ku^{55}\ t\mathrm{ʂ}ou^{55}\ suo^{55}\ li^{51}\ u\mathrm{ə\eta}^{55}\ ],\ \ \ \ \ [\ tu^{35}\ tiau^{51}\ xan^{35}\ t\mathrm{\varepsilon}ia\mathrm{\eta}^{55}\ \mathrm{\varsigma}y\varepsilon^{214}\ ]。$

第五节　音　节

一、列表分析下列汉字的音节结构。

结构 例字	声母	韵　母				声调
		韵头	韵腹	韵　尾		
				元　音	辅　音	
底	d		i			上声
庄	zh	u	a		ng	阴平

续表

结构 例字	声母	韵母				声调
		韵头	韵腹	韵尾		
				元音	辅音	
九	j	i	o	u		上声
茄	q	i	ê			阳平
队	d	u	e	i		去声
军	j		ü		n	阴平
村	c	u	e			阴平
俄			e			阳平
要		i	ɑ	u		去声
圆		ü	ɑ		n	阳平

二、根据普通话声、韵、调配合规律,指出下列音节的错误,并加以改正。

风 fōng 应改为 fēng,因为唇齿音声母只能和合口呼中的 u 韵母相拼,可以和开口呼韵母 eng 相拼。

玻 buō 应改为 bō,因为双唇音声母只能和合口呼中的 u 韵母相拼,从韵母的角度分析,o 韵母只和唇音声母相拼。

磨 muó 应改为 mó,因为双唇音声母只能和合口呼中的 u 韵母相拼,从韵母的角度分析,o 韵母只和唇音声母相拼。

先 xān 应改为 xiān,因为舌面音声母不能与开口呼韵母相拼,可以和齐齿呼韵母相拼。

家 giā 应改为 jiā,因为舌根音声母不能与齐齿呼韵母相拼,但舌面音声母可以和齐齿呼韵母相拼。

娇 jāo 应改为 jiāo,因为舌面音声母不能与开口呼韵母相拼,可以和齐齿呼韵母相拼。

冬 duēng　应改为 dōng,因为 ueng 只能以自成音节的形式出现,而 ong 韵母与此相反,必须要和辅音声母相拼。

对 dèi　应改为 duì,舌尖中音声母一般可以和开口呼韵母相拼,但并非能和所有的开口呼韵母相拼,ei 属于开口呼韵母,就不能和 d 相拼。

嫩 nùn　应改为 nèn,舌尖中音声母 n 只能和合口呼韵母中的部分韵母相拼,它不与 uen 韵母相拼,它可以和开口呼韵母 en 相拼。

藤 tén　应改为 téng,舌尖中音声母一般可以和开口呼韵母相拼,但并非能和所有的开口呼韵母相拼,就不和 en 相拼,能和韵母 eng 相拼。

冷 lěn　应改为 lěng,舌尖中音声母 l 一般可以和开口呼韵母相拼,但并非能和所有的开口呼韵母相拼,就不和 en 相拼,能和韵母 eng 相拼。

翁 ōng　应改为 wēng,韵母 ong 不能以自成音节的形式出现,而 ueng 只能以自成音节形式出现。

精 zīng　应改为 jīng,舌尖前音声母不能与齐齿呼韵母相拼,而舌面音声母可以和齐齿呼韵母相拼。

交 giāo　应改为 jiāo,舌根音声母不能和齐齿呼韵母相拼,而舌面音声母可以和齐齿呼韵母相拼。

手 shiǔ　应改为 shǒu,舌尖后音声母不能和齐齿呼韵母相拼,可以和开口呼韵母 ou 相拼。

三、普通话声母 z、c、s、g、k、h 能与开、合两呼相拼,但不能与齐、撮两呼相拼,j、q、x 正好相反,分析形成互补格局的原因。

主要原因在于古今声母演变的规律。具体地说,中古的 z、c、s 等舌尖前音声母(精组声母字),在普通话中分别演变为 z、c、s 和 j、q、x 两类,其中前者只拼开口呼、合口呼韵母,后者只拼齐齿呼、撮口呼韵母。另一方面,中古的 g、k、h 等舌根音声母(见晓组声母字),在普通话中分别演变为 g、k、h 与 j、q、x 两类,其中前者只拼开口呼、合口呼韵母,后者只拼齐齿呼、撮口呼韵母。换句话说,普通话中的 j、q、x 分别来自古代的 z、c、s 和 g、k、h 等声母,而它们又只能拼齐齿呼、撮口呼韵母,其余仍读 z、c、s 和 g、k、h 的又只能拼开口呼、合口呼韵母,于是就形成了上面的声、韵配合规律。

四、在分析音节结构时如何识别元音韵母 e 和 ê,以及韵母 i、-i[ʅ]、-i[ɿ]?

e[ɤ]和 ê[ɛ]都是舌面单元音韵母,e[ɤ]是舌面后半高不圆唇元音,ê[ɛ]是舌面前半低不圆唇元音。二者都可以自成音节,如:俄 é、诶 ê。二者有区别:e 还可以和辅音声母相拼,如:哥 gē,而 ê 不和辅音声母相拼,只能自成音节或出现在零声母音节里(注意:复韵母 ie、üe 中的 e 的音值是 ê[ɛ])。

i、-i[ʅ]、-i[ɿ]都是单元音韵母,i[i]是舌面单元音韵母,-i[ʅ]和-i[ɿ]是舌尖单元音韵母。i[i]可以自成音节,如:意 yì,还可以和辅音声母相拼,如:丽 lì、起 qǐ、密 mì 等;而-i[ʅ]和-i[ɿ]都不能自成音节,它们分别只能和舌尖前音声母 z、c、s 和舌尖后音声母 zh、ch、sh、r 相拼,如:紫 zǐ、辞 cí、丝 sī;志 zhì、吃 chī、诗 shī、日 rì。

五、举例说明普通话音节的结构特点。

一个音节最多可以有四个音素(如"窗"),最少只有一个音素(如"啊、衣")。

音节的结构一般由声、韵、调三部分构成,有的音节可以没有辅音声母(如"外、语"),但不能没有韵母和声调。韵母中可以没有韵头(如"高"),可以没有韵尾(如"夏"),但不能没有韵腹,韵腹是音节中的主要元音。

元音在音节中占优势。音节可以没有辅音,但不能没有元音。元音可以多至三个,并且须连续出现,分别充当韵头、韵腹和韵尾。辅音只出现在音节的开头和末尾,没有复辅音音节。

汉语音节都有声调,声调能够区别意义。如"打"和"大"分别是上声调和去声调,两个词的意义是不同的。

六、下列各词的拼写不合规则,请把它们改正过来。

阿姨 āí→āyí　　　　　　延安 yánān→yán'ān
女人 nǔrén→nǔrén　　　　巨大 jǜdà→jùdà
威严 wuēiyián→wēiyán　　原油 üányióu→yuányóu
树叶 shùiè→shùyè　　　　优秀 iōuxiòu→yōuxiù
球场 qióuchǎng→qiúchǎng　尊贵 zuēnguèi→zūnguì

七、举例说明齐齿呼、合口呼、撮口呼的零声母音节使用 y 和 w 有些什么作用? 如果是开口呼零声母音节,如何解决音节易混的问题?

当齐齿呼韵母自成音节注音时,音节的前边要加 y 或换 y。加 y 或换 y 的作用主要有两点:一是起隔音作用,使音节的界限清楚,如:在意 zàiyì;二是既起隔音的作用,同时又替换了 i,如:香烟 xiāngyān。

当合口呼韵母自成音节注音时,音节的前边要加 w 或换 w。加 w 或换 w 的作用主要有两点:一是起隔音作用,使音节的界限清楚,如:房屋 fángwū;二是既起隔音的作用,同时又替换了 u,如:傍晚 bàngwǎn。

当撮口呼的韵母自成音节注音时,音节的前边要加 y。加 y 的作用主要是起隔音作用,使音节的界限清楚,如:金鱼 jīnyú、深渊 shēnyuān。

当开口呼的韵母自成音节时,为了使音节界限清楚,不发生混淆,通常在此类音节前面加隔音符号",",与它前边音节的注音隔开。如:西安 xī'ān、莲藕 lián'ǒu、上腭 shàng'è。

八、韵母 iou、uei、uen 在什么条件下应该省写?

这三个韵母在同辅音声母相拼时,韵母要省写成 iu、ui、un。如:就 jiù、惠 huì、论 lùn。

九、为什么 n、l 后边的 ü 上两点不能省略,j、q、x 后边的 ü 上两点就能省略?

因为 n、l 这两个声母既能和合口呼韵母相拼,又能和撮口呼韵母相拼,如果这两个声母与撮口呼韵母相拼也省略 ü 上两点的话,就会使音节发生混淆。如:nǔ(女)—nǔ(努)、lú(驴)—lú(炉)。由于舌面音声母 j、q、x 只能和撮口呼韵母相拼,不能与合口呼韵母相拼,因此,省写 ü 上的两点不会被误认为是合口呼韵母 u,音节不会发生混淆,而且省写 ü 上的两点会使注音更为简便。

第六节　音　位

一、举例说明什么是音位和音位变体。

音位是一种语言或方言的语音系统中能够区别意义的最小语音单位。它是从语音的社会属性的角度划分出来的。如普通话里,"办[pan⁵¹]、盼[pʻan⁵¹]、慢[man⁵¹]、饭[fan⁵¹]、但[tan⁵¹]、探[tʻan⁵¹]、滥[lan⁵¹]、干[kan⁵¹]、看[kʻan⁵¹]、汉[xan⁵¹]"这十个音节表意不同,其中的韵母都是[an],声调都是去声,这些音节之间是用不同的辅音来区别意义的,说明这些辅音在普通话里具有区别意义的作用,就可以归纳成下面的十个音位:/p/、/pʻ/、/m/、/f/、/t/、/tʻ/、/l/、/k/、/kʻ/、/x/。有些音素如"三家巷"[san⁵⁵tɕiᴀ⁵⁵ɕiɑŋ⁵¹]中做韵腹的三个不同的音素[a、ʌ、ɑ],说普通话的人对它们音色的不同一点也感觉不到,不能区别意义,因而,普通话可以把它们归纳为一个音位/a/。

音位包括音质音位和非音质音位。音质音位是由音素构成的,有辅音音位和元音音位;非音质音位是由声调(音高)构成的,叫调位。

　　一个音位包含了若干个发音相似的音素,它们是音位的具体表现形式,叫音位变体。音位与音位变体的关系是类别与成员、抽象和具体的关系。如普通话/ a / 在实际语音中的表现形式主要有[a][ʌ][ɑ][ɛ]四个,这是它的四个变体。

　　音位变体分为条件变体和自由变体两类。条件变体是因语音条件的不同而出现的变体。比如普通话的/a/有四个条件变体:[a]出现在韵尾[-i]或[-n]前,[ʌ]出现在无韵尾的音节中,[ɑ]出现在韵尾[-u]或[-ŋ]之前,[ɛ]出现在韵头[i-]和韵尾[-n]之间。自由变体是出现在相同的语音条件下,能够自由替换而不影响意义的变体。如普通话里合口呼零声母音节开头的音既可以是舌面后高圆唇元音[u],也可以是双唇半元音[w],或唇齿半元音[ʋ],这三个音素构成了普通话/ u /在零声母音节前的三个自由变体。

　　二、举例说明归纳音位的基本原则有哪些?①

　　归纳音位普遍采用以下基本原则:

　　对立原则。在一种语言或方言里,一类音素出现在相同的语音环境中,互相替换后就会产生意义的差别,那么这两个音素就是对立的。对立的音素必定属于两个音位。如普通话里的"爸[pʌ⁵¹]、怕[p'ʌ⁵¹]",元音和声调都相同,它们的意思不同,仅仅是辅音不同造成的。那么,[p]和[p']形成了对立关系,便构成了两个不同的音位。

　　互补原则。在一种语言或方言里,一类音素不能在相同的语言环境里出现,即处于互补分布状态。形成互补关系的音素可归纳成一个音位。互补分布是指音位变体之间的关系,一个音位内所包含的不同音素是它的变体。例如,普通话[a]出现

---

　　① 参考贰　第一章第六节重点难点分析(二)。

的四个条件变体(见上面第一题所述),[a] [ʌ] [ɑ] [ɛ]形成
了互补分布关系,就可以归纳为一个音位/ a /,[a] [ʌ] [ɑ]
[ɛ]都是音位/ a /的音位变体。

语音近似原则。互补分布是把若干音素归并为一个音位的
必要条件,但不是充足条件。属于一个音位的各个变体在语音
上还应该是近似的,至少本地人听起来比较近似,否则即使是互
补关系也不能归并为一个音位。如普通话里,[m]只出现在元
音前,[ŋ]只出现在元音后,分布互补,但讲普通话的人绝不会
把它们当作一个音,因为这两个音的差异很明显,所以只能把它
们作为两个音位来处理。

三、什么是对立? 什么是互补?

对立就是在一定的语言或方言中的两个或两个以上的音
素,如果在同样的语音环境中能够起区别词或语素的作用,那么
它们之间的关系就是对立性的关系,就可以成为各自独立的不
同音位。

互补就是在一定的语言或方言中,一类音素不能在同一个
语音环境里出现,音素甲出现在某一位置,音素乙就不出现在这
个位置。这种现象就叫做互补分布。一般来说,处在互补分布
状态的音素应归纳为一个音位。

四、[ʅ]和[ʅ]为什么要归纳为一个音位? /i/ 和/ʅ/为什么
要归纳为两个音位? 谈谈你的看法。

归纳音位的两个最重要的原则是:分布互补,听感相似。从
这两个原则看,首先,[ʅ]和[ʅ]两个音素在普通话语音系统里
处于互补分布状态,[ʅ]只能和 z、c、s 相拼,[ʅ]只能和 zh、ch、
sh、r 相拼。两个元音发音的不同与声母有关。其次,[ʅ]和
[ʅ]在音色上很近似,都是舌尖高不圆唇元音,只有一点不同,
[ʅ]是前元音,[ʅ]是后元音。基于以上两点,应归纳为一个
音位。

　　尽管它们也处于互补分布状态,[ʅ]只能与 z、c、s 相拼,[i]只能和 b、p、m、d、t、n、l、j、q、x 相拼,但[ʅ]和[i]这两个音素在音色上的差异很明显。[ʅ]是舌尖元音,[i]是舌面元音,讲普通话的人能够明确区别这两个音的不同。所以,根据语音近似的原则,[ʅ]和[i]应归纳成两个音位。

　　五、[e]和[ɛ]为什么要归纳为一个音位,谈谈你的看法。

　　最根本的理由是这两个音没有辨义作用。第一,在普通话语音系统中,[ɛ]只能出现在[i]和[y]之后(ie、üe),[e]只能出现在[i]之前(ei)和[u][i]之间(uei),二者呈互补分布状态。第二,[e]是舌面前半高不圆唇元音,[ɛ]是舌面前半低不圆唇元音,[e]和[ɛ]的音色接近。鉴于以上两点原因,在普通话语音系统中,[e]和[ɛ]应归纳为一个音位。

　　六、以汉语拼音方案为例,说明音位分析有什么作用?

　　普通话的语音系统包括普通话里的各种语音要素(元音、辅音、声调等),以及与这些语音要素相互配合的方式和变化现象。要把这么复杂的系统用有限的字母表示出来,需要极其经济、简明的字母系统,如果按照音素来制订字母,那么这个拼音方案就会烦不胜烦。因此,进行音位分析就是十分必要的。

　　比如,在汉语拼音方案中,元音设计为六个字母,它们是 a、o、e、i、u、ü。这些字母大都表示了几个互补分布的音素,如 e 代表了[e][ɛ]等音素,它们处于互补分布,用相同的字母表示不会发生混淆(ê 戴帽子是因为单独出现时会与 e 单独使用相混,需要区分,在复韵母中 ê 的帽子就可以摘去)。再如,[i][ɿ][ʅ]三个音素都用 i 代表,因为它们的出现条件也是互补的。因此,汉语拼音方案的元音字母设计,就是以音位学理论为基础的,其中最重要的是分布互补的原则。

　　需要注意的是,字母系统不同于音位系统,所以,一个字母也不等于一个音位。

七、用严式标音法给下列汉字标音。

国[kuo^{35}]　约[yɛ^{55}]　学[çye^{35}]　家[tɕiɑ^{55}]　面[mien^{51}]

丝[sɿ^{55}]　给[kei^{214}]　快[kʻuai^{51}]　交[tɕiɑu^{55}]　全[tɕʻyan^{35}]

第七节　语流音变

一、什么是语流音变？普通话音变现象主要有哪几种？

我们平常说话或朗读时，并不是一个字一个字地孤立地说或读出来，而是将一串音节连续说出，形成一连串的语流。在连续的语流中，音节之间、音素之间、声调之间相互影响，会导致各种语音变化。这种变化叫做语流音变，也叫做共时音变。

普通话常见的语流音变现象有连读变调、轻声、儿化、语气词"啊"的变读。

二、什么是连读变调？举例说明连读变调主要有几种？

连读变调是指在连续的语流中，因相邻的音节互相影响而改变单字调的现象。音节变调多数是受后一个音节声调的影响引起的。连读变调的类型主要有三种：

1. 上声的变调。上声在普通话中变调最复杂，也是北方方言中最容易发生变调的调类。两个上声字连读时，前一个上声变得近似阳平，调值由214变为35。如：演讲、反省。

上声在非上声前变读为半上，调值由214变为211。如：海军（上声+阴平）、讲台（上声+阳平）、稿件（上声+去声）、尾巴（上声+轻声）。需要注意的是，上声+轻声时，如果轻声音节的原调是上声，则前字有两种不同的变调：一种变得近似阳平。如"小姐"，后字"姐"此处轻读，前字"小"按照上声连读规律变读35调；一种是变为半上（调值211），比如"嫂子"，"子"读轻声，"嫂"则变读半上。

三个上声字连读时，主要根据词语的节律和结构变调。

如果是 2+1 的组合,一般是前两个字变得近似阳平,第三个字不变。如:总统府、古典舞,即读作 35+35+214。

如果是 1+2 的组合,一般是第二个音节变得近似阳平,第一个音节受第二个音节变化的影响,变为半上,调值为 211,第三个字不变。如:纸老虎、土产品,即读作 21+35+214。

四个以上的上声字连读时,要根据词语的意义和组合关系适当分组,按照上述规律来读,如:找水桶/打/两桶/洗脸水。

2. 去声的变调。两个去声字连读,前一个变为半去,调值由 51 变读为 53,这是一种异化变调。如:创意、信念。

3. "一、不"的变调。"一"的单字调是阴平,"不"的单字调是去声。二者单念或在词语末尾时都读原调,表序数的"一"也读原调,如:一、万一、第一;不、绝不、我不。

"一"和"不"在去声前变读阳平,如:一但、一切;不但、不变。

"一"和"不"在非去声前读去声,如:一天、一时、一早;不吃、不同、不冷。

"一"和"不"在词语中间或肯定否定连用时,变读轻声。如:想一想、管一管;看不见、打不开。

三、什么是轻声?① 哪些词经常读轻声? 举例说明。

汉语每个音节都有固定的声调。但是在语流中,有的音节会弱化而失去原有的声调,变成一种又轻又短、调值模糊的调子,这就叫做轻声。轻声是语流中的弱化现象,是四声之外的一种特殊的变调。

下面九类词语多读轻声:

1. 语气词"啊、吗、呢、吧、的、了、嘛"等,如:吃饭吧?

2. 助词"的、地、得、着、了、过"等,如:唱得好。

---

① 与第五题一同参考贰 第一章第七节重点难点分析(一)。

3. 名词后缀"子、头、巴"和表示多数的"们"等,如:箱子、木头、孩子们。

4. 放在名词、代词后头的方位词"上、下、里、边"等,如:沙发上、屋顶下、客厅里、后边。

5. 部分充当补语的趋向动词"来、去、进来、下去、起来"等,如:坐进来、跑出去。

6. 叠音名词的后一个音节,如:潺潺、灿灿、妈妈、奶奶。

7. 重叠动词的后一个音节,如:说说、聊聊、看看、问问。

8. 量词"个、些、封"等,如:五个、买一些、写封信。

9. 一些常用的双音节词,第二个音节习惯上读轻声,如:舒服、凉快、玻璃、新鲜、人家、糊涂、怎么、父亲、客人、溜达、先生等。

四、举例说明轻声在普通话中的作用。

轻声在普通话中有特殊的表达作用,有些词字面相同,但读不读轻声,词性和词义都有所不同。具体表现在以下两个方面:

1. 区别词义。如:冷战 lěngzhàn:指国际间进行的战争形式之外的敌对行动;冷战 lěngzhan:身体突然发抖。

2. 区分词性。如:地道 dìdào:地下通道,名词;地道 dìdao:正宗的,形容词。

五、什么是儿化? 儿化有何作用?

儿化指一个音节中,韵母带上卷舌色彩的一种特殊音变现象,这种卷舌化了的韵母叫做儿化韵,儿化的基本性质就是卷舌作用。

儿化的主要作用是:区别词义,如:信(书信) ≠ 信儿(消息);区别词性,如:活(动词、形容词) ≠ 活儿(名词);表示细小、喜爱、亲切等感情色彩,如:头发丝儿、小曲儿、小狗儿、小孩儿、大婶儿。

六、朗读下列词语,并指出上声字的声调变化情况。

①氧吧　法规　走私　指标　展开　语音
②导游　法人　感觉　肿瘤　产值　舞台
③网络　董事　广告　理念　挑战　品味
④暖和　嗓子　嘴巴　奶奶　法子　走走
⑤女友　老板　敏感　品种　给予　舞蹈
⑥乳品厂　小雨点　蒙古语　孔乙己　虎骨酒

①②③组词语,每个词的第一个音节为上声调,它们在非上声字(音节)前变读半上,调值由214变为211。其中,①组里,每个词的第二个音节为阴平调;②组里,每个词的第二个音节为阳平调;③组里,每个词的第二个音节为去声调。

④组词语属于上声+轻声,每个词的第一个字为上声调,在非上声字前要变读。其中,"暖和、嘴巴"的第二个读轻声的音节原调不是上声,前面的"暖、嘴"则变读为211;"法子"前字变读35,后字轻读;"嗓子、奶奶、走走"后字此处读轻声,前字变读半上。

⑤组词语属于两个上声字连读,前一个上声字变得近似阳平,调值由214变为35。

⑥组词语属于三个上声字的连读。其中,"小雨点、孔乙己"属于1+2的组合,第二个音节变读近乎阳平,第一个音节受第二个音节变化的影响,变为半上,调值为211,第三个音节的声调不变;"乳品厂、蒙古语、虎骨酒"属于2+1的组合,前面两个字变得近似阳平,调值为35,第三个字的声调不变。

七、下列哪些去声字声调有变化? 请说明。

每个词的第一个音节(字)的调值要由原来的51调值变读为53调值,其原因是这七个词的第二个音节都是去声调,因为两个去声相连,前一个如果不是重读音节则变读53。

八、按"一、不"的变读规律,用国际音标给下面的词注音。

一半$[\,i^{35}pan^{51}\,]$　　　　　　一瞬$[\,i^{35} \mathcal{s}uən^{51}\,]$

一刻[i³⁵k'ɤ⁵¹]　　　　　一晃[i³⁵xuɑŋ⁵¹]

一时[i⁵¹ʂʅ³⁵]　　　　　一心[i⁵¹ɕin⁵⁵]

一些[i⁵¹ɕiɛ⁵⁵]　　　　　不停[pu⁵¹t'iŋ³⁵]

不单[pu⁵¹tan⁵⁵]　　　　不轨[pu⁵¹kuei²¹⁴]

不妙[pu³⁵miɑu⁵¹]　　　　不幸[pu³⁵ɕiŋ⁵¹]

不料[pu³⁵liɑu⁵¹]　　　　不错[pu³⁵ts'uo⁵¹]

一年一度[i⁵¹niæn³⁵i³⁵tu⁵¹]　　不声不响[pu⁵¹ʂəŋ⁵⁵pu⁵¹ɕiaŋ²¹⁴]

不上不下[pu³⁵ʂaŋ⁵¹pu³⁵ɕia⁵¹]　　一字一句[i³⁵tsʅ⁵¹i³⁵tɕy⁵¹]

九、朗读下列词语，找出其中读轻声的字。

每个词语的第二个字(音节)要读轻声。

十、朗读下列儿化词，并注出实际读音，总结儿化音变的规律。

找茬儿[tʂau²¹⁴tʂ'ar³⁵]　　　纸匣儿[tʂʅ³⁵ɕiar³⁵]

走道儿[tsou²¹⁴taur⁵¹]　　　病号儿[piŋ⁵¹xaur⁵¹]

口哨儿[k'ou²¹⁴ʂaur⁵¹]　　　豆角儿[tou⁵¹tɕiaur²¹⁴]

个头儿[kɤ⁵¹t'our³⁵]　　　　顶牛儿[tiŋ²¹⁴niour³⁵]

土坡儿[t'u²¹⁴p'or⁵⁵]　　　　被窝儿[pei⁵¹uor⁵⁵]

模特儿[mo³⁵t'ər⁵¹]　　　　半截儿[pan⁵¹tɕiɛr³⁵]

旦角儿[tan⁵¹tɕyɛr³⁵]　　　　纹路儿[wən³⁵lur⁵¹]

鞋带儿[ɕiɛ³⁵tar⁵¹]　　　　椅背儿[i²¹⁴pər⁵¹]

跑腿儿[p'au²¹⁴t'uər²¹⁴]　　　包干儿[pau⁵⁵kar⁵⁵]

拔尖儿[pa³⁵tɕiar⁵⁵]　　　　边沿儿[pian⁵⁵jar³⁵]

好玩儿[xau²¹⁴war³⁵]　　　　人缘儿[ʐən³⁵yar³⁵]

压根儿[ja⁵⁵kər⁵⁵]　　　　走神儿[tsou²¹⁴ʂər³⁵]

没准儿[mei³⁵tʂuər²¹⁴]　　　帮忙儿[paŋ⁵⁵mar³⁵]

鼻梁儿[pi³⁵liãr³⁵]　　　　蛋黄儿[tan⁵¹xuãr³⁵]

麻绳儿[ma³⁵ʂər³⁵]　　　　金鱼儿[tɕin⁵⁵yər³⁵]

人影儿[ʐən³⁵jĩr²¹⁴]　　　　铜子儿[t'uŋ³⁵tsər²¹⁴]

顶事儿 [tiŋ²¹⁴ ʂər⁵¹]

由基本韵母变成儿化韵母,要发生增音、减音、同化等语音变化,其规律可以用"原、失、换、加"四个字来概括:

韵腹是 ɑ、o、e、ê、u 或韵尾是 u 的韵母不变,直接加卷舌动作。

韵尾是 i、n 的 (in、ün 除外),丢掉韵尾,加卷舌动作。其中,ei、uei 韵须将韵腹变为央元音。

韵母是 in、ün 的,丢掉韵尾,加 ər。

韵母是 i、ü 的,在 i、ü 后加 ər。

韵母是-i[ɿ]、-i[ʅ]的,丢掉韵母,加 ər。

韵尾是 ng[ŋ]的,丢掉韵尾,韵腹鼻化,同时加卷舌动作。

十一、朗读下列各句,写出"啊"音变后的读音及汉字。

小伙子,你好潇洒啊!	→ "啊"读 yɑ,写作"呀"。
让我跟你上街啊!	→ "啊"读 yɑ,写作"呀"。
你怎么那么粗心啊!	→ "啊"读 nɑ,写作"哪"。
他怎么老生病啊?	→ "啊"读 ngɑ,写作"啊"。
那个人的口气可真不小啊!	→ "啊"读 wɑ,写作"哇"。
老师普通话说得真棒啊!	→ "啊"读 ngɑ,写作"啊"。
你们都在哪儿住啊?	→ "啊"读 wɑ,写作"哇"。
先生的判断真准啊!	→ "啊"读 nɑ,写作"哪"。
多么阳光的孩子啊!	→ "啊"读 zɑ,写作"啊"。
他最喜欢看电视啊!	→ "啊"读 rɑ,写作"啊"。
这真是一本好杂志啊!	→ "啊"读 rɑ,写作"啊"。

第八节　语音节律与朗读

一、什么是轻重、升降、停顿、快慢? 它们在朗读中有什么重要作用?

　　轻重主要是由发音的强弱造成的。重音是指语句中读得比较重的字音，是增加力度而发出来的音，轻音是指语句中读得比较轻的字音。升降是指整个语句的音高变化，也叫语调。句子的升降大致可分为升调、降调、平调、曲调四种。停顿是词语之间或语句之间出现的间歇。快慢就是语速，是指说话和朗读时每个音节的长短和音节之间连接的紧密程度。

　　朗读时，轻重、升降、停顿、快慢是必不可少的语音手段，朗读质量的高低、朗读效果的好坏、朗读的成功与否，决定于能否恰到好处地娴熟自然地运用这些语音手段。如：

　　言语表达需要轻重和谐，配合谐调，才能避免言语呆板单调，使表达富于情感和变化。语法重音、逻辑重音都是为了使语意鲜明，结构清晰，使听话人迅速准确地把握语句所传递的信息。

　　朗读时，升调一般用于表达喜悦、兴奋、惊异、号召、鼓动等感情。表达感叹、命令、请求时，由较高的调子下降；表达自信、沉重、劝阻、允许等时，由中度的调子下降。平调通常用来表示严肃、庄重、冷淡、思考、迟疑或说明、叙述等。曲调通常用来表达含蓄、幽默、讽刺、怀疑、恼怒等特殊感情。

　　朗读时，停顿的作用，一是让说话人换气，掌握语句的节奏；二是让听话人思索听到的内容，更好地理解领会。停顿恰当与否，直接影响着思想内容和情感的表达。

　　朗读的快慢大致可分快速、中速、慢速三种。表现紧张的场面，表现激动、兴奋、欢快、惊恐的心情，刻画活泼开朗、聪明机智或狡诈、鲁莽、急躁的人物，表现欢呼、畅谈、争辩、质问、斥责、叫喊时，宜用快速；一般的叙述、说明、议论或交代某件事时，宜用中速；表现悲伤、痛苦的场面，表达低沉、忧伤、庄重、肃穆的感情，塑造老实憨厚、愚钝迟缓的人物，表现日常生活中的闲谈絮语，或给人以暗示、嘲讽时，宜用慢速。

二、下面是《南方周末》刊载的一篇文章的标题,请指出适当的停顿位置。

发廊女//生前/日记/怆//平生

欢颜后//沧桑/身世/发//人思

三、朗读的作用是什么? 结合你的经验谈谈怎样才能朗读好一篇文章。

通过朗读,可以提高阅读和欣赏水平,陶冶情操;可以学习经过文章作者精心加工的规范语言,吸收养料,培养良好的语感,提高听、说、读、写的能力,提高语文教学质量;有助于克服语病、纯净音质,进一步推广普通话,达到语音规范化和标准化的目标。朗读在各科教学中都有不同程度的应用。

要朗读好一篇文章,首先,要求深入地理解作品的思想内容;要求用普通话朗读,做到读准字音,语流清晰,不读破句。其次,要求正确运用朗读技巧,应综合运用轻重、升降、停顿、快慢等手段,掌握好呼吸、发音、吐字、基调等技巧。

四、朗读下面这几段文字,并体会其轻重、升降、停顿、快慢。

(实践练习题,不拟答案)

第二章　现代汉字

第一节　文字与现代汉字

一、文字与一般符号有什么不同？

文字和其他符号一样，都是一个社会全体成员共同约定的表示某种意义的标记和记号，包括形式和内容两个方面。

文字与一般符号的根本区别是：文字符号不能脱离语言而独立存在，它表示的意义必须要和所记录的语言单位(词、语素和语音)联系起来，是通过语言的"桥梁"与所表示的意义发生联系。没有语言支持的文字，是不会被全体社会成员普遍使用的。而一般符号都是人们约定的直接表示事物的标记，不必通过语言这个"桥梁"，不必特定语言的支持，它具有任意性和无限性。

文字符号不是一堆杂乱无章的符号，它具有系统性。这可以从构成文字形式的诸要素及其表意表音方式得到理解。如汉字包括笔画、部件、组合方式等结构系统。而一般符号就不必非要具有系统性，如表示救死扶伤、医疗卫生部门场所的红"十"字符号就谈不上什么系统性；有的符号系统性比较简单，不像文字符号系统那么复杂，如指挥交通的红绿灯的符号系统就很简单。

文字符号具有社会性。一方面体现在它对社会的发展起着十分重要的作用。另一方面，文字不是个人的私有财产，必须被特定语言的全体社会成员认可才行。而一般符号的社会性体现在全人类性上，比如五环图形；也可以只被某个国家的全体社会成员认可，比如各国的国旗图案。

二、文字在历史与现实中有什么作用？

文字的出现，打破了语言的时空界限，完善和扩大了语言的交际功能；便于语言的加工、整理，促进了语言的规范和统一。

现代社会已经有了录音机、扩音机、收音机、电话等现代化的记录和传播语言的设备，但文字仍然是人类最主要的辅助性的交际工具，在现实中具有不可替代的重要作用。

三、汉字以形声字为主体，为何仍称它为表意文字？

汉字中的象形字、指事字、会意字都是以各种形体记录汉语的意义，与语音不发生直接的关系。约占汉字92%的形声字，虽然有表音成分，但是它主要依靠表意成分来确定所表示的意义类别，而且表音成分本身还是一个表意符号，实质上汉字仍是表意体系的文字。如形声字"抱"和"拍"，它们的声旁是"包"和"白"，"包"最初的字形是怀抱婴儿之状，"白"像日光，似日非日。声旁和语音也不是一对一的关系，例如yi这样一个音节，有29个声旁可以表示。有相当一部分声旁今天已经不能正确表音，例如从"军"得声的"浑、辉"，其发音与"军"相去甚远。所以说，形声字尽管有表音成分，但是它们仍然是以方块字作为构字的基本部件，并没有完全摆脱表意文字体系，只不过是一种高度发达的带有表音因素的表意文字。

四、汉字演变过程中出现过哪些主要形体？各种形体主要通行于什么朝代？

汉字演变过程中主要出现过甲骨文、金文、小篆、隶书、楷书、草书和行书等字体。

甲骨文通行于殷商时代；金文盛行于周代；小篆通行于秦

代,是秦始皇统一六国后整理、推行的标准字体;隶书可分秦隶和汉隶,秦隶在秦代已经兴起,汉隶是汉代的通行字体;楷书兴于汉末,盛行于魏晋南北朝,一直沿用到今天;草书可分章草、今草和狂草,章草起于汉代,今草产生于东汉末,狂草产生于唐代;行书产生于东汉末年,魏晋时已很流行,一直沿用到今天。

五、汉字的各种形体有哪些主要特点?

汉字的发展演变经历了古文字、近代文字和现代文字三个不同的阶段,其间出现过甲骨文、金文、小篆、隶书、楷书、草书、行书等主要形体。它们的笔画态势、整体轮廓、内部结构都有明显的差异和各自的特点。

甲骨文。象形性、图画性很强;笔画纤细,方笔居多;结构不稳定,异体字较多。

金文。笔画比甲骨文丰满粗壮,笔势圆转,不露锋芒;字形略显长圆,大小比较整齐一致,布局也较匀称;形声字大量出现,并出现很多简化字。

小篆。书写线条化。书写整齐有规律,符号性强;结构稳定化。每个汉字的笔数基本固定,一个偏旁只保留一种写法,偏旁的位置也固定不变,为汉字定型打下了很好的基础;形体简单化。删去了原来很多字的重复部分,减少了不少字的笔画,废除了大部分异体字;字体瘦长。与其他字体比较而言,小篆字体细瘦、偏长。

隶书。打破了小篆的结构,改变了小篆所具有的笔势,使圆体变方体,曲笔变直笔,形成了汉字点、横、竖、撇、捺等基本笔画,使汉字完全符号化;改造了部分字的偏旁,减少了笔画,也便于书写;省略、合并了部分偏旁,使汉字更加趋于简化。

楷书。从笔画看,汉隶有波磔挑法,楷书则改为平直的笔画,汉字的点、横、竖、撇、捺等进一步完善定型;从结构看,汉隶向外延伸,比较舒展、放纵,楷书则向里延伸,比较紧凑、严谨;从形体看,汉隶大多呈扁方形,楷书则多为长方形或方形。汉字发展到了楷书,纯粹符号化的方块字正式定型。

草书。章草仍保留汉隶的风格特点,笔画清楚,横画有波磔和挑法,字字独立;今草从楷书演变而来,它的形体绵延,字字呼应,贯通一气。没有章草的波磔和挑法,书写更加快速,但不易辨认;狂草其字往往混同偏旁,任意勾连,变化多端,辨认起来非常困难,并不实用,是一种供欣赏的艺术品。

行书。行书简化楷书的笔画,采用草书连绵笔法而各字独立,好写好认,近于楷书而不拘谨,近于草书而不放纵,兼有楷书和草书的优点。行书是实用性最强的字体。

六、小篆和隶书在汉字发展史上有何重要地位?

小篆是秦始皇统一六国后在全国推行的标准字体,是汉字发展史上第一次经过规范的字体,是对长期以来自然发展的汉字进行有计划、有领导的整理、简化的结果。它结束了古文字杂乱纷纭、异体繁多的混乱局面,做到了字有定型,奠定了方块汉字的基础,在汉字形体演变史上具有重大意义。

甲骨文、金文、小篆都属于古文字范畴,基本上保存了象形字的特点。隶书、楷书属于今文字的范畴,它打破了古文字象形的特点,逐渐走上了符号化的道路。隶书(秦隶)是使象形的古文字演变为不象形的今文字的转折点,因此在汉字形体演变史上具有划时代的意义。

七、汉字形体的发展演变有哪些明显的规律?其总趋势是什么?

汉字形体的发展演变有简化、规范化、符号化、同化、异化、随体、繁化等明显的规律。

汉字的简化趋势主要表现在由象形系统变成了纯粹的符号系统,由曲折圆转的线条变成了点画的有机结合,部件的省略、合并,笔画和异体字的减少,繁体字被简化字逐渐代替。

甲骨文和金文的字体都没有完全定型化,同一个字有好几种写法,部件不统一,位置也不固定,异体字多。到了小篆以后,每个字逐渐以一种形体为标准来写,笔画数基本固定,部件的写法统一了,位置也固定不变,基本上做到了规范化。汉字发展到今天,不论部件、结构和形体,都更加统一、定型和规范化了。

小篆以前的文字象形性很强,到了小篆,使用圆转匀称的线条,象形性明显减弱,符号性明显增强。隶书彻底打破了小篆以前古文字象形性的传统,使汉字完全符号化了,到了楷书,纯粹符号化的方块汉字正式定型。

在汉字演变过程中,使不同的形体变成相同的形体,这种现象叫同化。不同形体同化的结果,使汉字的笔画结构更加趋于简单化。

在汉字演变过程中,使相同的形体变成不同的形体,这种现象叫异化或叫分化。分化的结果,使汉字的偏旁、结构又走向了繁化。

在汉字演变过程中,有些字从最初的甲骨文到后来的楷书,字形结构没变,但在不同的字体中有不同的写法,这种现象被称为随体。

汉字演变总的趋势是简化,但就一个个具体的汉字来看,有不少的汉字形体是由简到繁的,即繁化。

尽管汉字形体在演变的过程中出现了局部的繁化、异化、随体等现象,但汉字发展演变的总趋势是由繁到简,由不规范到规范化,由图画性、象形性到完全符号化。这是汉字形体演变的客观规律,始终占主导地位,是主流。

八、印刷体各种字体的主要特点是什么?

从形成手段来看,现行汉字有印刷体和手写体两种。印刷体常用的字体有四种:(1)宋体,又叫老宋体、古宋体、灯笼体,是最通用的印刷字体。特点是笔画横细竖粗,字体方正严谨。

（2）仿宋体，又叫仿体、真宋体。特点是笔画不分粗细，字体方正秀丽，讲究顿笔。（3）楷体，又叫正体、大宋体。特点是笔画丰满端正，与手写体楷书接近。（4）黑体，又叫黑头字、方头字、方体字。特点是笔画粗而均匀，字迹浓黑醒目，形体凝重稳健。例如：

　　世博会　　　世博会　　　世博会　　　**世博会**
　　（宋体）　　（仿宋体）　　（楷体）　　（黑体）

　　九、阅读报纸、杂志、或利用电脑，学习辨认不同形体、不同字号的印刷体字。

　　（此题为实践题，不拟答案）

　　十、分析下列汉字的造字法：

　　形声：然旌圉底序奕锌珞语

　　会意：莫走前奇畠杳毳支东兼安春

　　象形：豕函册母页

　　十一、下列各字是用什么方法简化而成的？

　　灯（燈）同音替代　　医（醫）局部保留　　孙（孫）沿用了会意的方法　　胜（勝）使用形声的方法　　赵（趙）符号替代　　阳（陽）局部保留

第二节　现代汉字的字形结构

　　一、什么是笔画？确定笔画数的依据是什么？

　　笔画是构成字形的各种点和线，也是构形的最小单位。

　　确定汉字的笔画数，首先要采用现代的规范字形，不能使用已经淘汰的旧字形。其次，要掌握书写汉字的基本规则。这种基本规则有两条：第一，在同一笔画上，笔尖只能走一次，不能走回头路。第二，写横只能由左向右，不能由右向左；写竖、撇、捺只能由上向下，不能由下向上。根据这两条规则，多数字的笔画

数不难计算出来。只有当笔画的头和头相对接时,在计算笔画数时可能遇到困难。这种相接的笔形,可以按照以下方法处理:

(1)在左上角相接的,为2画,如:厂、几、口、日、四、见。

(2)在左下角相接的,而且是全包围的字,为2画,如:口、回、田、囚、团、四。

(3)在右上角相接的,是1画,如:刁、勹、已、月、固、马。

(4)在右下角相接的,是2画,如:日、自、届、幽、省、雷。

有些汉字笔画数容易算错,应加以注意。如:凹(5画)、凸(5画)、长(4画)、鸟(5画)、及(3画)、鼎(12画)等等。

二、笔画组合的方式有多少种?

现代汉字笔画的组合方式有四种:

零组合:由一笔组成的字,如:一、乙。

相离组合:笔画分写,互不接触,如:二、三、川、儿、尔、心。

相接组合:笔画连接,不能分离,也不能交叉,如:人、已、乃、工、上、与、弓。

相交组合:两画或几画相交叉,不能分离,如:十、力、丰、也、韦、井、又。

三、什么是笔顺? 确定笔顺的依据是什么?①

书写汉字时笔画的先后顺序称为笔顺。现代汉字的笔顺是人们在长期的书写实践中总结出来的。确定笔顺的依据就是笔顺的规则,即先横后竖,先撇后捺,从上到下,从左到右,从内到外,先中间后两边,先外后里再封口。除了以上几条外,还有具体细则和例外情况。

四、按笔顺书写下列汉字。

以下例字采用跟随式分析笔顺。

凹(5画) 丨 丨＾ 凵凹 凹凹

---

① 参考贰 第二章第二节重点难点分析(三)。

敝(11画)　丶丶丆丬冂冋冋敝敝敝敝

叟(9画)　丨丨丨臼臼臼臾叟叟

鼎(12画)　丨丨冃冃冃昇昇昇鼎鼎鼎鼎

肃(8画)　⊐⊐⊐聿聿聿肃肃

廷(6画)　丿丿千壬廷廷

函(8画)　⊐了了丞丞函函函

臣(6画)　一丆丆丆臣臣

母(5画)　乚口母母母

臼(6画)　丿丆丆臼臼臼

妆(6画)　丶丶丬妆妆妆

兼(10画)　丶丶丷丷当当羊羊兼兼

减(11画)　丶丶冫冫冫减减减减减减

鼠(13画)　丿丿臼臼臼臼臼鼠鼠鼠鼠鼠鼠

卯(5画)　丿丆卯卯卯

兜(11画)　丿丆白白白兜兜兜兜兜兜

磕(15画)　一丆石石石矿矿矿硁硁磕磕磕磕磕

燎(16画)　丶丿少少灯灯炉炉炉燎燎燎燎燎燎燎

欧(8画)　一丆又区区欧欧欧

牌(12画)　丿丨丬片片片胖胖胖牌牌牌

徘(11画)　丿彳彳彳彳徘徘徘徘徘徘

比(4画)　一七匕比

匹(4画)　一匚兀匹

丸(3画)　乙九丸

五、什么是部件？部件可以分为哪些不同的类别？①

部件是比笔画高一个层级的组配汉字的单位，一般由几

───────────────

① 与本节第七题、第八题一同参考贰　第二章第二节重点难点分析（二）。

个笔画构成。现代汉字的部件按照不同的标准可以分为三种不同的类型：按照能否独立成字可将部件分为成字部件与非成字部件；按照部件能否再次切分成更小的部件，可以将部件分为单一部件、复合部件两类；按照汉字切分成部件的先后顺序，可以将现代汉字的部件分为一级部件、二级部件、三级部件等。

六、什么是合体字？什么是独体字？

汉字是由部件组合而成的。由一个部件组成的字，称为独体字，如"丰、牛、了、水、山"；由两个或两个以上的部件组构而成的字，称为合体字，如"和、郭、鑫、到、盖"。

七、部件与偏旁有什么关系？

部件跟偏旁一样，都是介于笔画和整字之间的构字单位，两者有一致的地方，如"体、河"的两个部分既是偏旁，也是部件。但二者并不完全相等。偏旁是对会意字、形声字中表义或表音成分的分析，部件却是对现代汉字内部结构系统分析的结果，可以表义、表音，也可以不表义、不表音，如"磨"只有"麻"和"石"两个偏旁，从部件看，则有"广、木、木、厂、口"五个部件，这五个部件在"磨"中不是义符也不是音符。

部件有一级、二级部件等区分。凡是可以参与构字的成分，不论是否成为偏旁，都是部件。如"孔、逢"中的"子、乚、辶、夂、丰"，不一定都是偏旁，但它们都是部件。

八、偏旁与部首有什么关系？

部首是字书各部中具有字形归类作用的偏旁。如《新华字典》把带有偏旁"亠"的字，如"亡、卞、六、亢、市、玄"等归在一部，"亠"就是一个部首。部首大部分是由具有表意作用的偏旁充当的，如"语、铁、浪、恼"中的部首"讠、钅、氵、忄"都是表意的形旁。部首都是偏旁，但是偏旁不都是部首。偏旁中有的可以做部首，如"氵、宀、彳、纟、夂、忄、几、女、子、小、山、大、木、目、瓜、鸟、皮、鱼、米、车、鼻、鼠、音、鹿、鬼"都是部首;有的根本不能做部首,如"乃、才、亢、仓、可、东、求、星"。有的偏旁在甲书中做部首,在乙书中不作部首,如"七、丁、丑、三、丙、不"在《说文解字》中都是部首,在现代工具书中不做部首,归入"一"部。"亅"在《新华字典》和新《辞海》中不是部首,在《说文解字》和《康熙字典》中则做部首。

九、举例说明部件组合的常见方式有哪些。①

常见的部件与部件的组合方式有五种:左右组合;上下组合;包围组合;品字组合;穿插组合。

十、切分下列汉字的部件。

	成字部件	非成字部件	单一部件	复合部件
徒:	彳、走	辵	彳	走
北:	匕	丬	丬、匕	
降:	阝、夅	夅	阝、攵、牛	夅
恭:	共	忄	忄	共
旗:	方、其	𠂉	方	其
距:	巨、足		口、止、匚、二	足、巨
齿:	止、人	凵	止	凵
须:	页	彡	彡	页
鹏:	月、朋、鸟		月	朋、鸟
摸:	莫	扌	扌、艹、日、大	莫
横:	木、黄、由、八		木、艹	黄
霹:	雨、辛、尸、立、十		雨	辟、辛、尸

———————

① 参考贰　第二章第二节重点难点分析(一)。

第三节　现代汉字的标准化和规范化

一、现代汉字标准化有何意义?[①]

时代的发展和社会的进步都对现代汉字提出了新的要求,标准化便是一项重要的任务。通过科学、系统、全面地对现行汉字进行整理,做到现行汉字字数有定量,书写有定形,认读有定音,排检有定序。目的在于提高学习和使用效率,适应现代化社会的需要,更充分地发挥现代汉字在国内现代化建设和国际文化交流中的作用。

二、现代汉字标准化包括哪些内容?

现代汉字的标准化包括字量、字形、字音、字序四个方面,要做到"字有定量、字有定形、字有定音、字有定序",简称"四定"。

三、汉字形、音、义结合的复杂性表现在哪些方面?[②]

就汉字而言,虽然一个字形代表一个音节,但一个字形常常不止一种读音,代表不止一种意义;一种读音也不止一种形体,代表不止一种意义;一种意义也不止一种字形、字音去反映。它的形、音、义之间的结合非常复杂,表现在单音单义字、多音多义字、异读字、同音字、异体字和其他情况等几个方面。

四、区别下列几组词。

必需:一定要有的,不可少的。

必须:①表示事理上和情理上的需要。②加强命令语气。

贡献:①拿出物资、力量、经验等献给国家或公众。②对国家或公众做的有益的事。

---

① 参考贰　第二章第三节重点难点分析(一)。
② 参考贰　第二章第三节重点难点分析(三)。

供献:(祭祀、祭奠)敬奉供品。

修养:①指理论、知识、艺术、思想等方面的一定水平。②指养成的正确的待人处事的态度。

休养:①休息调养。②恢复和发展国家或人民的经济力量。

截止:(到一定期限)停止。

截至:截止到(某个时候)。

包含:里边含有。

包涵:客套话,请人原谅。

功夫:①本领、造诣。②有时也作"工夫"。

工夫:①时间。②空闲时间。③时候。④有时也作"功夫"。

五、解释下列各组词语中加点字的意义。

1. 有的放矢(箭靶的中心)　的确如此(实在)

2. 大象(哺乳动物,陆地上现存的最大动物)　象形(摹拟)　包罗万象(形状、样子)

3. 元旦(开始的)　旦角(女性)　通宵达旦(天亮)

4. 沼气(气体)　秋高气爽(天气)　娇气(作风)　元气(生命力)

5. 赛跑(跑步)　跑江湖(为某事四处奔走)　跑电(泄露)

六、确定现代汉语常用字的标准是什么?

常用字就是经常要用到的字,凡是构词能力强、使用频率高、分布均匀的汉字都是常用字。常用字主要是识字教学用字。为了仔细研究常用字的使用规律,还可以再给常用字分级,如一级常用字、二级常用字等。常用字包括在通用字之中。

综合各方面的情况,确定常用字的标准有四条:

字的频度。即通过大量的字频统计得出的一个个字在使用中出现的次数的多少。

字的使用度。使用度是综合考虑频度高低和分布的广狭得出的概念。比如有两个字频度相等，其中一个字分布较广，出现在好几类不同的作品中，另一个字分布很窄，只出现在某一类作品中，甚至只在一篇作品中。那么这两个字在应用中显示出来的重要程度显然不一样，前者大于后者。

字的构词能力和构字能力。有些字频度很高，但构词能力和构字能力不强；有些字构词能力和构字能力较强，但频度不很高。比如"我"字频度高于"木"字，但"木"的构词能力强于"我"，"木"作为偏旁构成的字数，远远多于"我"字。

使用字的常识。有些日常生活中的常用字，如"厕、凳"，在书面语中出现不多，统计出来的频度不高，但在日常生活中比较重要。对这类字要适当进行人工干预，把它收到常用字表里来。

七、现代汉字的定音工作有什么标准？

定音就是规定现代汉语用字的规范读音。普通话是以北京语音为标准音的，汉字的规范读音就是普通话读音。《汉语拼音方案》（1958 年）确定了普通话的声、韵、调系统，《普通话异读词审音表》（1985 年修订稿）对一千多条异读词作了审定和修订，为字音的标准化打下了基础。今后还须从以下方面做好语音标准化的工作：

多音字只在《普通话异读词审音表》中作了些整理，尚须作全面研究和整理。

普通话的音节数目各家说法不一，有待标准化。

须要确定普通话轻声词、儿化词的范围，公布《普通话轻声词表》和《普通话儿化词表》。

八、什么是异体字？异体字有何特点？

异体字是一音一义多形的一组字，比如"蹟、跡、迹"。当一组异体字尚未整理规范时，这几个字便互为异体，当一组异体字已经整理和规范后，被确定正式使用的那个字就称为正体，被淘汰的仍称为异体。

异体字的特点是一字多形,而不同字形的读音和意义是一样的。经过整理规范的异体字的正式体和被淘汰的异体字相比较有四个方面的不同:

形旁不同:扣—釦、阱—穽、唇—脣、氛—雰;

声旁不同:泛—汎、娘—孃、混—溷、吃—喫;

部位不同:略—畧、棋—棊、峰—峯、和—咊;

偏旁、部位均不同:碗—盌、果—菓、杯—盃、草—艸。

异体字的存在,没有使汉字的表意功能增强,却使字数增多,容易造成文字上的混乱,增加了学习和使用汉字的负担,妨碍了汉字的规范化,因此,异体字属于规范的对象。我们不仅要对需要整理的异体字作进一步的整理,而且要遵从规范,坚决不用经过整理已经淘汰的异体字。

九、利用不同的检字法查阅下列各字。

(实践练习题,不拟答案)

十、现代汉字规范化的原则是什么?

遵循一定的原则进行现代汉字的规范,就能使规范取得更好的效果。对汉字的规范,主要应采取刚柔相济、约定俗成的原则。

一般情况下,要坚决执行国家发布的语言文字法规。写简化字根据《简化字表》,写新字形根据《通用字表》,读异读词根据《审音表》。但在执行国家规定的过程中,要注意法规的时间限制、地域限制、场合限制。现代汉字的规范是在限定时间以内的汉字规范,对该时间以外的规范就应区别对待。现代汉字的规范受到地域限制,如简化汉字作为中国大陆的规范字使用,但在香港、澳门则采用繁简由之的政策。同样,在大多情况下要遵循规范,但特殊场合则要区别对待。

对于国家没有制定标准及相关规定的汉字,可以根据实际情况,采取约定俗成的原则进行。对于有标准的已规范的字和不规范的字,应坚决执行规范。对于未规范的汉字,则要考虑汉字的传承历史,遵循约定俗成的原则选取使用。

第四节　现代汉字的应用

一、什么是错别字？纠正下列词语中的错别字:

错别字分为错字和别字。错字是写得不成字;别字是把甲字写成了乙字。错别字可以统称为错字,把字音念错就是读错字。错别字是不规范字的一部分。下面的举例中,加点的字是写错了或写别了的字,括号内是正确的字。

歪风斜(邪)气	变本加历(厉)	自抱(暴)自弃
沾(拈)花惹草	痴心忘(妄)想	百拆(折)不挠
相形见拙(绌)	代(贷)款	义愤填鹰(膺)
不共带(戴)天	顾(固)步自封	谆(淳)厚
湍(喘)气	茂胜(盛)	堪(勘)探
急燥(躁)	园(圆)周	闲瑕(暇)
怄(呕)吐	纽(忸)怩	漫(谩)骂
连棉(绵)	揽(缆)车	赡(瞻)望

二、读出下列各词的正确读音。

quèzáo　zhòurán　hùnxiáo　yǎomiǎo　cūcāo　chēnguài
确凿　　骤然　　　混淆　　　杳渺　　　粗糙　　嗔怪

chìrè　duóbù　kèshǒu　zhuóyuè　qiānlìn　rènshēn
炽热　踱步　恪守　　卓越　　　悭吝　　　妊娠

hùèbùquān　xiàngyúérqì　bùxièyìtí　yánjiǎnyìgāi
怙恶不悛　　向隅而泣　　不屑一提　言简意赅

zhuìzhuìbùān　bàotiǎntiānwù　yíxiàodàfāng　ěrrúmùrǎn
惴惴不安　　　暴殄天物　　　贻笑大方　　　耳濡目染

bīnyúpòchǎn　tígāngqièlǐng　yīshānbàngshuǐ　pǐjítàilái
濒于破产　　提纲挈领　　依山傍水　　否极泰来

三、如何避免读错音和写错别字?[①]

要避免读错音,应注意多音字、形似字和形声字的读法。

要避免写错别字,须寻找写错别字的主观和客观原因。主观上是写字者思想认识与重视不够,要充分认识错别字的危害,不滥用繁体字,不使用"二简"字,不写异体字和生造字。客观上是有些汉字难写、难认、难记。要学会运用汉字知识,这就要从字形、字音、字义方面认真辨析,以避免写错别字。

四、常用汉字输入法有哪几种?[②]

常用的现行汉字的信息输入方式按照其特征有汉字键盘输入、汉字字形输入和汉字语音识别输入三种。

五、汉字编码可以分为哪些类型?

汉字编码依据其作用的不同,可分为输入码、交换码、机内码和输出码四类。

六、汉字输出方式有哪些?

计算机的汉字输出一般有两种方式:汉字显示输出、汉字打印输出。

七、常用字库可以分为哪些不同的类型?

常用的汉字库通常可以按照两个标准来分类。

按照作用可以分为两大类:一类用于一般的汉字显示,也简称为显示字库,国家标准是 16×16 点阵;一类用于各种档次的打印输出(包括模拟打印显示),也简称为打印字库,这是汉字系统体现闪光点的地方之一,通常是八仙过海,各显神通。

按照运行时汉字库所在的物质介质,可分成四种类型的汉

---

① 参考贰　第二章第四节重点难点分析(一)。

② 与本节第五题、第六题一同参考贰　第二章第四节重点难点分析(二)。

字库:全内存型汉字库;全外存型汉字库;汉卡型汉字库;内外存结合型汉字库。

八、语文工作者在汉字信息化中应做哪些工作?

汉字计算机处理,是一项长期的、重要的工作。为了做好汉字的信息处理,语文工作者迫切需要加强以下几项研究:

加强汉字属性研究。包括汉字部件的分类、统计,汉字结构的分析,汉字部首排检法的规范,现代汉语用字、用词频度的统计等。

要做好汉字规范化、标准化的研究。首先要把汉字字形稳定下来。其次对现行汉字各级单位进行定量的统计分析,以便制订出全国通用的关于笔形、笔顺、部件、结构方式等内容的国家标准。

大力推广普通话,制订出适合汉语实际,又便于机器输入的新型标调法。因为计算机只能按线性输入信号,而四声却是标在主要元音的上部。目前,机器标调差异很大,有必要制订统一的标准。

第三章　词　汇

第一节　语素、词、词汇

一、确定汉语语素的基本方法是什么？如何具体操作？[①]

确定一个语言单位是不是语素,必须满足最小、音、义这三个条件。确定语素可以用替换法,具体操作是:第一,如果这个语言片段的每个组成部分都能被替换,那么,被检测的部分都是语素。第二,如果这个语言片段只有一个组成部分能被其他有意义的单位替换,而另一个不能被替换,那么,这个语言片段只是一个语素。第三,如果这个语言片段中任何一个组成部分都不能被其他有意义的单位替换,那么,这个语言片段只是一个语素。

二、可以从几个角度对汉语语素进行分类？怎样分类？

通常可以从四个角度对汉语的语素进行分类。

1. 按照构成语素的音节的数目分类。可分为:(1)单音节语素(如:天、地、政、概、于、的),单音节语素是汉语语素的基本形式;(2)多音节语素,包括联绵语素(如:惆怅、徘徊、妯娌)、叠音语素(如:潺潺、姥姥)、音译语素(如:色拉、尼古丁、奥林匹克)、拟声语素(如:咕咚、哗啦啦、叽叽喳喳)。

2. 按照语素的构词能力分类。可分为:(1)成词语素即能

---

① 参考贰　第三章第一节重点难点分析(一)。

够独立成词的语素。大多数的成词语素既能独立成词,又能同其他语素自由构词,如:美、开、黄;少数成词语素只能独立成词,不能同别的语素构词,如:谁、的、吗、麦克风。(2)不成词语素。不成词语素不能独立成词,只能同其他语素组合成词,如:祖、液、楚、斯。

3. 按照与别的语言单位组合时的位置分类。可分为:(1)不定位语素。与别的语言单位组合时位置不固定的语素,如:机——机械、机器、机枪;飞机、总机、战机。(2)定位语素。与别的语言单位组合时位置固定的语素,有前定位语素和后定位语素之分,如:阿(前定位语素)——阿姨、阿爸、阿妹;子(后定位语素)——桌子、扇子、杯子。

4. 按照语素意义的实虚分类。可分为:(1)实语素。含义比较实在而具体的语素。实语素在构词中充当词汇意义的主要体现者,如"老鼠"中的"鼠"、"凳子"中的"凳",以及"根、性、口、阳、每、刘、是"等。(2)虚语素。含义比较虚泛而抽象的语素。如"老鼠"中的"老"、"凳子"中的"子",意义已经虚化,没有实在的意义,只是一个构词成分。

实语素大都是不定位语素,虚语素大都是定位语素。

三、将下列句子中的词划分开来。

生活/对于/任何/人/都/非/易/事,我们/必须/有/坚忍不拔/的/精神。最/要紧/的,还/是/我们/自己/要/有/信心。我们/必须/相信,我们/对/每/一/件/事/都/具有/天赋/的/才能,并且/无论/付出/任何/代价,都/要/把/这/件/事/完成。当/事情/结束/的/时候,你/要/能/问心无愧/地/说:"我/已经/尽/我/所/能/了。"①

---

① "坚忍不拔、问心无愧"等固定短语划分词时作为一个词看待。

四、指出下列语素的类型。

热：单音节语素，成词语素，不定位语素，实语素；

文：单音节语素，不成词语素，不定位语素，实语素；

激：单音节语素，不成词语素，不定位语素，实语素；

目：单音节语素，不成词语素，不定位语素，实语素；

解：单音节语素，成词语素，不定位语素，实语素；

喉：单音节语素，成词语素，不定位语素，实语素；

吉他：多音节语素，成词语素，不定位语素，实语素；

（乐）悠悠：多音节语素，不成词语素，定位语素，虚语素。

五、下列词语各由几个语素构成？请从不同的角度对语素加以分类。

"精粹"由"精"和"粹"两个语素构成；"伶俐"由一个语素"伶俐"构成；"常常"由两个相同的语素"常"构成；"囊括"由"囊"和"括"两个语素构成；"嘀嗒"由一个语素"嘀嗒"构成；"活生生"由"活"和"生生"两个语素构成；"办公室"由"办、公"和"室"三个语素构成；"朦胧诗"由"朦胧"和"诗"两个语素构成；"教导员"由"教、导"和"员"三个语素构成；"瓦斯"由一个语素"瓦斯"构成；"酒吧"由"酒"和"吧"两个语素构成；"扎啤"由"扎"和"啤"两个语素构成。

以上的 12 个词中有：

1. 单音节语素：精、粹、常、囊、括、活、办、公、室、诗、教、导、员、酒、吧、扎、啤；

2. 多音节语素：伶俐、嘀嗒、生生、朦胧、瓦斯；

3. 成词语素：伶俐、常、囊、嘀嗒、活、办、朦胧、诗、瓦斯、酒、扎；

4. 不成词语素：精、粹、括、生生、公、室、教、导、员、吧、啤；

5. 不定位语素：精、粹、常、囊、括、嘀嗒、活、朦胧、诗、教、导、瓦斯、酒、吧、扎、啤；

6. 定位语素:生生、员;

7. 实语素:精、粹、伶俐、常、囊、括、嘀嗒、活、办、公、室、朦胧、诗、教、导、瓦斯、酒、吧、扎、啤;

8. 虚语素:生生、员。

第二节　词的构成

一、分析下列单纯词的类型。

1. 联绵词:(1)双声词:唐突、参差;(2)叠韵词:伶仃、混沌;(3)非双声叠韵词:牡丹、鹧鸪、蟋蟀

2. 音译词:逻辑、咖喱、卡通、拿破仑

3. 叠音词:惇惇、太太

4. 象声词:布谷

5. 感叹词:哈哈

二、指出下列合成词的构词方式。

偏正:天蓝、火红、右手、马车、爱心、围墙、跑道、飞快、雪亮、棋子

主谓:月亮、眼红、目击、雪崩

后附:作家、绿化、学者、能手

动宾:伤心、司法、留神

前附:老鹰

补充:诗篇、认清、马匹

联合:头脑、干净、淋浴、冰冷

三、"子""头""老""家"可以构成附加型合成词,也可以构成复合型合成词,请分别举例说明。

1. "子""头""老""家"可以构成附加型合成词

子:筷子、麦子、帽子、桌子、棍子。子:读轻声,虚语素,作后缀;

头：木头、石头、骨头、念头、甜头。头：读轻声，虚语素，作后缀；

老：老虎、老鹰、老师、老公、老鼠。老：虚语素，作前缀；

家：作家、画家、行家、名家、专家。家：读轻声，虚语素，作后缀。

2."子""头""老""家"可以构成复合型合成词

子：瓜子、莲子、种子、学子、义子。子：上声调，实语素，作词根；

头：头绳、头天、灯头、狗头、词头。头：阳平调，实语素，作词根；

老：老人、老路、老伴、老少、老旦。老：实语素，作词根；

家：国家、归家、家乡、家庭、家务。家：阴平调，实语素，作词根。

四、举例说明词和短语的区别。①

词和短语的区别一般可以从以下三个方面进行辨析：

第一，从意义上看，词的意义往往不是语素义的简单相加；而短语的意义却往往是其构成成分的意义相加。第二，从语音上看，词的结构内部不允许有语音停顿，而短语则可以有内部的语音停顿。第三，从结构上看，词不具有扩展性；短语的结构可以扩展。

五、为什么说汉语合成词的结构类型与短语的结构类型具有一致性？

合成词的构成成分是语素，短语的构成成分是词，不管是语素构成词，还是词构成短语，都有主谓、动宾、补充、偏正、联合这五种基本的语法结构关系。如复合式合成词的基本结构类型：日食（主谓）、司令（动宾）、说服（补充）、倾销（偏正）、改革（联

---

① 举例略，参考贰　第三章第二节重点难点分析（二）。

合）；短语的基本结构类型：阳光灿烂（主谓）、喜欢清净（动宾）、学得很好（补充）、共同奋斗（偏正）、香港澳门（联合）。

六、叠音词和重叠词的区别在什么地方？

叠音词和重叠词在语音和书写形式上有共同点，都是两个相同的音节（汉字）的组合，第二个音节都读轻声。

二者的区别是：叠音词是单纯词，是由一个语素构成的词，其中的每一个音节（汉字）都没有意义，如：猩猩、姥姥、饽饽、皑皑、潺潺；重叠词是合成词，是由两个相同的语素构成的词，其中的每一个音节（汉字）都有意义，如：爸爸、妈妈、姐姐、刚刚、仅仅。

第三节 词义的特性与分析

一、举例说明词义的性质。[①]

词义的特性是：概括性与具体性的统一；民族性与共通性的统一；模糊性与确切性的统一；发展性与稳固性的统一。

二、举例说明词义的模糊性在语言表达中有什么积极作用。

词义的模糊性是客观事物的反映，客观事物之间的界限很多是不清楚的。人们的认识要求尽可能明确，就要忽视客观事物之间的中介现象，使事物的界限变得相对清晰、明确。词义的模糊性可以加大词义负载的信息量，便于人们简洁明了地从整体上把握客观对象的属性。在很多情况下，模糊的表达反而是明确的。假如我们不说"微风习习"而说"速度每秒一米的风习习"，这样表达啰嗦费解，也毫无意蕴和美感。再如"过年整天吃好的，我胖了不少"，这句话表达出自己体重增加了的信息就够了，这时要说出增加了几斤几两反倒显得可笑，没有必要，也

① 举例略，参考贰 第三章第三节重点难点分析（一·）。

往往没有可能。

当然，不是说在任何情况下词义越模糊越好，该模糊的时候要模糊，该精确的时候就要精确，模糊和精确要根据客观情况的需要而定。比如朋友约会定的时间是"下午三点"，早几分钟晚几分钟都还算是遵守时间；火车开车时间是"下午三点"，一般要精确到分，晚一分钟就上不去火车了；火箭发射的时间是"下午三点"，则要精确到秒。可见同是一个"下午三点"，不同情况下人们理解的精确程度是不相同的。

三、有些中性词在具体的语言环境下会产生感情色彩，试举例说明。

词语的感情色彩义是凝固在词义里的，已经成为词义构成的一部分，而一些没有感情色彩义的词语，即中性词在具体的语言环境下也会产生临时性的感情色彩。比如：

尖锐：①批评得很尖锐。（褒义）

　　　②批评得太尖锐了。（贬义）

东西：这个人真不是东西。（贬义）

长相：瞧那长相。（贬义）

硬：饼子烙得硬了点儿。（贬义）

四、指出下列各词的色彩义。

腾飞：语体色彩（书面语），形象色彩（动感）

大兵：语体色彩（口语），感情色彩（贬义）

花架子：语体色彩（口语），感情色彩（贬义），形象色彩（形感）

溶解：语体色彩（书面语）

轻飘飘：形象色彩（动感、形感）

轻蔑：语体色彩（书面语），感情色彩（贬义）

蔫儿坏：语体色彩（口语），感情色彩（贬义），形象色彩（形感）

撂挑子：语体色彩（口语），形象色彩（动感）

豆蔻（年华）：语体色彩（书面语），感情色彩（褒义），形象

色彩(形感)

冠冕堂皇:语体色彩(书面语),感情色彩(贬义)

建树:语体色彩(书面语)

五、义素分析有什么作用? 如何进行义素分析?[1]

义素分析的作用大致有三点:

通过义素分析,可以更全面、更深入地了解词义。义素是构成词义的最小单位,是构成词义的基本要素。词的意义是一束义素的结合体,而词义之间的差异就表现在它们含有不完全相同的义素。因此,运用义素分析法分辨邻近词义的差别,就能做出比较精确的说明。

通过义素分析可以比较简便地说明词义的一些关系。词的义素分析既反映了词义的共同特征,又反映了词义的区别性特征,因此,它为分析同义词、反义词提供了新的方法。

义素分析对不同语言的对比研究有重要意义。不同语言的词语难以一一对应,但可以通过义素分析来加以辨别。

义素分析要遵循系统性、对等性和简明性的原则。同时,要掌握以下分析步骤:一、确定比较的范围;二、进行一组词的对比;三、对义素结构式的整理和描写。

六、试对下列两组词进行义素分析。

1.

例词	共同义素			区别义素		
自行车:	[+交通工具]	[+陆路]	[+载人]	[-机动]	[-用汽油]	[-用电]
电动车:	[+交通工具]	[+陆路]	[+载人]	[+机动]	[-用汽油]	[+用电]
摩托车:	[+交通工具]	[+陆路]	[+载人]	[+机动]	[+用汽油]	[-用电]

2.

例词	共同义素			区别义素
鞋子:	[+穿在脚上]	[+走路]	[+着地]	[-筒高超过踝骨]
靴子:	[+穿在脚上]	[+走路]	[+着地]	[+筒高超过踝骨]
袜子:	[+穿在脚上]	[+走路]	[-着地]	[±筒高超过踝骨]

---

① 参考贰 第三章第三节重点难点分析(二)。

七、给下列各词找到适当的上位词和下位词。

鱼:[上位词] 生活在水中的脊椎动物 [下位词] 鲫鱼、鲤鱼、草鱼、青鱼、鲢鱼

工人:[上位词] 体力劳动者 [下位词] 车工、钳工、瓦工、铣工、电工、刨工

笔:[上位词] 书写工具 [下位词] 铅笔、钢笔、毛笔、圆珠笔、粉笔、蜡笔

商场:[上位词] 市场 [下位词] 百货商店、零售商店、手机专卖店

八、什么是语义场?语义场概念的建立有什么意义?谈谈你对语义场的理解。①

语义场是具有共同义素的一组词的聚合。语义场强调的是一个词跟全体词在语义上存在着的密切联系,只有通过比较,分析词与词之间的语义关系,才能确定这个词真正的内涵。

语义场必须在一个共同语义要素的支配下组成,同一语义场的词语建立在共同的语义要素的基础上,这样同一词语就可以依据不同的语义要素归入不同的语义场。根据语义要素建立的语义场,大的语义场下面可以分出小的语义场,小的语义场下面还可以分出更小的语义场,乃至最小的语义场。

因为同一语义场的词语具有相互依存、相互制约的性质,所以词汇发展演变的现象可以运用这一理论进行解释。一个词义范围的扩大或缩小都会受到周围词语的影响,比如女性配偶语义场中,"妻子、爱人、夫人"的词义关系就曾发生过变化。"爱人"一词几十年来由于体现了新社会的婚姻爱情观而在大陆得到广泛使用,成为女性配偶类称谓的常用词。它的词义范围宽广到相当于"配偶"的用法,可以统指丈夫和妻子。在改革开放

---

① 参考贰 第三章第三节重点难点分析(三)。

初期,回国的海外华人却对国内称妻子为"爱人"的说法很不习惯,因为在他们的语言习惯中,"爱人"义同"情人"。受此影响,后来国内慢慢在公开场合也不太称自己的妻子为"爱人",而是多用体现了法律配偶关系的中性词"妻子",或带有较多尊重意味的"夫人","爱人"的词义范围因此而一步步地缩小。

第四节 词义、词音、词形间的联系

一、请指出下列各词哪些是单义词? 哪些是多义词?

单义词:情操、水渠、苗条、行李、岔路、雨、风景

多义词:冰、运动、渗透、蹲、风、领导、杜绝

二、词的本义和基本义有什么不同? 它们之间的关系怎样? 利用工具书查出下列词的不同意义,分别指出它们的本义、基本义、派生义。

词的本义和基本义都是多义词的义项。词的本义是这个词刚刚产生时的意义,即最初的意义;词的基本义是最常用、最基本的意义。有些词的基本义可能是本义,有些词的本义不同于基本义。如"兵"这个词,在先秦时期它的本义和基本义都是兵器,而今天这个词的本义是兵器,基本义则是士兵。

解 本义:分割动物的肢体。基本义:把束缚着或系着的东西打开。派生义:①把束缚着或系着的东西打开;②解除;③解释;④了解;⑤解手;⑥代数方程式中未知数的值;⑦演算方程式。

书 本义:书写。基本义:装订成册的著作。派生义:①字体;②装订成册的著作;③书信;④文件。

穷 本义:阻塞不通。基本义:缺乏生产资料和生活资料。派生义:①缺乏生产资料和生活资料;②穷尽;③用尽;④彻底;⑤极端。

尖锐　本义:物体有锋芒。基本义:认识客观事物灵敏而深刻。派生义:①认识客观事物灵敏而深刻;②高而刺耳的声音;③激烈的言论、斗争等。

牺牲　本义:古代为祭祀宰杀的牲畜。基本义:为了正义的目的舍弃自己的生命。派生义:①为了正义的目的舍弃自己的生命;②放弃或损害一方的利益。

陷阱　本义:为捉野兽或敌人而挖的坑,上面覆盖伪装物,踩在上面就掉到坑里。基本义:为捉野兽或敌人而挖的坑,上面覆盖伪装物,踩在上面就掉到坑里。派生义:比喻害人的圈套。

三、辨析下列各组同义词。

咆哮—呼啸

相同:都是动词,都含有高而长的呼喊声音的意思,都是书面语词。

区别:"咆哮"有怒吼、暴怒的感情色彩,如可以说"黄河咆哮、咆哮如雷","呼啸"无此感情色彩。

气度—气派

相同:都含有指人的精神状态或做事体现出的气魄、气势的意思。

区别:"气度"是名词,"气派"是形容词。

调集—纠集

相同:都是动词,都含有把人或物集中起来的意思。

区别:"调集"指有计划有步骤地把人或物调动集中在一起;中性词,可以作褒义,也可以作贬义;可用于人,也可用于物。"纠集"是纠合的意思;贬义词,只能用于人。

广泛—普遍

相同:都有广而多的意思;都是形容词,都可以作状语和定语,当修饰动词(比如"发展、进行、征求、开展"等)作状语时,可以互换。"普遍"比"广泛"所指的范围广一些,程度深一些。

　　区别:"普遍"有一般、全面、共同的意思,跟"特殊、局部、个别"相对。"广泛"有广大、宽泛、多方面的意思,可跟"狭窄"相对。二者不能互换。"广泛"可以构成"广泛性","普遍"可以构成"普遍性、普遍化",还有"普遍于……"的用法。

　　本质—实质

　　相同:在语义上,二者几乎是一对等义词,都是名词,表示最主要的性质。

　　区别:适用对象略有差异,前者着重指事物或人根本的、本来的属性,后者着重指实在的、内在的或实际的属性。如"语音的本质特征"不宜说成"语音的实质特征","案情的实质已经清楚了"不宜说成"案情的本质已经清楚了"。

　　海涵—原谅

　　相同:都是动词,都有对人的疏忽、过失或错误宽恕谅解、不加责备或惩罚的意思。

　　区别:"海涵"是敬词、书面语词,"原谅"无感情色彩,是一般口语词。

　　腐败—腐化

　　相同:都是贬义形容词,都有变坏、变质的意思。都指物质朝坏的方面的变化,都可以用来比喻人或事物的变化。

　　区别:"腐败"指物质已经烂得失去原有的性质和作用,可以用来比喻政治或社会风气的变坏,语义重。"腐化"一般只用于人事,指受了坏思想的腐蚀侵袭而逐渐变坏的过程,语义轻。

　　挂彩—负伤

　　相同:都是动词,都有在作战中受伤的意思。

　　区别:"挂彩"带比喻义,"负伤"不带比喻义;"负伤"的适用对象比"挂彩"多,可以说"因公负伤",而不能说"因公挂彩"。

　　饭桶—废物(fèiwu)

　　相同:都是名词,比喻没有用的人,都是贬义词。

区别:"饭桶"是口语词,"废物"是书面语词;"废物"的贬义程度比"饭桶"重。

浅薄—肤浅—浮浅

相同:都是形容词,都是贬义词,表示程度不深。

区别:适用对象有些不同,"浅薄"着重指知识少、修养差;"肤浅"着重指认识局限于表面,常形容看法、理解、体会等;"浮浅"着重指浮在表面,不深入。

忽然—突然—猛然

相同:都指动作变化快,出乎意料。有时可以互相替换。三个都可以作状语,位置可以在主语和谓语中心词之间,也可以在句子的开头,用逗号隔开。

区别:"忽然"表示来得迅速,是副词。"突然"表示突如其来,是形容词,可以用程度副词修饰;"突然"还可以做谓语、定语、补语。"猛然"指来势凶猛、猛烈,是副词。

四、指出下列各词的反义词,并说明它们属于什么类型的反义词?

绝对反义词:权利→义务　积累→消费　节约→浪费

相对反义词:冷落→热情　浑浊→清澈　昂贵→低廉　强制→自愿　忠厚→狡诈　淡季→旺季　通俗→艰深　平坦→崎岖　吝啬→大方　慌张→镇定　拘泥→灵活

五、"轻松"和"沉重"在什么意义上是反义词,可以分别与哪些词构成同义词?

"轻松"和"沉重"在表达人的精神压力、场合氛围的程度方面是一对反义词。能和"轻松"构成同义词的有"轻快、松快";能和"沉重"构成同义词的有"繁重、重负"。

六、请指出下列句子中运用双关的地方,看看哪些是利用同音词的关联,哪些是利用一词多义的关联。

1. 此句中的"晴"和"丝"运用了谐音双关的手法。"晴"和

"情"同音,"丝"和"思"同音,字面上写蜘蛛雨中结网盼天晴,实则表达说话人的暗中情思。

2. 此句中的"眼、一条心"运用了语义双关的手法。告诫人们做事要专心,不要三心二意,才能有收获。

3. 此句中的"深浅"运用了语义双关的手法。表达了说话人委婉地提醒对方说话要注意场合、把握分寸,不要随便说话,要考虑后果。

七、试用下列各词分别造几个句子,说明这些词在句中是同音词还是多义词。

新生

①他们是师范大学一年级的新生。

②网络购物是一种新生事物。

③社会的捐助,使 10 名白血病患儿获得了新生。

④监狱的劳动改造,使这位贪官获得了新生。

①句中的"新生"和②③④句中的"新生"之间是同音词的关系;②③④句中的"新生"之间是多义词的关系。

疙瘩

①鞋带系成了个死疙瘩。

②他的胳膊上长了个小肉疙瘩。

③通过看心理医生,解开了她心里的疙瘩。

④妈妈和好了一疙瘩面团。

①②③句中的"疙瘩"和④句中的"疙瘩"之间是同音词的关系,①②③句中的"疙瘩"之间是多义词的关系(也可以将④句中的"疙瘩"分析成多义词的关系)。

点播

①这里的玉米种植实行 1.5 尺间距的点播。

②观众非常喜欢点播"开心词典"这个节目。

①②句中的"点播"之间是同音词的关系。

轮廓

①城楼在月光下显出朦胧的轮廓。

②经过大量的排查,案件的性质有了一个基本的轮廓。

①②句中的"轮廓"之间是多义词的关系。

杜鹃

①杜鹃的叫声非常好听。

②漫山的杜鹃红艳艳。

①②句中的"杜鹃"之间是同音词的关系。

跟

①他跑得太快了,我跟不上。

②你要是不痛下决心戒毒,我就不跟(嫁给)你了。

③有事要跟群众商量。

④她对待小姐就跟对待亲生闺女一样。

⑤车上装的是玉米跟大豆。

①②句中的"跟"和③④⑤句中的"跟"之间是同音词的关系;①②句中的"跟"之间是多义词的关系;③④⑤句中的"跟"之间是同音词的关系。

瘦

①过去人们爱买肥肉,现在人们爱买瘦肉。

②他个子1.8米,体重60公斤,瘦了点儿。

③这件衣服很新潮,但瘦了点儿,可惜穿不成。

④这是一片瘦地,种庄稼不行,种树还可以。

①②③④句中的"瘦"之间是多义词的关系。

消化

①红薯、土豆营养价值高,但一次吃得过多,不容易消化。

②课堂上,老师一次讲得太多,学生不容易消化。

①②句中的"消化"之间是多义词的关系。

八、有人说"单纯词都是单音节词,合成词都是多音节词",

这种说法对吗？为什么？

这种说法不对。单纯词和合成词、单音节词和多音节词，是分类标准不同的归类。单纯词和合成词的区分着眼于构词语素数量的多少，单音节词和多音节词的区分着眼于词的音节数量的多少。单纯词是由一个语素构成的词，但语素有单音节语素，还有多音节语素，因此，单纯词既可以是单音节词，如：我、山、看、风，又可以是多音节词，如：坎坷、吉普、猩猩、噼里啪啦。合成词是由两个以上的语素构成的词，但并非所有的合成词都是多音节词，也有少数的合成词是由单音节构成的，如：花儿、头儿、盖儿。

九、同形词跟异读词有什么区别？请举例说明。

同形词是书写形式相同而读音与意义不同的一组词。如：好 hǎo，形容词，质量高的、优点多的、使人满意的意思，跟"坏"相对；好 hào，动词，喜欢的意思，跟"恶 wù"相对。一组同形词有几种读音就是几个词。异读词是一个词或词内某个语素有两个或两个以上读音。如"暂时"，曾经读成 zànshí，或 zhànshí，或 zǎnshí，词义不变。异读词的读音再多它仍然是一个词。由于异读词的不同读音并不区别意义，它的存在造成了人们学习语言的负担，不利于语言的运用，所以对异读词需要加以规范。上面举例，国家语言文字工作委员会已经确定了第一个读音为规范读音，现在再读其他的音就属于错读。

十、什么是异形词？它与同义词的区别是什么？请举例说明。

异形词是指意义相同、读音相同或相近而书写形式不同的词。如：题词—题辞、扑通—噗通、消魂—销魂。同义词是指意义相同或相近的一组词。如：玉米—包谷—包米、出现—涌现—呈现。异形词不管它有几种形式，它仍然是一个词，而同义词是有意义差别的几个词。由于异形词没有意义的区分，它的存在不利于人们学习和运用语言，所以对异形词需要加以规范。对此，国家语言文字工作委员会已于 2002 年 3 月 31 日颁布了《第一批异形词整理表》，选取了 338 组异形词，给出了每组异形词的推荐词形。

第五节　词义的解释与语境

一、举例说明什么是义项。

义项是对词义的分项说明。词的义项的多少，是从它出现的语境中观察出来的。如果该词在语境中只有一个意义，这个词便只有一个义项，就是单义词。如"异邦"这个词，在"他乡异邦的亲人、异邦的土地上还留有他的足迹"中意义均为外国，所以"异邦"这个词只有一个义项，是个单义词。如果一个词在不同的语境中有不同的意义，那么这个词便有多个义项，就是多义词。如"异性"这个词，在"异性恋"中它的意义是性别不同，在"异性的电互相排斥，同性的电互相吸引"中意义是性质不同，所以"异性"这个词有两个义项，是多义词。

二、观察下面的释义，并从释义的方法及准确适切性方面加以比较。

1. A 比 B 好。两种释义都提到了梯的类属是一种用具或设备，但在梯的具体功能上，B 不如 A 概括性强，"登高"的限制把梯的功能窄化了，因为"梯"不仅仅用来登高，它还有依次接替和一级一级的引申义，如"梯队、梯田"等。A 还例举了梯最常见的形式，这一点上比 B 详细。

2. A 比 B 好。"踢"在大多数情况下是一种较猛烈的动作，力量大速度快，"触"则轻而慢，所以"撞击"比"触击"更恰当。

3. A 比 B 具体详实。A 除了和 B 一样解释了肌肉的类属、构成和特殊收缩性外，还介绍了肌肉的基本功能——引起器官运动,这是有关肌肉的一个重要方面。但是 B 的释义也可以,因为它比较简明。

4. A 比 B 多了"有利于反动统治阶级",这是一种阶级眼光和偏见,因为在封建社会法制不健全的情况下,礼教在某种意义上对社会的稳定和人的行为规范上也起了一定的积极作用,所以 A 的释义没能客观地把握词义,B 的解释得当。

5. B 比 A 准确。因为朝廷不仅仅是资本主义国家才有的现象。

三、下列各词的释义各用什么方法?

1. 互训法　　2. 分解法　　3. 定义法

4. 描写法　　5. 入境法　　6. 反训法

四、什么是上下文语境? 什么是情景语境?

上下文语境指的是与词语有关系的前言后语或本句话前后的语句。情景语境指的是说话时的人物、背景,包括说听双方,牵扯到的人或物,时间处所、社会环境以及说听双方的辅助性交际手段(包括表情、姿态、手势等非语言因素)。

五、这段话出自老舍的《茶馆》。从这段话中可以看出,说话人是一位男性的成年人,不是听话人的亲属,如果真是亲属中的长辈(爷爷)的话,他不会对晚辈说出"他妈的是你……"之类的话来。从用词和整个说话语气看,说话人属于旧社会地痞流氓一类人。说话人一方面称赞对方洋服穿得"比洋人还洋人",崇洋心理溢于言表;另一方面又鼓吹封建迷信并捧出"真龙天子"来造谣惑众。显然,说话人生活在半殖民地半封建的旧社会,在他身上集中了洋奴买办封建余孽的双重性,在特定的社会中是颇有典型意义的。

六、请为下列 3 句话各假设几种不同的语境条件,然后说明从每一种语境条件出发,经过推理,该句可产生怎样的言外之意。

1.①在莉莉的一再要求下,大伟答应下午两点在宿舍里和莉莉就他们的关系再做最后的一次交谈。可当下午两点莉莉来到大伟的宿舍时,和大伟同宿舍的建强告诉莉莉"他已经走了两个钟头了"。

大伟明明已经答应下午两点在宿舍和莉莉作最后一次交谈,但当莉莉准时赴约,听到的却是"他已经走了两个钟头了"。这句话的字面意义符合实情,但却不是莉莉和大伟预约的话题内容,它明显地违反了言语交际合作原则的相关准则,由此可判定这是一个非规约性间接言语行为,须要进行语用推理,即依据莉莉和大伟双方的共知信息和语境来推断真正的会话含义。这句话的言外之意就是大伟不愿意当面拒绝莉莉,使她难堪。

②小明昨天问爸爸他们驴友什么时候去天谷峡野营,爸爸说今天上午11点,在小明的一再恳求下,答应带他一起去。今天上午9点小明兴冲冲从学校的假期补习班赶回家准备和爸爸一起去,可一进门,妈妈便说:"他已经走了两个钟头了。"

小明从爸爸那儿分明听到的出发时间是今天上午11点,但当他提前两小时赶回家听到的却是"他已经走了两个钟头了"。这句话的字面意义符合实情,但却不是小明和爸爸预约的话题内容,它明显地违反了言语交际合作原则的相关准则,由此可判定这是一个非规约性间接言语行为,须要进行语用推理,即依据小明和爸爸、妈妈双方的共知信息和语境来推断真正的会话含义。这句话的言外之意就是"你的任务是利用假期集中精力好好学习,把落下的功课补回来,而不是游玩。你爸爸故意不告诉你真实时间,是怕你软磨硬缠"。

2.①昨天,老板说厂里失窃了,下午下班时站在厂门口,看着保安对工人们逐个搜身,工人们非常气愤,但处境又使他们很无奈。今早上班时间已过,205房间的十几名男工都不起床,老板过来大喊:"为什么还不上班?"十几名男工齐声回答"今天是休息日"。

老板能来喊男工们上班,说明今天并非休息日,男工们回答"今天是休息日",从字面意义分析明显违反了言语交际合作原则的真实准则,是在说假话,由此可判定这是一个非规约性间接言语行为,须要进行语用推理,即依据老板和男工双方的共知信息和语境来推断真正的会话含义。这句话的言外之意就是工人们对昨天厂方侵犯工人人身自由进行搜身强烈不满,其中205房间的男工以"今天是休息日"为托词不上班,实则是罢工,要老板给个说法。

②郝民警热心为辖区的老百姓服务,有事随叫随到,不分上班下班、工作日还是休息日,老百姓向他表示谢意,他总是很轻松地回答"没什么,今天是休息日"。

老百姓对郝民警的热心服务表示谢意时,郝民警却说"没什么,今天是休息日"。从字面意义分析,郝民警说的"今天是休息日",显然不够真实,违反了言语交际合作原则的真实准则,由此可判定这是一个非规约性间接言语行为,须要进行语用推理,即依据郝民警和老百姓双方的共知信息和语境来推断真正的会话含义。这句话的言外之意是"这是我愿意、应该做的,你们不必为此而有歉意"。

3.①那些非中国国籍到中国来旅游的穿着唐装或旗袍的外国人,站在长城上一手摇着小红旗,一手作出 V 的手势,对着镜头用生硬的汉语喊着"我是中国人"。

这些明明是外国人的游客却说"我是中国人",从字面意义分析就是违反了言语交际合作原则的真实准则,明显是在说假话,由此可判定这是一个非规约性间接言语行为,须要进行语用推理,即依据外国游客和受话人双方的共知信息和语境来推断真正的会话含义。这句话的言外之意就是"我们非常喜欢中国"。

②鬼子的刺刀尖抵着赵老伯的胸膛,要他把抗联的人供出来,否则就要杀了他。赵老伯环视了在场的乡亲,然后将愤怒和蔑视的目光刺向鬼子,大声喊道:"来吧,我是中国人!"

依据鬼子的审问,赵大伯的回答应是说出抗联的人或不说出抗联的人,但赵大伯却这么说,从字面意义分析,是明显违反了言语交际合作原则的相关准则,话题不一致,由此可判定这是一个非规约性间接言语行为,须要进行语用推理,即依据鬼子和赵大伯双方的共知信息和语境来推断真正的会话含义。这句话的言外之意就是"为了消灭日本侵略者,我宁死不屈,绝不供出抗联的人,绝不给中国人丢脸"。

第六节　词汇系统

一、怎样理解基本词汇的特点?"你、我、他"属于基本词汇范围吗?为什么?

基本词汇是基本词的总和,它同语法一起构成语言的基础。它是语言中那些使用频率高、生命力强、为全民所共同理解运用的基本词的总和。

基本词汇有三个特点:(1)全民常用性。基本词汇使用频率高,流行地域广,凡是说汉语的人都须要使用这些词,不受地区、阶级、行业、文化程度等条件的限制,为全民所共同理解,共同运用。比如"风、水、米、手、妈妈、学习、好、我"等。全民常用性是基本词汇最基本的性质。(2)稳定性。词汇是语言诸要素中最活跃、变化最快的部分,但相对而言,基本词汇的变化却极为缓慢,具有极强的稳定性。比如"上、下、山、河、花、草、牛、人、爱"等,它们千百年来一直为不同的政治、社会制度服务。(3)能产性。基本词汇中的大多数词,特别是基本词汇中的单音节词,具有极强的构造新词的能力。用基本词做语素创造的新词,便于人们理解和接受,便于流传,所以,那些千百年来承传下来的基本词就成为构造新词的基础。比如,"水"是基本词,在它的基础上就构成了"水田、水表、水泵、水库、水墨、汩水、缩水、口水、泪水、氨水"等一大批词。

"你、我、他"属于基本词汇的范围,尽管它们的构词能力比较差。这是因为基本词汇的三个特点并不是每个基本词都必需的,尤其是能产性这个特点。我们不能因为这些词只符合两个标准而不符合另一个标准就把它们排斥到基本词汇之外。"你、我、他"具有全民常用性和稳定性,也就属于基本词汇。

二、基本词汇和一般词汇是什么关系?

基本词汇同一般词汇的关系非常密切,二者相互依存,相互渗透,共同发展。基本词汇是构成新词的基础,不断地给语言创造新词,充实、扩大一般词汇,使词汇日益丰富。一般词汇中,有的词在语言发展过程中能逐渐地取得基本词的性质,转为基本词,从而使基本词汇不断扩大。"革命、电子"这两个词,原来并不是基本词,现在已加入了基本词汇的行列,并以它们为语素创造了大量的新词,丰富了语言的词汇,例如"革命家、革命者、革命性、反革命;电子管、电子枪、电子表、电子琴"等。基本词也并非是固定不变的,随着社会的发展,基本词所代表的事物、现象已经消失或为别的词语取代,失去了基本词的三个特征,就转化为一般词了。例如"天子、宰相"等在古代汉语中都是基本词,现在变成了一般词;又如"目、冠"在古代是基本词,现代汉语用"眼睛、帽子"两个词代替,它们也就变成了一般词,而且极少单用。可见,基本词汇和一般词汇的界限并非是一成不变的。

三、外来词有几种类型?你对吸收外来词有什么建议?

外来词主要有完全音译词、音译加意译词、音译加汉语语素和借形词四个类型。

吸收外来词对丰富本民族语言词汇,增强语言表达能力有积极作用。但是应该注意以下几点:

1. 不要滥用外来词。能用汉语固有的语素组成词并把意思表达得准确、清楚的,就不该用外来词。如用"连衣裙"不用"布拉吉";用"发动机"不用"马达"。

2. 应规范外来词的书写形式,确定一个常用的书写形式作为标准形式。如以下词语都有两种词形:泰坦尼克号/铁达尼号、巧克力/朱古力、色拉/沙律、三明治/三文治,应选择通俗易懂、比较流行的一个作为标准形式。

3. 吸收外来词,应尽量采用意译方式,因为意译更接近本民族的语言习惯,便于理解和记忆。基于这种考虑,音译用字时应考虑到汉字的表意性,选择适合词语色彩的汉字。如"可口可乐、百事可乐、保龄球、奔驰"等。

四、语言中为什么会不断地有新造词出现? 新造词有哪些特点? 怎样做到规范地使用新造词?

新词是指随着社会的发展而创造出来的词。社会不断发展变化,几乎每天都有新的事物、现象、观念出现,这就要求有相应的词语来指称。近十几年来,我国政治、经济、文化、科技等领域发生了翻天覆地的变化,新事物层出不穷,许多新词随之创造了出来。创造新词是丰富词汇的主要途经。

新词的突出特点在于处处体现了一个"新"字,它以新的形式反映新的概念,指称新的事物或现象。具体说新造词有以下几个特点:(1)音节趋于多音化,如"数码相机、生态厕所"等。(2)出现大量减缩词,如把"个人演唱"减缩为"个唱"、"沙滩排球"减缩为"沙排"。(3)出现大量的词缀、类词缀,如"月光族、追星族"等。(4)夹用字母的词越来越多,如"e 时代、E 爸妈、AA 制"等。(5)口语化、形象化,如"黄昏恋、摇头丸"等。(6)单义性,如"伊妹儿、跳舞毯、零关税"等。(7)意义生疏,如

"飙信、软着陆、厄尔尼诺现象、发烧友"等。由于新词语出现太快,有些不易被人很快理解。

做到规范地使用新词语应注意以下三点:

1. 必要性原则。有新事物产生,但没有现成的词语来表达它,这时造一个新词来指称它就符合必要性原则。如果词汇系统中本来就有一个词在指称某事物,但出于求异心理再另造一个词,如称"水果糖"为"司考奇",称"小甜饼"为"曲奇"等,就造成了词汇系统的混乱,所以要加以规范。

2. 明确性原则。新词语的表义要明确,表义不明确或表义模棱两可的词语是不符合规范的。比如叫"ｘｘ丝"的其实并不是丝绸,而是化妆品或洗涤用品,这样的新词,破坏了语素义与词义的联系,不符合汉语词的构造习惯,因而不宜提倡,需要规范。

3. 高效性原则。新词语要尽量简短,如果词形较长,可以采取减缩的方式使其更符合经济原则,如"世界贸易组织"简称"世贸",就符合高效原则。

五、有些行业词的词义会泛化,举例说明词义的泛化有什么积极作用。

每一个行业都有自己的专门词语,它们有特定的表义内容和使用范围。当这些行业用语出现泛化,用来指称一般事物时,它们就具有了一般普通词语的性质,在一定程度上丰富了汉语词汇。比如"手术"是医学用语,指医生用医疗器械在病人的身体上进行的切除、缝合等治疗,现在常用来指要对某事物、某机构进行大的改造、重组。当今社会股市经济日益进入人们的生活,许多股市术语也出现了泛化的现象,比如夫妻感情好被称为"牛市",时好时坏被称为"盘整",长期不和被称为"熊市",结婚被称为"套牢"。类似的行业词语能否进入社会普通词语就看它们能否稳定下来并为人们广泛接受。

行业用语的泛化是一种相当普遍的情况，它首先出现在行业内人们的语言使用中，他们往往用自己熟悉的行业用语指称一般的生活现象。比如军人常把搞个人卫生称为"基本维护"，把工资、职务长期不动称为"原地踏步"，把军人转业称为"向后转"。航空兵把腿脚不利索称为"起落架不好"，把政治思想工作称为"导航"，工作刚刚开始称为"爬高"，走入正规称为"进入航线"，工作结束称为"着陆"。这种在军人的日常生活中使用军事术语的情况，开始时还属于行业用语泛化的初始阶段，只是在特定范围内以行业用语来指称一般社会生活现象。只有当这种泛化被社会成员接受而广泛使用时，它们才完成了从行业用语向普通话词语转变的过程，从而取得全民性的特点。词义的泛化可以丰富词的意义，扩大词的使用范围。

六、一般的行业语和隐语有什么区别？

行业语即行业词语，是各行各业使用的专门词语，如"主语、谓语、大盘、上市、质子、中子"等。行业词语是一种社会方言，它们的使用有着特定的范围，行业词语比地域方言词语更容易进入大众的口语，因为它一般不受地域的限制，具有全民通用性。有些行业词语在一定条件下可以泛化，取得全民性，专门意义之外又获得一个一般的意义，如"黄牌、出局、温室、消化"等，这在一定程度上丰富了汉语词汇。

隐语是个别社会集团、秘密组织或团伙为了隐蔽本集团进行特殊活动而创造的只有内部人才能懂得的特殊用语。隐语的特殊作用在于它的保密性。在作品中恰当地使用一些隐语对描写某些组织、团伙的特性是有作用的，也会使读者觉得真实、生动，但必须对使用的隐语作出确切的解释，否则会影响表达效果。有的隐语，由于在长期的使用中已失去了秘密性，就成了普通话中的词，如"清一色、洗手"等。尽管语言中被吸收的隐语很少，但也能丰富语言的词汇。

七、古语词的使用应注意哪些问题？

吸收古语词是丰富现代汉语词汇的一个重要途径。现代汉语应该吸收那些有表现力或适应特殊语境表达需要的古语词，例如"逝世、诞辰、哀悼、呼吁、黎明、拂晓、秀才、状元"等词，而不应该吸收那些丧失了生命力的词语。鲁迅先生在《人生识字糊涂始》一文中对"这山是峻嶒的，那山是巉岩的"之类的描写表示了否定的态度，他说他自己也不知道"峻嶒、巉岩"究竟是什么样子。

古语词在表达上，可以使语言简洁凝练、整齐匀称，可以表达庄重严肃的感情色彩，可以表达幽默、讽刺等意义。但是，在文章里决不能不顾需要地滥用，或用得不贴切。否则，就会破坏语体的和谐，严重影响表达的效果，文章就会成为文白夹杂、不伦不类的东西。例如：

①*冬天就要阑珊，我们班的同学都纷纷盼着春天的到来。

②*施工中遇到的种种困难悉被我们克服了。

例①的"阑珊"虽然是将尽、衰落的意思，但是用在句中很生硬，改成"过去"就顺畅多了。例②的"悉"是全的意思，用在这里跟全句的风格很不协调，说"全"更明白易懂。

八、怎样看待强势方言（如东北话、广东话、上海话）词语进入普通话的现象？

方言词语根据交际的需要，不断地有选择地被吸收到普通话里来，是符合语言自身的发展规律的。方言词语进入普通话词汇的速度与数量，与方言背后的经济、文化、政治等方面的因素都有着密不可分的关系，这就是一般认为的强势方言词语易于被共同语吸收的道理。20世纪50年代至60年代的东北话，60年代至70年代的上海话，80年代至90年代的广州话都曾有大量的方言词语进入普通话词汇。特别是80年代,广东是改革开放的前沿地区,它所取得的经济成就是全国有目共睹的,许多粤方言词语,比如"酒楼、买单、打的、爆棚、炒鱿鱼、水货、打工"等,都迅速在全国流传开来。这些词语的广泛使用,使普通话原有的"饭店、结账、乘出租小汽车、客满、解雇、走私货、干活"等词语在使用范围和使用频率上都受到很大影响。

　　方言词语对普通话的影响程度可分为三种情况:第一,临时涉足普通话,不久就退回到方言中去了。第二,正处于进入普通话的渗透过程中,这时方言词语在普通话中的使用范围已相当广,但方言词语的色彩仍较浓,人们很容易分辨出它的方言词语身份。第三,方言词语的地方色彩已经淡化,在全社会使用的范围越来越广,使用频率越来越高,已在普通话中稳定了下来,成为普通话词汇的成员。

　　九、请将下列成语归入相应的结构类型。

　　并列(主谓+主谓)　⑤水涨船高　⑩身败名裂
　　并列(述宾+述宾)　④抛头露面　⑥安家立业
　　并列(联合+联合)　②轻重缓急　⑦悲欢离合
　　并列(中补+中补)　③斩尽杀绝　⑨死去活来
　　并列(偏正+偏正)　①高风亮节　⑧轻描淡写

　　十、有些成语可由字面义直接推出,一般称为组合性成语;有些成语不能由字面义直接推出,一般称为非组合性成语。请将下列成语分类。

　　组合性成语:①扬长避短　④丰功伟绩　⑤既往不咎
　　非组合性成语:②得陇望蜀　③草木皆兵　⑥覆水难收
⑦病入膏肓　⑧杯弓蛇影

　　十一、补足下列歇后语,并加以归类。

　　喻义性:
　　②门缝里看人——把人看扁了。

③老鼠尾巴上害疖子——脓水不大。

④张飞穿针——粗中有细。

⑤墙上挂竹帘——没门。

⑦一张纸画一个鼻子——好大的脸。

⑧狗掀门帘子——全仗一张嘴。

⑨木匠吊线——睁一只眼闭一只眼。

⑪黄鼠狼吃刺猬——无从下嘴。

⑫高射炮打蚊子——小题大做。

谐音性：

①旗杆上绑鸡毛——掸子(胆子)太大。

⑥猪八戒的脊梁——悟(无)能之背(辈)。

⑩碌碡砸在碾盘上——石(实)打石(实)。

第四章　语　法

第一节　语法概述

一、为什么说语法具有抽象性?[①]

语法的抽象性表现在:一是语法单位的抽象性,二是语法关系的抽象性。语法规则是从无限多的具体的言语事实中总结、概括出的隐藏于言语事实背后的客观规律。

二、以你所熟悉的外语或民族语言为例,谈谈语法的民族性。

语法的民族性体现在不同的语言其语法单位以及语法单位的内在结构规则是有其各自特色的,各级语法单位的组合规律也是有其各自特色的。

以英语为例,英语的词绝大多数由词根加词缀或词缀加词根的方式构成,其名词有数范畴;形容词要通过词尾变化体现比较级或最高级;动词也会因为时和态的不同而有相应的词形变化;另外英语的主语和谓语必须保持一致。所有这些特点都是与汉语迥异的。

三、怎样理解语法的"稳固性"? 请举例说明。

---

① 　与本节二、三题一同参考贰　第四章第一节重点难点分析(一)。

　　与语音和词汇比较,语法的变化相对小些,体现出相对的稳固性。例如汉语的SVO语序无论是普通话还是方言(由古代汉语发展演变而来)都体现出高度一致;数量词修饰名词的格局自中古时期形成之后也一直延续到今天;而"把"字句式自7、8世纪形成以来,到今天在结构格局上也依然如故。现代汉语双音节词占优势,这与古代汉语单音节词比重大的事实不同,但词的构成模式却是古代汉语里普遍存在的。事实说明,语法系统表现出相对的稳定性。

　　四、汉语语法的突出特点是什么? 举例说明。①

　　汉语语法的突出特点有以下四点:

　　语序不同,语法结构和语法意义往往不同。如:故乡的山山水水我们都非常怀念。/我们都非常怀念故乡的山山水水。语序语法结构及语法关系都发生了改变,连句式也发生了变化。

　　虚词显示语法结构和语法意义的不同。如:北京大学/北京的大学;学生的家长/学生和家长。是否使用虚词、使用什么虚词对语法结构和语法关系都有很大影响。

　　汉语词类具有多功能性。汉语的词类和句子成分之间不存在一对一关系,具有明显的多功能性特点。如:中秋是汉民族人民的传统节日。/不加班的话,就可以回去过中秋。/明天中秋。/中秋的习俗各地各国都有一定差异。各例句中的名词"中秋"分别充当了主语、宾语、谓语和定语。

　　汉语中词、短语和句子的构造具有一致性。在汉语各级语法单位的构成中,无论是语素组成词,词组成短语,或者词、短语组成句子,基本的构造方式都是相同的,有主谓、动宾、补充、偏正、联合等结构方式。例如合成词"司令",短语"打击盗版",句

---

　　①　参考贰　第四章第一节重点难点分析(二)。

子"禁止吸烟!"三者分属于不同的语法单位,但都是述宾结构。

五、举例说明语序和虚词在汉语语法中的作用。

汉语几乎没有形态变化,因此语序和虚词就是表示语法意义的重要手段。例如:

语序作用

(1)改变语序造成语法关系及语义的变化。如:五个人才交了一百元。/才五个人交了一百元。语序的改变使得语法结构及关系都发生了变化,全句的语义也发生了变化。(2)改变语序造成语义关系的变化。如:中国女排战胜了俄罗斯队。/俄罗斯女排战胜了中国女排。两句施事、受事的调整,使得全句的语义发生了变化。(3)语序的改变造成语用含义的变化。如:怎么了,你?/你怎么了?主语和谓语语序的改变使得全句焦点发生了变化,语用意义明显不同。

虚词作用

(1)有的组合非用虚词不可。如:我的笔—我笔(×);热得很—热很(×)。(2)有的用不用虚词关系不同,语法意义不同。如:他买的书很好—他买书很好;爸爸的妈妈—爸爸妈妈。(3)不同的虚词意义不同。如:把他打了—被他打了;造的汽车—造过汽车。

六、举例说明汉语的量词在语言表达中的作用。

汉语中的量词有专用和借用两类,专用量词可以用于名词前或动词后,起到修饰名词、补充说明动词的作用,如:一件衣服/一辆汽车/去一次/写一遍。而借用量词一般都是名量词,除了对其所修饰的名词进行计量外,还有明显的形象色彩,如:一眉新月/一轮红日/一汪清泉/一抹残阳。

第二节 词类及其功能

一、什么是词类？划分词类的依据有哪些？①

词类是根据词的语法功能划分出来的类别。划分词类的依据是词的形态、词的语法功能和词的意义，最主要的标准是词的语法功能。

二、哪些词类属于实词？哪些词类属于虚词？划分实词和虚词的标准是什么？

根据词的语法功能，具体说就是能否作句法成分，把现代汉语中的词分为实词和虚词两大类：能够充当句法成分的词是实词，包括体词（名词、数词、量词）、谓词（动词、形容词）、加词（区别词、副词）、代词和特殊实词拟音词；不能充当句法成分的词是虚词，包括关系词（介词、连词）和辅助词（助词、语气词）。

三、举例说明体词主要能够充当哪些句法成分。

体词主要的语法功能是作主语、宾语，如：

> 高考即将举行。
>
> 2008 年 11 月，北京的育英小学举行了 60 周年校庆。
>
> 一箱就够了，多了也拿不了。
>
> 再来一个！

体词也可以有条件地作谓语，如：

> 明天晴天。
>
> 鲁迅浙江人。

四、举例说明谓词主要能够充当哪些句法成分。

---

① 参考壹 语法章（四），贰 第四章第二节重点难点分析（一）。

谓词主要的语法功能是作谓语或谓语中心语,如:

　　一个人的虚荣和他的愚蠢程度相等。

　　新中国成立后,丁聪到《人民画报》担任副总编兼编辑部主任。

　　探索真理要比占有真理更为可贵。

　　山朗润起来,水涨起来,太阳的脸红起来。

谓词也可以有条件地作主语、宾语等,如:

　　虚心使人进步,骄傲使人落后。

　　他这人就是喜欢热闹。

五、举例说明方位名词有哪些小类,其语法特征是什么?

　　方位名词比较复杂,大致分为两类:一类是单纯方位名词,由一个语素构成,如"前、后、左、右、上、中、下、东、南、西、北、里、外、内"等。一类是合成方位名词,一般由两个语素构成。有的是在单纯方位名词前或后加上"头、边、面、之、以"等语素构成,如"前头、里边、旁边、上面、之后、以前"等;有的是由两个表方位的语素正反对举构成,如"上下、左右、内外、前后"等;有的是两个相关语素构成,如"西北、西南、东北、东南、北方、东方、西方、中间、背后、面前、外部、当中"。

　　单纯方位名词对举才可单用,如"前不着村,后不着店""上不上,下不下",而合成方位名词基本可以独立使用。另外,方位名词还可加在别的词语后面,组成方位短语,表示处所,如"校园里、墙头上",有时也可以表示时间,如"十年前、三点左右"。

　　方位名词可以作主语、定语、状语等多种句法成分。

　　一些方位名词有虚化的用法,如"上、下、里、中"等,表示范围、条件等意义,一般同介词配合使用,如"在这种情况下、在艰难岁月里"等。

六、什么是能愿动词？能愿动词通常充当哪些句法成分？

能愿动词又叫助动词，是表示可能、意愿和必要等的动词。

能愿动词有普通动词的功能，可以作谓语和谓语中心语，如：你肯吗？不应该吧。它与一般动词不同处是在动词、形容词前作状语。如：

> 消除全球暖化危机，每个地球人都应该贡献一份力量。
> 关键时刻不能糊涂。

七、"同意、喜欢、拥护、想念"等词都能受"很"修饰，可是我们不把它们划入形容词，而把它们划入动词，为什么？

这几个词，能作谓语，能带宾语。如：我们同意他的意见。／小王喜欢古典音乐。／我们拥护新的领导班子。／海外游子想念故土。这类心理活动动词具有程度差异，是可以受程度副词修饰的。尽管如此，我们却得将它们归为动词，因为带宾语是动词的充分条件。

八、区别词与形容词的语法功能有何差异？请举例说明。

区别词和形容词语法功能的差别主要是：（1）区别词只能直接作定语，如"金项链／微型小说／国营农场"，作定语不加"的"；不能作谓语和谓语中心语，可以说"同步卫星、民营企业"，不能说"卫星同步、企业民营"。形容词常作谓语或谓语中心语，也能作定语，如"天黑了、这花漂亮极了、静静的白桦林"。（2）区别词不能受程度副词的修饰，表否定时前面可以加"非"，不加"不"，如"非正式、非私有"等。形容词多数能受否定副词修饰，性质形容词还能受程度副词修饰，如"不清楚、不翠绿、很仔细、最生动"等。（3）大部分形容词可以重叠，如"轻→轻轻、安静→安安静静、碧绿→碧绿碧绿"。但区别词不能重叠使用，比如不可说"金金、微微型型、微型微型"。

九、人称代词在指称对象上有哪些特殊用法？请举例说明。

人称代词在指称对象上有以下特殊用法：第一，指代复数的"我们"有时可以表示谦虚和委婉，专指说话人自己，如：我们认为，这篇文章很有说服力。第二，"我"有时在表示领属时，可以指代"我们"，如：我国、我军。第三，有些人称代词在特殊情况下会发生类别的变化，比如用"你"指代"我"或"她、他"，例如："这位护士特敬业，你怎么发火她都能和气待你。"例中的"你"实际上指说话人"我"。第四，人称代词还用于泛指，如："大家你看看我，我看看他，不知该说些什么。"句中的"你、我、他"没有特定的指称对象。

十、本书把拟音词归为实词，你认为合理吗？为什么？举例说明象声词和叹词的语法功能有何异同。

拟音词应该归为实词。实词和虚词的区分主要依据该词是否能够充当一定的句法成分，而非看它有无实实在在的意义。拟音词能充当句法成分，完全可以视为实词。

拟音词分为象声词和叹词。这两类词语法功能是有区别的。

象声词可以与句中其他成分发生结构关系，能作多种句法成分。如："夜深人静时，就可以听见小闹钟发出的嘀嗒嘀嗒的声音。""门没关好，风一刮就吱吱呀呀地响。""树林里，鸟儿们唧唧喳喳，热闹极了。"三个句子的象声词分别作定语、状语和谓语。而叹词却具有很强的独立性，很少与其他句法成分发生结构关系，不作句法成分。

象声词和叹词也有共同之处：象声词可以作独立语，或单独成句，如："当，当，当，晚钟已经敲响了。"（独立语）"'嘭嘭嘭！'隔壁传来急剧的敲门声。"（单独成句）叹词，常在句子里作独立语或单独构成句子。如："啊，原来是这样。"（独立语）"喂！你都干了什么！"（感叹句）"哎？你来干嘛?"（疑问句）。

十一、什么是助词？举例说明结构助词、动态助词的类别及其作用。

助词是附加在词或短语后面表示一定的结构关系或附加意义的词。

结构助词：的、地、得。结构助词"的"的作用主要是：A.用于定语和中心语之间表示定中关系，是定语的标志。如"我的经验、昨天买的书"。B.附加在词或短语之后，组成"的"字短语，如"棉布的、写小品的"等。

"地"用于状语与中心语之间表示状中关系，是状语的标志。如"冷静地观察、清晰地陈述"。

"得"用于中心语与补语之间表示中补关系，是补语的标志。如"好得很、表现得很出色"等。

动态助词：着、了、过。它们主要附在动词之后，表示动态。"着"表示动作和状态的进行或持续，如"写着报告、跑着业务、站着、坐着"。

"了"表示动作的完成，如"吃了、说了"。

"过"表示动作行为曾经发生，如"驾驶过红旗、商量过那个问题"。

十二、"黑板擦了"和"黑板被人给擦了"有什么不同？再举几个例子，说说助词"给"的作用。

这两个句子都是被动句，差别在于前者没有被动标记，后者使用了两个被动标记"被、给"。

①那条流浪狗终于被人给领回家了。

②玻璃给人打碎了。

③衣服给吹跑了。

"给"是口语色彩很浓的被动标记，它的使用有三种基本类型：一是和"被"一前一后连用，如例①；二是用"给"替代"被"，介引施事表示被动,如例②;三是直接用"给",施事不出现,仍然表示被动,如例③。

十三、汉语的句子"你好吗?"可以翻译成英语:"How are you?"对汉语和英语的表达形式进行比较,试说明汉语语气词的作用。

汉语的疑问句基本由三部分构成:其一是疑问语调,其二是疑问语气词,其三是疑问代词。这三部分可同时出现,也可有选择地出现。如:"谁去?""谁去呢?""谁同意你进来的?"

"你好吗?"属于是非问,句中使用了疑问语气词"吗"和疑问语调,"吗"的作用是帮助形成疑问语气。而英语问句"How are you?"则由疑问副词和主谓倒装的句式构成,与汉语明显不同。

十四、指出下面句子中的语气词,并分析它们的作用有何不同。

1."呀"是语气词,提示对方注意后面要说的话。

2."啦"是语气词,强调了列举的情况多,语气词"的"表示陈述语气,另外可与多项列举后的"啦"构成习惯表达式,有不耐烦意味。

3.语气词"哪"在本句中起到延缓语气及强调作用,语气词"啦"是"了啊"的合音词,在本句中主要表示感叹。

十五、指出下列词的词性。

名　词:论据　刚才　动作　思想　重量　动词　勇气
　　　　弹性　时间　里面

动　词:热爱　加以　重视　改造　继续　死

形容词:特别$_1$　快乐　根本　难免　具体　相同　任性
　　　　轻微　惨白　少　干脆　实在　复杂　坚定
　　　　冷静　任何　严厉　红　可怜

副　词:特别$_2$　的确　恐怕　忽然　连忙　往常　万一

　　　　　　　原来

代　　词：什么

区别词：大型　全体

介　　词：对于

十六、用竖线将下列句子中的词划开,并注明词性。

1. 他| 的| 为人,村民| 们| 都| 很| 清楚。

　代词 助词　名词 名词　助词　副词　副词　形容词

2. 我们| 马上| 开始| 这| 项| 工作。

　代词　副词　　动词　代词 量词 名词

3. 你| 说| 我| 应该| 朝| 哪些| 方面| 发展?

　代词 动词 代词 能愿动词 介词　代词　名词　　动词

4. 我们|学校| 少数| 民族|学生|占到| 了| 百分之六十| 以上。

　代词 名词 区别词 名词 名词 动词 助词　　数词　　方位词

5. 他| 的确| 是| 个| 既| 聪明| 又| 懂事| 的| 孩子。

　代词 副词　动词 量词 连词 形容词 副词 形容词 助词　名词

第三节　词类划分中的几个问题

　　一、"词类和句法成分没有简单的对应关系"是现代汉语语法的特点之一,你是如何理解的? 请举例说明。

　　"词类和句法成分没有简单的对应关系"是和印欧语相比较后总结出的现代汉语的语法特点。以英语为例,印欧语词类和句法成分之间存在比较明显的简单对应关系,具体情况见下图:

例如：

Practice makes perfect.（名词作主语）

Kill two birds with one stone.（名词作宾语,动词作谓语）

It's true.（形容词作表语）

I like strong tea.（形容词作定语）

Certainly we should try our best to improve our work.（副词作状语）

与此相比,汉语词类和句法成分之间的对应关系就复杂得多,具体情况如下图所示：

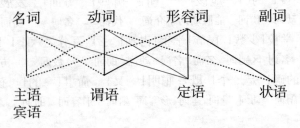

尽管如此,汉语词类和句法成分之间的对应关系并非完全无规律的、杂乱的,每类词所对应的句法成分还是有一般与特殊之分的。如汉语的名词主要作主语、宾语和定语,有条件地作谓语;动词主要作谓语或谓语中心语,其次作定语,作主语和宾语是有条件的。

二、什么是兼类词? 兼类词为什么不同于同音词和词的活用?[①]

汉语有一些词,孤立地看,会有两种甚至两种以上词类的语法特点,可以归入不止一种词类中,这类词称为兼类词。.

兼类词的不同用法之间存在词义上的联系;同音词的几个

———————

① 参考贰 第四章第三节重点难点分析(二)。

词意义之间毫无联系。

词的活用是为了修辞上的需要,临时性改变词性和固有意义的现象,兼类词的多种意义和用法是固定的,会收入词典中的,而词的活用所产生的多种意义和用法是临时的,不会收入词典之中。

三、词类的语法功能与划分词类的必要条件、充分条件有怎样的关系?

词类的划分有全体词的分类和个体词的归类之分。

词类的语法功能是就全体词而言,指的是从全局着眼,把词划分出若干类别,每个类别即为一种词类,它对内具有较多的一致性,对外具有较多的差异性,或者说,每种词类其整体特点基本一致,和其他类的词有明显差异。

词类的必要条件和充分条件是就个体词的归类而言的。充足条件是指有之必然,无之未必不然的条件,即具有某个特点的词,一定归为某类词,而没有某个特点的词,未必不属于该类词。必要条件是指无之必不然,有之未必然的条件,即不具备某个特点的词,一定不归属于某类词,而具备某个特点的词,未必就属于该类词。比如能够后附助词"们"表复数是名词的充分条件,如"学生、科学家、作家"等指人名词都可以后附"们"表复数,是典型的名词,但非指人的名词就不具有这样的特点,如"思想、兴趣、行为"等就无法后附"们",它仍然是名词。再比如,作状语是副词的必要条件,不能作状语一定不是副词,但形容词、能愿动词也可以作状语,却不能据此将它们归入副词。

要对个体词进行语法归类,应该明确充分条件和必要条件,但了解词类的语法功能是对词进行归类的基础;而要了解词类的语法功能,实际上离不开对个体词的语法特点进行充分描写,这也是对词类进行分类的基础。因此可以说词类的语法功能和词类的充分、必要条件是互相影响、制约的关系。

四、"雨天路太滑,差点儿滑了一跤。"两个"滑"是不是兼类词?为什么?

这两个"滑"分别是光滑、滑动的意思,意义上有关联,从句法功能看,前一个受程度副词修饰,在句中作谓语中心,是形容词;后一个带了补语,作谓语中心,是动词。可见,这两个"滑"是兼类词。

五、"我买一束花/这件衣服太花了/爷爷眼睛花了/他花了很多钱",四个"花"之间有没有同音词关系?有没有兼类词?试分析说明。

"我买一束花、这件衣服太花了、爷爷眼睛花了"这三个"花"分别为名词、形容词、形容词。这三个"花"由种子植物的有性繁殖器官到颜色杂乱到眼睛模糊,语义上有引申关系,所以是兼类词。

"他花了很多钱"中的"花"是动词,是花费的意思,与上面三例中的"花"没有意义的联系,构成了同音关系。

六、"平常"和"经常"是不是同一类词?为什么?

"平常"是形容词,它可以受否定副词、程度副词修饰,可以作定语、谓语中心语,如"平常心、事情很平常"。"经常"是时间副词,它只能作状语,如:"我们经常去散步。"

七、"奶奶最心疼大孙子了。"这句话中的"心疼"属于哪一类词?为什么?

"心疼"带了宾语"大孙子",是动词。另外,"心疼"能受"最"等程度副词的修饰,是表示心理活动的动词。

八、"现在还不能说"与"现在是8点钟",两个"现在"是不是同一类词?说明辨析的方法和理由。

两个"现在"是同一类词,都是时间名词。时间名词可以作主语,也可以作状语,还可以与介词组成介词短语,不受数量词修饰。句中两个"现在"分别作状语和主语。另外,句中两个"现在"是指这个时候,意义相同。根据"现在"语法功能的相同点和语义的同一性可断定其是同一类词。

九、"由于"在什么情况下是介词,在什么情况下是连词?请举例说明。

> 由于天气原因,飞机晚点了。
>
> 由于突降暴雨,机场暂时关闭了。

当"由于"后跟名词或名词类短语时,就形成介词短语作全句表原因的状语,当"由于"后跟谓词或谓词性短语时,就使得该部分形成了一个相对独立的表述,成为一个表原因的分句,这时"由于"起的是连接分句的作用,它就是连词。

十、"你爬过山吗?"和"爬过山就到了"。两个"过"的词性有什么区别?

"你爬过山吗?"中的"过"是动态助词,"爬过山就到了"中的"过"是语素,有经过、超过之意。

十一、将下列句子中的词用竖线划开,并注明词性。

1. 我| 镇定| 了| 一 | 下| 情绪,站| 在| 马林|主任| 的|
代词 动词　助词 数词　量词 名词 动词 介词　名词 名词 助词
身后,显示屏|上| 一 |幅幅| 画面| 快速| 地| 切换, 我|
方位词 名词 方位词 数词　量词 名词　副词　助词 动词　代词
暗自| 观察| 医生| 们| 的| 表情。
副词　动词　名词 助词 助词 名词

2. 该死| 的| 手榴弹|怎么|没有|扔| 出去| 呢?一| 想到|
形容词 助词　名词　代词 副词 动词 趋向动词 语气词 连词　动词
辫子,她|好像|找到|了|发泄|对象|似的,一骨碌|爬| 起来,
名词 代词 副词 动词 助词 动词　名词 助词　副词 动词 趋向动词
找| 出| 剪子,狠| 着| 心| 剪| 了 |留| 了 |十几|
动词 趋向动词 名词　动词 助词 名词 动词 助词 动词 助词　数词
|年| 的|长辫。
名词 助词 名词

3. 距 | 伊拉克 | 战争 | 打响 | 已经 | 快 | 3 | 周年 | 了, 但 |
　动词　名词　　名词　　动词　　副词　形容词　数词　名词　助词　连词

驻 | 伊 | 美军 | 死伤 | 仍 | 在 | 增加 。战争 | 带 | 给 | 美国 |
动词　名词　名词　名词　副词　副词　动词　　名词　动词　介词　名词

人 | 的 | 伤痛 | 正在 | 日渐 | 清晰, 美 | 英 | 媒体 |
名词　助词　名词　　副词　　副词　形容词　名词　名词　　名词

也 | 进入 | 了 | 对 | 战争 | 的 | 新 | 一轮 | 反思 | 与 | 探讨。
副词　动词　助词　介词　　名词　助词　形容词　数量词　动词　　连词　　动词

第四节　短　语

一、什么是短语？为什么说它在语法单位和语法分析中比较重要？

短语是词与词按照一定的语法结构规则和语义搭配习惯组合起来的造句单位，它没有语调。

短语在现代汉语各级语法单位中处于十分重要的地位。首先，短语是造句的材料。短语可以充当句子成分，在一定条件下还可以单独成句。例如："世界上最大的遗憾莫过于能够做到而没有想到。"其中的偏正短语"世界上最大的遗憾"充当了句子的主语，述宾短语"莫过于能够做到而没有想到"作句子的谓语；"禁止吸烟！"由述宾短语加语调后单独成句。其次，短语的结构规则和句子的构成规则基本一致。短语内部有五种基本结构关系，与单句的基本结构类型基本一致，比如短语有主谓短语，而单句就有主谓句；有述宾短语，单句中就有动宾类非主谓句；有偏正短语，单句中就有偏正类非主谓句。这种清晰的基本对应关系，使我们通过短语的结构规则便能达到认识单句的结构规则的目的。最后，短语的构成类型和使用情况比较复杂，不同语法体系的分歧，如短语的分类、命名、分析方法等，往往在有关短语问题上有明显的体现。句子结构类型的划分,语言运用中的语病问题等,都可以通过短语的分析得到解决。基于以上认识,对短语的理解分析就显得非常重要了。

二、举例说明短语有几种分类角度。①

短语可以从多种角度进行分类。首先,按照短语的结构,分为主谓短语、述宾短语、偏正短语等十四种类型。其次,按照短语的功能,分为名词性短语、动词性短语和形容词性短语三种类型。再次,按照短语的层次多少,有简单短语和复杂短语之分。最后,按照短语含义的多少,有单义短语和多义短语之分。以上的各种分类,前两种分类是最主要的。

三、指出下列短语的结构类型和功能类型。

人口调查(偏正短语,名词性)　　加强联系(述宾短语,动词性)

语法学习(偏正短语,名词性)　　练习跳高(述宾短语,动词性)

很有经验(偏正短语,动词性)　　语法修辞(联合短语,名词性)

语法理论(偏正短语,名词性)　　国家机关(偏正短语,名词性)

机关学校(偏正/联合短语,名词性)　有权批评(连动短语,动词性)

春节那天(同位短语,名词性)　　明年春节(偏正短语,名词性)

讨论解决(连动短语,动词性)　　讨论结束(主谓短语,动词性)

那一件　(偏正短语,名词性)　　江苏南京(偏正短语,名词性)

无锡南京(联合短语,名词性)　　练习时间(偏正短语,名词性)

一定参加(偏正短语,动词性)　　小孩似的(比况短语,形容词性)

大家同意(主谓短语,动词性)　　同意参观(述宾短语,动词性)

调查报告(偏正短语,名词性)　　进行调查(述宾短语,动词性)

应该参加(偏正短语,动词性)　　学习时间(偏正短语,名词性)

认真学习(偏正短语,动词性)　　学习重要(主谓短语,形容词性)

深入思考(偏正短语,动词性)　　所见的(的字短语,名词性)

①　参考贰　第四章第四节重点难点分析(一)。

什么事情(偏正短语,名词性)　　怎么走(偏正短语,动词性)
让你回答(兼语短语,动词性)　　看热闹的(的字短语,名词性)
三个红的(偏正短语,名词性)　　希望参加(述宾短语,动词性)
接受批评(述宾短语,动词性)　　说不清楚(中补短语,动词性)
花园里(方位短语,名词性)　　　有人回家(兼语短语,动词性)

四、用层次分析法分析下列复杂短语。

1. 我们要实现自己的发展目标

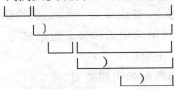

2. 你写的那篇文章很好

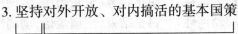

3. 坚持对外开放、对内搞活的基本国策

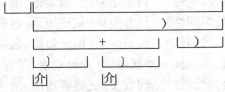

4. 从大海上吹来湿润而新鲜的风

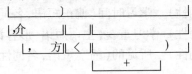

5. 参加比赛的和为比赛服务的

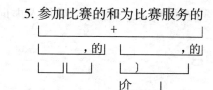

6. 希望参加去欧洲的旅行团

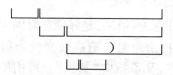

7. 这里的荷花比西湖的美

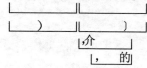

8. 老师叫你去办公室交语文作业

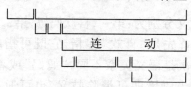

五、分析下面歧义短语的不同含义,并说明造成歧义的原因及如何使其含义单一化。

1. 新研究生宿舍

A _____
   _____

B _____
   _____

该短语的两种不同含义分别为:第一,研究生宿舍是新的,第二,研究生是新的。造成歧义的原因在于"新"多指,既可指

向研究生,又可指向宿舍。可在"新"或"研究生"后加入虚词
"的"即可消除歧义。

2. 对好朋友的意见

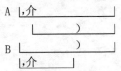

该短语的两种不同含义分别为:第一,是好朋友对别人提出
意见,第二,是别人对好朋友提出意见。造成歧义的原因在于
"对"多指,既可指向"好朋友",又可指向"意见"。可用增加词
语的方法消除歧义,比如在"好朋友"后加"提出",或利用在"好
朋友"之后的语音停顿来消除歧义。

3. 喜欢孩子的妈妈

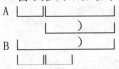

该短语的两种不同含义分别为:第一,喜欢妈妈,第二,喜欢
孩子。造成歧义的原因:首先是"喜欢"多指,它既可指向"孩
子",也可指向"妈妈";其次是语义关系不同,"妈妈"或者是对
象,或者是施事。设置适当语境即可消除歧义,也可通过"喜
欢"或"孩子"后的不同停顿消除歧义。

4. 两个师大的学生

该短语的两种不同含义分别为:第一,师大的学生有两个,
第二,学生是两所师大的。造成歧义的原因是"两个"多指,它

既可指向"学生",也可指向"师大"。可通过使用同义量词来消除歧义,将"两个"改为"两位"或"两所"。

5.昨天没有学习文件

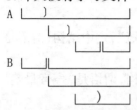

该短语的两种不同含义分别为:第一,昨天没有进行学习文件的活动,第二,昨天没有供学习的文件。造成歧义的原因首先在于"学习"和"文件"之间的语义关系不同,"文件"和"学习"之间或为受事+动词的关系,或为类别与名词之间的关系;其次,"没有"或为动词或为否定副词,词性不同使该短语产生歧义。适当增加语境即可消除歧义,还可通过增加词语消除歧义,比如在"学习"后加一个补语"完",或在"学习"后加"的"。

第五节　单句的句子成分与句法分析

一、有人说"1 只船就坐 10 个人。"这个句子中的"人"是主语后置,你是否同意此观点? 为什么?

"人"不能视为主语后置。主语指的是短语或句子中被陈述的部分,在这个句子中被陈述的部分是"1 只船","就坐 10 个人"是用于陈述的部分(谓语)。将"人"视为主语后置是将句法结构中的语义关系和句法关系对应起来所导致的错误认识。

二、请指出下列句子中的主语、谓语,并说明主语、谓语的结构类型。

1.主语是"一个'今天'",偏正结构;谓语是"胜于两个'明天'",述宾结构。

2.主语是"愚昧",形容词;谓语是"会自命为科学",状中结构。

3.主语是"人和人之间的差别",定中结构;谓语是"就在于面对失败的态度",述宾结构。

4.主语是"世界上所有荣誉的桂冠",定中结构;谓语是"都是用荆棘编制",状中结构。

5.主语是"最坏的车轮",定中结构;谓语是"声音最响",主谓结构。

6.主语是"中国的国家级自然保护区",定中结构;谓语是"已达243个",述宾结构。

7.主语是"打击盗版,促进中国软件业的正常发展",联合结构;谓语是"是我们坚定不移的立场",述宾结构。

8.主语是"印度阿萨姆邦的海拔约1500米的'世界雨极'乞拉朋齐",同位结构;谓语是"年均降水量高达11430毫米",主谓结构。

三、请指出下列句子中的宾语、补语,并说明它们是由什么词或短语充当的。

1.全句宾语是"这突如其来的山洪涨得这么快",主谓结构;补语是"这么快",状中结构。

2.全句宾语是"它的皮厚得很难被火烧透",主谓结构;补语是"很难被火烧透",状中结构。另外,全句主语是主谓结构,也包含一个宾语"火烧",是主谓结构。

3.全句宾语是"能够做到而没有想到",联合结构。

4.全句宾语是"好处",名词;主语是主谓结构,其中包含两个补语"多"和"勤",都是形容词。

5.全句宾语是"把光明和希望灌注到人的心灵深处",状中结构;宾语中有一个补语"到人的心灵深处",是介词结构。

6.全句宾语是"全世界人民的赞誉",定中结构。

7.全句宾语是"青衫",名词;补语是"湿",形容词。

8.全句宾语是"脸",名词;补语是"红",形容词。

四、请指出下列句子中的定语和状语,并说明是由什么词或短语充当的。

1.主语中心语"死亡率"的定语是"峨眉山金顶的珍贵树种冷杉因酸雨而造成",主谓结构。定语部分的主语中心语"树种"前的定语是"峨眉山金顶"和"珍贵",分别是定中短语和形容词。谓语中心语"达"的状语是"高",形容词。

2.主语中心语"单馆"前的定语是"我国民间最大的抗战博物馆四川建川博物馆、五个"和"抗战系列",分别是同位短语、数量短语、偏正短语;谓语中心语"开馆"前的状语是"将、于今年 8 月 5 日"和"正式",分别是副词、介词短语、形容词。

3.主语中心语"落蕊"前的定语是"那、一地",分别是指示代词、数量短语;谓语中心语"感觉"前的状语是"脚踏上时"和"只能",分别是定中短语和状中短语;宾语中心语"触觉"前的定语是"一点点、极微细极柔软",分别是数量短语、联合短语。

4.主语中心语"雪人"前的定语是"那个"和"小",分别是指量短语和形容词;谓语中心语"坐"的状语是"也、就"和"嘴唇通红、双目灼灼",分别是副词、副词和联合短语。

5.主语中心语"思想家"前的定语是"鸦片战争之后、一批"和"研究中西文化",分别是方位短语、数量短语和述宾短语;谓语中心语"认为"的状语是副词"都"。

6.主语中心语"考察队"前的定语是"中国、南极"和"科学",都是名词;谓语中心语"征服"的状语是"成功",形容词;宾语中心语"南极点"前的定语是"最后、一个"和"有着极高科学研究价值",分别是方位名词、数量短语、述宾短语。

7.主语中心语"科学家"的定语是"世界各地",定中结构;宾语中心语"问题"前的定语是"全球变暖、这一、困扰全人类"

和"重大",分别是主谓结构、指量结构、述宾结构、形容词;谓语中心语"解决"前的状语是"都、在、想方设法",前两个都是副词,后一个是联合短语。

8.主语中心语"空间"前的定语是"作为人类的第四环境"和"宇宙",分别是述宾结构和名词;宾语中心语"空间区域"前的定语是"地球稠密大气层以外"和"广袤无垠",分别是方位结构和联合结构。

9.主语中心"航空航天局"的定语是"美国",名词;谓语中心语"尝试发射"的状语是"再次",副词;宾语中心语"飞机"前的定语是"'发现'号"和"航天",分别是偏正结构和区别词。

五、请指出下列句子中的独立语及其作用。

1.独立语是"尤其是",其作用在于强调特别值得注意的内容,以引起听话人的注意。

2.独立语是"依我看",其作用在于表明自己的观点。

3.独立语是"据调查",其作用在于表明消息来源。

4.独立语是"毫无疑问",其作用在于增强强调肯定的语气。

5.独立语是"你看看",其作用在于引起对方注意。

六、请用符号标记法或竖线表示法分析下列句子。

1.[对于不知足的人],没有丨(一把)椅子‖是丨舒服的。("椅子"是兼语)

2.<u>多观察,多经历,多研究,多思考,</u>‖是(学习)的(几大)支柱。

3.(本品)的外包装‖采用了(世界先进)的(铝塑)复合膜。

4.(这个世界上)(最不准确)的天平‖[就]是(称量你自己得失)的天平。

5.印度‖[已][被美国]认定为(最可靠)的(软件供应)国。

6.(一只)(盲目航行)的船‖遇到的[都][只能]是逆风。

7.[1994年],中国‖[已]成为(全球仅次于美国)的(吸引外资最多)的国家。

8.(蝙蝠利用自身的回声定位系统来捕捉昆虫)的灵活性和准确性‖是[非常]惊人的。

9.(一个人)的(真正)价值‖[首先]决定于他在什么程度上和在什么意义上从自我解放出来。

10.(美国)科学家‖发现芦荟提取液能够成为血液的临时替代品并维持身体器官的正常运转。

第六节　句子的语义分析

一、什么是语义关系?[①]　指出下列各句中所存在的句法关系和语义关系。

语义关系是隐藏在句法关系后面的由词语语义范畴建立起来的关系。比如动词和名词间就可能有施事与动作或受事与动作、结果与动作等关系;而形容词与名词间就可能存在具事与性状、基准与性状等关系,名词与名词间则可能存在领属关系或隶属关系等等。

1.你 别 说 她 了!
　　＝‖[ ] ＿ ⌇⌇
"你"是施事,"她"是对象。

2.我 吃 大碗, 你 吃 小碗!
　　＝‖＿ ⌇⌇ ＝‖＿ ⌇⌇
"我、你"是施事,"大碗、小碗"是工具。

3.医生们 迅速地 把他 推 到手术台上。
　　━━‖[ ] [ ] ＿ 〈 〉
"医生们"是施事,"他"是受事,"手术台上"是处所。

---

① 参考本书贰　第四章第六节。

4.她　听得　那么津津有味。
　＝‖＿　　　〈　　　　　〉
"她"是施事。

5.哥哥　送了　我　一台　笔记本　电脑。
　＝＝‖＿　　～　（　）（　）～～～
"哥哥"是施事,近宾语;"我"是与事,远宾语;"一台笔记本电脑"是受事。

6.池塘里　躺着　一头　大水牛。
　＝＝＝‖＿　　（　）（　）～～～
"池塘里"是处所,"一头大水牛"是施事。

二、下列各句中的谓语动词和哪些名词性词语存在语义关系?存在什么样的语义关系?

1."我₁"施事,"我₂"与事,"老师傅"施事,"柜子"受事。

2."祖国的未来"是目的,"他"是施事,"教育战线"是处所,"30多年"是时间。

3."她"是施事,"大红纸"是材料,"窗花"是结果。

4."姐姐"是施事,"书法"是结果。

5."经理"是施事,"昨天"是时间,"我"是与事,"当时的情况"是受事。

6."昨天"是时间,"徐先生"是施事,"画展"是结果。

三、下列各句中的谓语形容词和哪些名词性词语存在语义关系?存在什么样的语义关系?

1."孙明慧"与"负责"之间存在具事—性状语义关系;"工作"与"负责"之间存在对事—性状语义关系。

2."老秦头"和"倔"之间存在具事—性状语义关系;"我"与"倔"之间存在基准—性状语义关系。

3."杨姐"与"热情"之间存在具事—性状语义关系;"他们(那些旅客)"与"热情"之间存在对事—性状语义关系。

4."意见"和"大"之间存在具事—性状语义关系。

5."她"和"激动"之间存在具事—性状语义关系。

四、下列两组形容词,它们充当谓语中心语所构成的句法结构可能存在什么样的差异? 试举例加以分析。

甲组是性质形容词,乙组是状态形容词。当性质形容词充当谓语中心语时,无法单独使用,需加一定的程度副词作为修饰语,或者以"AA 的"重叠形式进入句法结构充当谓语中心语,或者后附表示新情况出现的语气词"了"之后才能充当谓语及谓语中心语;状态形容词分为两类:"雪白、笔直"这一类也无法独立充当谓语中心语,需嵌入"是……的"结构之中,或者以"ABAB 的"重叠形式进入句法结构独立充当谓语中心语,而"香喷喷、热乎乎、暖洋洋、黑漆漆"等,则一般直接加句末语气词"的"独立作谓语中心语。例如:

咖啡很热。
咖啡热热的。
咖啡是热的。　→ *咖啡热。
咖啡热了。

衣服是雪白的。
衣服雪白雪白的。　→ *衣服雪白。/面包香喷喷。
面包香喷喷的。

五、举例说明语义关系分析的作用。①

语义关系分析法对理解和认识句法结构,具有非常重要的作用。

第一,认识句法结构反映什么样的客观现实或现象。仅仅了解句法关系,还不足以认识句法结构反映了什么样的客观现

----

① 与本节七、九题一同参考贰　第四章第六节。

实或现象,只有明确了其中的语义关系,才能真正理解句法结构表达了什么样的客观现实或现象。例如:

① 一锅饭吃十个人。
② 十个人吃一锅饭。

例①和例②都具有主谓关系,但反映的是两种不尽相同的客观现象:例①的主语"一锅饭"和谓语动词"吃"之间存在受事—动作语义关系,其宾语和谓语动词"吃"之间存在施事—动作的语义关系;例②相反,其主语"十个人"和谓语动词"吃"之间存在施事—动作语义关系,宾语和谓语动词之间存在受事—动作的语义关系。例①和例②所表达的内容尽管接近,但仍然存在一定差异,例①强调一锅饭够多少人吃,例②则强调十个人就吃了一锅饭。两句语义关系的差异,反映了两种不尽相同的客观现象。

第二,分析相同句法结构所隐含的多义。有些语法单位作句法分析,句法关系是单一的,但它们却存在多义。例如:

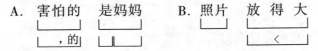

这两个短语都是一种句法关系,但存在着多义。造成多义的原因是语义关系不同:在 A 中,"妈妈"和"害怕"之间既可能存在施事—动作语义关系,也可能存在受事—动作语义关系;在 B 中,"放"和"大"之间既可能存在动作—状态语义关系,也可能存在动作—可能语义关系。通过语义关系分析,便能清楚地了解其中的歧义和导致歧义的原因。

六、指出下列各句中带黑点的词语的语义指向。

1.语义指向"两套方案"。

2.语义指向"完"。

3.语义指向"玛丽的普通话"。

4.语义指向"孩子们"。

5.语义指向"鞋"。

6.语义指向"抗日标语"。

七、举例说明语义指向分析的作用。

语义指向分析的作用一般可从两个角度看:首先,有助于认识句法结构反映了什么样的客观现实或现象。如:

　　① 我写完了。

　　② 我写坏了。

　　③ 我写累了。

以上三例的句法结构是相同的,补语"完""坏""累"都是补充说明中心语"写"的,但实际上这三个例句所反映的客观事实却并不相同,例①表达的是我写东西,我写完了。例②表达的是我写东西,工具或写的东西写坏了。例③表达的是我写东西,我累了。之所以有这样的不同,是因为句中补语的语义指向不同,例①补语指向谓语中心语,例②补语指向工具或写的东西,例③补语指向主语。通过语义指向分析,我们便能清楚看到这几个句子的实际差异了。

其次,有助于分析相同句法结构中的歧义现象。例如:

　　④ 他喝完了酒。

例④是多义的,补语"完"的语义指向可能是"喝",也可能是"酒"。如果属于前者,则表示喝的动作结束了;如果属于后者,则表示酒没有了。可见,结构形式相同的语句,其语义往往有很大的差异,语义指向分析可以细致清楚地揭示出这种同形异构的差异来。

八、试从语义关系或语义指向的角度,对下列两个句子加以简要分析。

1.从语义关系来看,句中"我的态度"和"不满"之间存在对事—性状的关系,从语义指向的角度看,"不满"指向"她"。

2.从语义关系来看,"态度"和"生硬"之间是具事—性状关系,从语义指向来看,"生硬"是单指,指向"态度"。

九、什么是语义特征? 举例说明语义特征分析的作用。

句法结构特定位置上的词语所具有的带有区别性特征的最小语义成分就是语义特征,而通过分析结构中特定位置上的词语所具有的区别特征来对一些句法现象进行描写或说明的方法就是语义特征分析法。语义特征分析一般具有以下作用:

首先,能够解释句法结构能否成立的原因。例如:

汉斯啤酒很德国! →*××啤酒很土耳其!

你太阿 Q 了! →*你太李强了!

她的样子很淑女。→*她的样子很护士。

这三组例句都是"很/太+N"结构作谓语的句子,但前者成立后者却不能这么用,原因在于进入到"很/太+N"结构中的名词都需具有[+典型性]特征,否则无法成立。就这三组例句而言,"土耳其、李强"和"护士"都不及"德国、阿 Q"和"淑女"那么有代表性、有典型特征,因此,进入到这样的句法框架中就有困难。

其次,有助于分析同形结构多义的原因。例如:

台上演着梆子戏。——教室里响着朗朗的读书声。

门口站着一个人。——地上睡着一只小狗。

山上架着炮。——门上挂着灯笼。

以上三组都是"方位词语+存现动词+着+存现事物"结构模式的存现句,但意义类型不同。其原因在于句中谓语中心语的语义特征不同:第一组具有动作行为的[+进行性]特征,第二组具有动作行为或状态的[+持续性]特征,第三组则既表动作行为的[+进行性]特征,又表示动作行为或状态的[+持续性]特征。通过对句中特殊部分的语义特征的分析,就能对多义存在的原因作出解释了。

十、观察下列兼语句第一个谓语动词的语义特征,并依据语义特征给它们分类。

1和3中的动词是具有使令意义的动词,这种使令动词只能构成兼语句,如果没有兼语后面的谓词性词语,则句子不成立。如1不能说成"虚心使人,骄傲使人",3不能说成"你这样做太让我"。

4和5中的动词是具有使令意义的动词,还包含其他动作意义。4有逼迫义,5有邀请义,两个动词所表达的意义分别为工头逼迫工人们,使工人们在矿井下挖煤。你应该邀请她,使她来家里坐坐。

2的动词包含领有或存在意义,属于领存动词。

6的动词包含给予义,属于给予动词。"给"进入特定句法结构后,能够临时获得语法上的使令意义,在这个句子里"给"就表达了把那个小狗熊给我,使我玩一下的意义。

第七节　句　型

一、什么是句型?简述句型的3个特点。①

句型是依据句子的整体结构特征归纳出来的句子结构类型。句型具有抽象性,它是从许许多多具有共同整体结构特征的句子中提取出的;句型具有生成性,任何一种句型的具体运用

---

① 参考本书贰　第四章第七节的重点难点分析。

都可以衍生出无穷无尽的在整体上具有共同结构特征的句子;句型还具有系统性,任何语言的句型都处在一个有层次又相互联系、相互制约的关系之中。

二、指出下列各句的句型。

1.单句,主谓句,动词性谓语句(兼语)。

2.单句,主谓句,动词性谓语句(状中短语作谓语)。

3.单句,非主谓句,名词性非主谓语句。

4.单句,主谓句,动词性谓语句,动补谓语句。

5.单句,非主谓句,动词性非主谓语句。

6.单句,主谓句,动词性谓语句,动宾谓语句。

7.单句,主谓句,动词性谓语句,动宾谓语句。

8.单句,主谓句,形容词性谓语句(状中短语作谓语)。

9.单句,主谓句,形容词性谓语句。

10.单句,非主谓句,前者为名词性非主谓语句,后者为动词性非主谓句。

三、"我答错了好几道题。""姐姐瞅了他好几眼。"以上两句在结构上有何不同? 应分别归入动宾谓语句与动补谓语句中的哪一类? 为什么?

"我答错了好几道题。"谓语是由动宾短语充当的,应该归入动宾谓语句,"答错"是述语,"好几道题"是宾语;"姐姐瞅了他好几眼。"谓语是由动补短语充当的,应该归入动补谓语句,述语是"瞅","他"是宾语,"好几眼"是补语。

四、观察下列句子,有的名词性词语可以充当谓语,构成主谓句中的名词性谓语句,有的却不能。谈谈你对这类语言现象的看法。

名词性谓语句主要是用于对被陈述对象进行籍贯、外形、个性、职务、数量、等级、时间等方面属性的叙述,所以其主语对进入到名词性谓语句中的谓语部分是有一定要求的,那些不属于上述属性范畴的名词或名词性短语,很难进入名词性谓语句中,B 组句子不成立就是这个原因。

五、观察下列对话,请谈谈乙的答语是否属于名词性非主谓句? 为什么?

乙句不属于名词性非主谓句,而是省略句。名词性非主谓句本身就是完整的句子,无须补充什么成分就可以传达完整的信息,而省略句则对上下文的依赖性较强,须要一定的上下文才能完成信息的传递,同样须要一定的上下文才能被理解,如本例中的"咖啡"就要结合上下文才能理解是什么意思。

第八节 句 式

一、什么是句式? 同一个句子,能不能归入不同的句式? 为什么?①

句式是依据句子的局部特征归纳出来的句子类型。

句子的局部特征并不一定是相互排斥的,因此,同一个句子,有可能依据不同的局部特征归入不同的句式。例如:

> 我们把被子拿出去晒晒。

从句中出现的特殊词语看,本句属于"把"字句,从结构特点看又属于连动句。

> 我让小吴把那本书还给小张了。

从全句谓语的局部特征看是兼语句,从句中出现的特殊词语看又是"把"字句。

---

① 与本节第二题一同参考贰 第四章第八节的重点难点分析。

二、归纳句式的局部特征通常有哪些？请举例说明。

归纳句式的局部特征通常有以下几点：

第一，句子的某一结构特征。据此可分出主谓谓语句、双宾句、兼语句、连谓句等。例如：

> 这种古玩，市场的价格高得吓人！
>
> 全校师生非常积极地捐给灾区儿童许多爱心礼包。
>
> 这种新的理论让我们看到了解决地球暖化问题的希望。
>
> 假期去旅游吗？

第二，句中包含的特殊词语。据此可分出"把"字句、"被"字句、"连"字句等。例如：

> 你把门打开！
>
> 东西被整齐地摆放在桌子上。
>
> 连小王也想明白了。

第三，句子所体现的语义范畴。据此可归纳出存现句、主动句、被动句等。例如：

> 空中弥漫着醉人的花香。
>
> 我们已经解决了那个问题。
>
> 吴勇被大家大大地赞赏了一番。

三、观察下列主谓谓语句，请从结构类型方面加以简要分析。

1.大主语是充当谓语的主谓短语所涉及到的对象。

2.大主语同小主语在语义上具有隶属关系。

3.大主语是充当谓语的主谓短语所关涉到的对象。相当于"关于王书记这个人嘛，当地老百姓的口碑好得很！"

4.大主语"张女士是怎么失踪的"实际与小主语之间存在类

属关系,即"说法"是有关"张女士是怎么失踪的"这件事的,而不是有关其他类事情的。

5.大主语同小谓语中的中心动词存在"施事—动作"语义关系。

6.大主语同小谓语中的中心动词存在"受事—动作"语义关系。

四、哪些类型的动词可以充当双宾句中的述语? 试举例加以简要说明。

可以充当双宾句中的述语基本有两类:第一类是有予夺义的动词,如"给、送、偷、抢、赢、输、欠、拿"等,如:"我送你一本书。"第二类是言说类动词,如"请教、教、教导、告诉、通知、责备、骂、夸、告"等,如:"教务处通知中文系一件事情。"

五、下列各句是双宾句,兼语句,还是主谓作宾句? 为什么?

1.双宾句。这里的"喜欢"可以关涉"他"以及"待人诚实",也就是说本句可分解为"喜欢他""喜欢待人诚实"。

2.兼语句。这里的"鼓励"有使令意义,能够使其后的兼语去做什么。

3.主谓作宾句。这里的"你不是那样的人"是被"认为"关涉的对象。

4.兼语句。即:"爸爸支持你,你这样做。""你"是"支持"的对象,又是"这样做"动作的发出者,"支持"具有使令意义。

六、下列句子是兼语句,还是连谓句? 为什么? 如果你认为它们既不是兼语句,也不是连谓句,那么应如何理解和处理这类语言现象?

1.此结构可以有多种处理方法。

第一,视为连谓句。这句隐含了两个成分,还原隐含成分后为:"你递个毛巾给我擦擦汗!"这属于连谓结构,其中的"给"为介词,介引动作涉及的对象,作状语。这个结构可分析为:你递个毛巾,你给我擦擦汗。两个动作行为陈述同一主语,其间存在动作上的先后顺序。

第二,视为连谓结构和兼语结构的套用。这句可视为隐含句,还原隐含及重合成分后则为:"你递个毛巾给我我擦擦汗!"那么"给"就是动词,有使令意义,能够让人做什么。这句前半部分为连谓结构:你递个毛巾,你给我;后半部分则为兼语结构:你给我我擦擦汗。

2.此结构可以有多种处理方法。

第一,视为连谓结构。这句隐含了两个成分,还原隐含成分后为:"我借点钱我用用。""借点钱"和"用用"之间存在目的关系,陈述同一个主语,属于连谓结构。

第二,视为连谓和兼语结构的套用。这句可视为隐含句,还原隐含成分后为:"你借点钱给我用用!"这个结构前半部分应为:你借点钱,你给我。属于连谓结构;这个结构后半部分为:你给我,我用用。"给"临时具有使令意义,可以让"我"做什么,是兼语结构。

3.此结构可视为连谓结构。这句隐含了两个成分,还原隐含成分后为:"你们/你把他吊在树上你/你们打!""把他吊在树上"和"打"之间存在动作上的先后顺序,两个动作陈述同一个主语,属于连谓结构。

4.此结构可视为兼语和连谓结构的隐含套叠形式。这句隐含的成分还原为:"我们把他送到劳教所我们让他受受教育!"这句前半部分为:我们把他送到劳教所,我们让他受受教育! 两个动作行为陈述同一个主语,二者之间存在行为和目的的关系,是连谓结构;这句后半部分为:我们让他,他受教育。"让"相当于"使"的用法,可以使后面隐含的"他"去做什么,是兼语结构。

上面各例都比较特殊,句法深层都存在隐含或重合现象。

这些句子的结构成分之间呈现出非连续性、非线性的关联，句法结构表现出比较复杂的关系，难以简单化处理，需要特别注意。

七、兼语句的第一个谓语动词如何分类？各类动词在意义上具有什么样的特征？试举例加以简要说明。

兼语句的第一个动词，可以根据它的语义、语法特点分为下列三个不同的小类：

第一类，使令动词。这类动词都包含语法上的使令意义。可分为两类：一种是使令动词只包含使令义，不包含其他动作意义。这种使令动词很少，只有"使、让、叫"等少数几个。这种使令动词只能构成兼语句，如果没有兼语后面的谓词性词语，则句子不成立。例如：

① 磨难使人成熟。——　*磨难使人。
② 别让他吸烟了。——　*别让他。

前例成立后例无法使用。例②的"让"有时也有其他用法，如："他欺负你，别让他。"这个"让"不属于使令动词，而是表示忍让、退让意义的一般动词。

另一种既包含使令义，还包含其他动作意义。这类使令动词要多一些，如"请、派、邀请、鼓励、要求、命令、请求"等。这种使令动词不但可构成兼语句，也可构成非兼语句。例如：

请老李去！——请人了吗？
我们鼓励企业家到西部来投资。——老师一直在鼓励他。

前面两个句子的"请"和"鼓励"有使令义，可使后面的兼语去做什么，又有其他的意义，比如后面两个句子的"请"和"鼓励"分别表示了邀请、勉励的意思。

第二类，给予动词。象"给、送、赏、递、奖、借"等进入句法

结构后,能获得语法上的使令意义,从而构成兼语句。例如:

> 送你个滑板玩儿两天,怎么样?
> 递我块抹布垫垫!

这类结构很特殊,给予动词后带两个宾语,是双宾结构,但句中动词有使令意义,致使后面的近宾语成为后一部分动作行为的发出者,成为一个兼语。这类结构可视为双宾句与兼语句的套用。

第三类,领存动词。这类动词包含领有或存在意义,只包括"有"和"没有(没)"两个。例如:

> 后面有人说话。
> 我们没有一个人赞同他的意见。

这类结构也临时性使得句中某个成分成为兼语,从而在事实上造成了兼语句。

八、观察下列语言现象,请谈谈对这类语言现象的看法。

词在构成更大一级的语言单位时候应该遵从语义上的搭配习惯和语法上的组合规则,而这两点就是单位组合过程中应服从事理逻辑和结构规范。连谓结构也是如此,其前后的动词性词语在意义上应该具有一定的关联性,这种关联首先应该是逻辑事理层的关联,其次则应是句法结构上的关联,违反这两条,就无法构成合法合理的结构体。

第一个例子,前后的差异在于更换了动词,虽然"吃"作为动词有带宾语的能力,但能够被"吃"的应该是可以咀嚼的食物,而"啤酒"是流体,不具有这样的语义特征,这样的组合虽然合乎语法规则,却不合乎事理逻辑,不合乎语义搭配习惯。第二个例子与第一个例子同理,不再重述。

九、什么是被字句?举例说明被字句的基本特征。

用介词"被"引出句子谓语动词的施事,或在谓语动词前附着表被动意义的助词"被"等,这样的句子是被字句。

被字句主要有以下特点:

其一,被字句中的谓语动词应该是表示动作的及物动词。例如:

> 我都被你气糊涂了!
> 窗子已经被修好了。

其二,被字句中的谓语动词不能是光杆动词,其前后应该有其他成分。例如:

> 这些活儿总算被我干完了。→*这些活儿总算被我干。
> 草莓被吃了。→*草莓被吃。

其三,"被"字引出的人或物多表示已知、确定的人或物。比较:

> 他的手被那把刀划伤了。→ *他的手被一把刀划伤了。
> 他被那个人骗了。→ *他被一个人骗了。

"被"字引出的人或物并非强制性的,但如果在结构中出现就应该是已知或确定的。

其四,被字句如果存在否定词或助动词、能愿动词,一般情况下应该放在"被"字的前面。比较:

> 这件事儿没被他发现。→ *这件事儿被他没发现。
> 那封信不可能被他们找到的。→ *那封信被他们不可能找到的。

十、下面两个句子是兼语句还是被字句?为什么?

1.被字句。这里的"叫"相当于"被",是"被"的口语表达形式,它在这里的作用就是介引句子谓语动词的施事。

2. 兼语句。这里的"叫"是"使"的口语表达形式,它在这里起着使令作用,让兼语"他"去做什么事情。

十一、把字句中介词"把"引导的是不是都是受事? 观察下列把字句,谈谈你对这类语言现象的看法。

把字句的介词"把"引导的不一定是受事,而有可能是和谓语部分的补语有语义关系的成分,上述四例中"把"所引出的对象"眼泪、鼻子、睡意"和"我"就与谓语部分的结果补语"干、歪、没"和"笑"等有语义关联,而与动作行为动词"哭、笑、吼"和"说"不存在直接语义关系,也就谈不上是受事了。但有一点应该明确,"把"介引的对象应该是受处置的对象,也应该与处置结果有关联,上述各例"把"介引的对象就与结果补语有语义关系。

十二、举例说明把字句的构成条件。

把字句主要有以下特点:

第一,把字句的基本语法意义是处置,是指在谓语动词所表动作行为的作用下,由"把"或"将"引导的语义成分所指称的人或事物受到积极影响而出现某种结果、变化或状态等。如:"小孩儿把作业本撕破了。"其语义关系是:小孩儿撕作业本+作业本破了,"作业本破了"是处置的结果,是把字句表意的焦点。

第二,把字句中动词应包含某些显示处置结果、变化或状态等的词语,而这些动词不能以单个的身份出现。如"他把稿子修改完了","完"显示在"修改"的作用下"稿子"的结果产生了变化。这句话如果说成"他把稿子修改"是不成立的,因为"修改"是单个动词。

第三,把字句中的谓语动词是具有自主意义的及物动词。如能够说"他有很多趣味相投的好朋友",不能说"他把很多趣味相投的好朋友有",是因为"有"是非自主动词。自主动词是能表示有意识的或有心的动作行为的动词,如"吃、安排、照顾"等,这种动词所表示的动作行为可以对相关语义成分所指的人或物加以处置。

第四,介词"把"或"将"所引出的词语,一般表示已知、确定的人或物,前面常有"这、那"之类的修饰语。如可以说"请把那本书递给我",不能说"请把一本书递给我",因为"一本书"是不定指的。但这一条件并不严格,有时介词"把"所介引的对象并不表确指,如:"他把一把钥匙丢了。""他把一些书扔了。"其中的"钥匙、书"受数量短语的修饰,都不表示确指。

第五,把字句如果有否定词、助动词和能愿动词,都需放在"把"字之前。如能说"你别把这件事想得太复杂了",不说"你把这件事别想得太复杂了"。

十三、举例说明连字句的隐含现象。

连字句的隐含分两种情况:一种是对比隐含,一种是非对比隐含。

对比隐含,是指连字句的隐含包含一个对比项(用 X 表示),该对比项和连字句中的焦点("连"后所强调的词语,用 Y 表示)相关联,该对比隐含是说 X 更会具有 Y 所具有的某种行为或特点。例如:

① 这本书,连我的老师都没见过!
② 这样的植物,连我们院子里都到处可见!

例①可能具有的对比隐含是:"这书,你更没见过。"其中"你"是对比隐含中的对比项,"我的老师"是该句的焦点。例②可能具有的对比隐含是:"这样的植物,植物园里更多。"其中"植物园里"是对比隐含中的对比项,"我们院子里"是该句的焦点。

连字句中的隐含如果不包含和焦点 Y 相关联的对比项 X,

就是非对比隐含。例如：

　　③ 我现在连睡觉的时间都没了！
　　④ 眼下，我连看小说的兴趣都没了！

　　例③可能具有的非对比隐含是：我太忙了。该隐含不存在和连字句中的焦点"睡觉的时间"相关联的对比项。例④可能具有的非对比隐含是：我对什么都提不起精神了。该隐含不存在和连字句中的焦点"看小说的兴趣"相关联的对比项。

　　无论是对比隐含还是非对比隐含都可能不是唯一的。在不同的语言环境中，连字句所实现的对比隐含或非对比隐含都有可能不一样。而且对比隐含和非对比隐含之间也不是截然对立的，语境不同，相同的连字句可能存在对比隐含，也可能存在非对比隐含。如例④，可能包含非对比隐含"我太忙了"，也可能包含非对比隐含"我没空管你的闲事"，还有可能存在对比隐含"我更没有时间看小说了"。

　　十四、简要分析单纯存在句和单纯隐现句的相同相异之处。

　　单纯存在句的述语由表存在的非动作动词"有"充当，"有"后不能带动态助词"了"，句末也不能带语气词"了"，如：

　　　　操场边有棵树。
　　　　山上有不少奇珍异草。

　　单纯隐现句中的述语由表存在的非动作动词"有"充当，但须与"了"同时出现，句末也可以有语气词"了"，如：

　　　　路两边终于有了些小花小草了。
　　　　他的脸上有了笑意了。

　　单纯存在句和单纯隐现句之间的共性在于，句中的述语都只能是存在动词"有"，差异在于单纯存在句句中不可出现动态助词"了"和句末语气词"了"，而单纯隐现句则需要在述语

"有"后或句末带"了"。

十五、简要分析状态存在句和状态隐现句的相同相异之处。

状态存在句里的谓语动词由动作动词充当,动作动词具有依附、存在意义,即客观事物在动作行为的作用下依附或存在于某个地方。谓语动词一般都带动态助词"着",谓语动词的施事或受事在句中充当宾语,如:

> 屋顶上插着许多彩旗。
> 手上提着个大红灯笼。
> 胸前挂着朵大红花。

状态隐现句中的述语由动作动词充当,动作动词具有移位意义,即客观事物在动作行为的作用下从一处移至另一处。述语动词或者带趋向补语,或者带动态助词"了"等,它的施事或受事在句中充当宾语,如:

> 村里来了个卖货郎。
> 草丛中飞出一只美丽的蝴蝶。
> 门前闪过一个人影。

状态存在句和状态隐现句有相同之处,句中的述语都由动作行为动词充当,而非存在动词"有";另外述语的施事或受事在句中作宾语。不同之处是:状态存在句的动词具有依附、存在意义,表示客观事物在动作行为的作用下依附或存在于某个地方,而且如果使用动态助词则要用"着";而状态隐现句的动作动词具有移位意义,表示客观事物在动作行为的作用下从一处移至另一处,述语动词或者带趋向补语,或者带动态助词"了"等。

第九节　句　类

一、什么是句类？划分句类的标准是什么？请举例说明语气的三个主要特点。

句类是依据句子的语气划分出来的句子类别，划分句类的标准是句子的语气类型。语气是句子所特有的体现句子特定用途的特征。它具有下列三个主要特点：

第一，语气为句子所特有。词和短语这样的语法单位，尽管也具有自身不同的声调、重音特征，但它们不具有独立的语气。词或短语一旦负载特定的语气，就具有了句子的身份，如：

　　① 让他们去吧！

　　② 让他们去是领导决定的。

例②中的"让他们去"与例①相比就不具有独立的语气。

第二，语气表达句子的特定用途。用相同词语、相同结构规则构成的句子，可能因为不相同的语气，就可能有不同的用途；不同词语、不同语法结构规则构成的句子，也可能因为相同的语气，而有相同的用途，如：

　　① 澳大利亚人 1856 年便提出并实施了 8 小时工作制。

　　② 澳大利亚人 1856 年便提出并实施了 8 小时工作制？

　　③ 2009 年 6 月 30 日，我们迎来了今年幅度最大的一次油价上调。

　　④ 据报道，美国在过去 6 个月已花费 10 亿美元以修补其网络防御体系。

　　例①具有陈述语气,用来陈述事实,属于陈述句;例②具有疑问语气,用来提出问题,属于疑问句。例③和例④都有陈述语气,用来陈述事实,都属于陈述句。

　　第三,语气由一定的语调来体现。汉语中体现句子语气的基本语调类型有四种,这就是降调、平调、升调和曲调。这类语调特征,一般称为"句调"。如:

> 联合国总部建筑群是从 1947 年开始设计建造的。
> 谁能解释这种现象?
> 请把书打开。
> 啊,太美了!

　　二、和降调、平调相比,升调在句子中出现的概率最小。试依据语言的经济原则,对这一语言现象举例加以分析。

　　从句类的语调特征看,升调是疑问句特有的语调类型,而其他三种句类都可使用降调或平调。因此,升调在句子中出现的频率相对要少些。

　　尤为重要的是,即使是疑问句,如果句法表层已经有了能够体现疑问句特征的句法成分,如疑问代词"谁、哪里、怎么、什么"等或其他体现疑问功能的词语,如"是不是、能不能、会不会"等,或出现句末疑问语气词如"吗"等,出于经济原则,该疑问句就可以不采取升调的方式来体现疑问语气,而直接采用平调甚至降调,例如:

> 谁是杨阳? (→)/(↘)
> 你是不是杨阳? (→)/(↘)
> 你会去吗? (→)/(↘)

　　可见,由于有明显的疑问句标志,这几类疑问句都可以换用降调或平调而不影响疑问功能的表达。

三、观察下列疑问句的语调特征,请回答为什么前一例不能读成平调和降调,而后两例却可以读成平调和降调?

表示有疑而问类型的疑问句,通常情况下是使用升调来表示疑问语气的,但当疑问句中出现了结构方面或词汇方面的疑问标记,出于经济原则,这类的疑问句又可以改用平调或降调等非疑问语调。例1句中没有其他类型的疑问标志,而且结构特征与一般陈述句无差异,因此,必须从语调类型上加以区别,才能体现其功能类型的差异,这类疑问句就不能改用升调之外的语调。而其他两例或有表猜度语气的疑问标记"吧",或有表疑问标记的结构模式"是不是"等,即使改用平调或降调也不会影响其疑问功能的表达,因此,完全可以改用非疑问语调。

四、陈述句和祈使句都可使用降调和平调。那么,如何区分这两种不同的句类?试就这一问题,谈谈你个人的想法。

语调是体现不同句类的重要形式标志,但并非唯一的标志。不同的句类多多少少都会有不同的句法结构特征、词汇特征以及表达功能特征,据此可以区分不同句类。比如陈述句和祈使句,前者用于陈述或描写事件,后者则是要求他人去实行某一行为,或禁止他人去实行某一行为;陈述句否定时用"不"或"没有",如:"我一点也不相信他说的话。"祈使句否定时则用"别"或"不要",如:"你不要太固执了!"因此,我们完全可以使用语调之外的其他因素来区分陈述句和疑问句。

五、感叹句可传递强烈的情感色彩,其实,陈述句也可以传递较为强烈的情感色彩。在这种情况下,如何将陈述句和感叹句区分开来?请谈谈你自己的想法。

感叹句和陈述句之间的差异体现在句法特征及词汇、语调还有交际功能等方面。

从句法特征及词汇特征看,感叹句主要有三种类型:其一是直接用感叹词构成,其二是以副词"真、太、好、多、多么"等与句末语气词"啊"配套构成,其三是与陈述句完全相同的句法结构,如本题所举两例。第三类感叹句要与陈述句区别开来,第一要考虑一定的语境,第二,要考虑其不同的语调。这类感叹句的语调不同于陈述句,它是先升后降的语调,而陈述句则是读成平调的。最后,从交际功能看,感叹句主要是抒发强烈感情色彩的,而陈述句即使也能体现强烈感情色彩,但其主要功能仍然在于陈述、描写,而非感叹。根据上述几个方面,陈述句和感叹句还是可以区分的。

六、是非问能构成猜度问,而特指问、正反问和选择问都不行。为什么?

问话人对事件、问题的答案有一定程度的了解或判断,但又不能完全肯定,从而借用疑问句提出问题,以求准确了解答案,这样的疑问句就是猜度问。猜度问有特殊的功能类型,其作用主要是对事件的描述,结构上与陈述句相近;而是非问是对事件真伪、是非的疑问,结构上也与陈述句相近。基于这样的共同点,猜度问才可由是非问构成,它与是非问之间的差异主要在于疑问语气词,猜度问的疑问语气词只能是"吧",不能是"吗"。特指问、正反问和选择问的结构主体都与陈述句有很大差异,且都有其自身特定的疑问焦点和疑问形式(疑问代词和语气词),因此这三类疑问句要构成猜度问就很难了。

七、观察下列疑问句的答语,试就答语的情况,谈谈你对这类语言现象的看法:

1. 是是非问。是非问的结构特点像陈述句加疑问语调,是非问的焦点就是该句陈述句主体所表示事件的真伪、是非,回答部分针对这一点即可,因此答句部分不能出现焦点,如果需要焦点,也是在提示该事件真伪、是非的部分,第一个答句正好符合这个要求,焦点在"是"上,正好指向该事件的真伪、是非。最后两个有＊的答句都是有焦点的，焦点在施事，应该是针对施事是什么人的特指问的答句，如："谁在故意找你的茬儿?"就可采用后两个答句。

2.是特指问。特指问的疑问焦点是疑问代词所指代的部分。本句疑问代词指向施事，因此答句部分要针对该焦点作答，而后两个答句正好符合这个要求，但有＊的答句则将焦点集中在该事件的真伪上，所以不能够作为该特指问的答句。

八、下面两个句子都包含疑问代词，它们是不是特指问？试就句中疑问代词的作用，谈谈你对这一问题的看法。

1.虽然使用了疑问代词但不属于特指问。这里的疑问代词所起的不是疑问焦点作用，而是起泛指作用，指任何人，本句换成"他对任何人都这样热情吗?"是完全可以的。

2.虽然使用了疑问代词但也不属于特指问，而是是非问。这里的疑问代词"哪"表示不确指，就是说两人确实在什么地方见过，不过该地方已经不能明确指出了。

九、下列各例中 a、b 两句意义相通，不同句类的表达有何区别？

例 1a 是一个非典型的反问，以非常强烈的语气反驳了"我坑了你"或"我骗了你"的可能；例 1b 是一个并列关系的陈述句，直接否定了"我坑了你"或"我骗了你"的可能，语气不及上例强烈。

例 2a 形式上是一个典型的选择问，但其功能在一定语境之下却并非在两种可能性当中作出任意选择，而是委婉表达你不该像个老太婆；例 2b 则是个表并列关系的陈述句，直接表述了说话人的态度："你不像个战士更像个老太婆!"

第十节　复　句

一、什么是复句？它的主要特点是什么？①

由两个或两个以上意义相关、结构上互不包含的分句组成的语言单位就是复句。

从与单句的区别看，复句的主要特点是：句法结构具有独立性；分句间的组合多用关联法；分句之间有语音停顿。

二、简述复句的"三分系统"，并说明各大类包括哪些小类。

复句分为并列类复句、因果类复句和转折类复句三大类。

并列类复句包括并列句、连贯句、递进句、选择句四类，这种复句的前后分句之间都存在着这样或那样的列举性。

因果类复句包括因果句、假设句、条件句、目的句，它们的前后分句之间存在着实际的或虚拟的因果性。

转折类复句包括转折句、让步句、假转句，前后分句之间存在着这样或那样的转折性。

三、指出下列句子是单句还是复句，并说明理由。

1.单句，"才能使和睦、和平及统一的愿望得以实现"与前面的部分是主谓关系，前面部分是主语，前加"只有"予以强调。

2.单句，该句是主谓谓语句，"母亲美貌迷人"是全句的大主语，"梓城老一辈人"则是全句的小主语。

3. 复句，即注解关系（或解说）复句，逗号前为主谓结构，与后一句无句内成分关系，有资格构成一个分句。

4.单句，"这样新颖的构思，这样清新的艺术境界"是全句的主语。

5.复句，为让步关系的紧缩复句。

---

① 　与本节第二题参考贰　第四章第十节重点难点分析（一）和（二）。

6.单句,"为了祖国的繁荣昌盛"是全句的目的状语。

7.单句,"为子君,为自己"是状语后置,起强调作用。

8.单句,关联词语"不论是……还是"联结两个偏正短语,属于联合短语作主语,"都别有风味"是谓语,句子是一套结构。

9.复句,由两个分句组成,前面分句有个插入语"你瞧",后分句"都是新法栽种的好庄稼"的前头承前省主语"那两边"。

10.单句,"我母亲对我这一举动不但不反对,还给我许多安慰"是复句形式作述语"知道"的宾语。

四、用下面的关联词语造句,并标明所造复句的结构类型。

1.不是在沉默中爆发,而是在沉默中灭亡。(并列句)

2.不是在沉默中爆发,就是在沉默中灭亡。(选择句)

3.获得奖学金的是王仞兰,不是李欣。(并列句)

4.获得奖学金的是王仞兰,还是李欣?(选择句)

5.他不但不表扬我,反而批评了我一顿。(递进句)

6.别说一个周昌,就是你们全部都去,也未必会成功。(递进句)

7.就算你们都放弃了,我还是会坚持。(让步句)

8.这样护着孩子不但对他没有好处,而且会影响他健康成长,甚至会害了他。(递进句)

9.她先是写了今天的作业,接着预习了第二天的功课,后来看了一会电视。(连贯句)

10.名气大的专家的论文在这种刊物上尚且难以发表,何况普通学者的论文,更何况你我的东西!(递进句)

五、分析下列多重复句的层次和关系。

1. 镇上的人也仍然叫她祥林嫂,‖(转折)但音调和先前不同;│(并列)也还和她讲话,‖(转折)但笑容却冷冷的了。

2.鲁镇的酒店的格局,是和别处不同的:│(并列/解注)都是当街一个曲尺

形的大柜台，‖ 柜里面预备着热水，‖ 可以随时温酒。〔连贯、连贯〕

3.只有珍惜、牢牢地把握现时每一分钟，‖‖ 以最有效的方式献身于振兴中华的伟大事业，‖ 才是未来美景最可靠的保证，∣ 否则，就会在一个个五光十色的希望肥皂泡中蹉跎岁月，‖ 浪费自己的青春年华。〔并列、条件、假转、并列〕

4.任何思想，如果不和客观的实际的事物相联系，‖ 如果不为人民群众所掌握，∣ 即使是最好的东西，‖‖ 即使是马克思列宁主义，‖ 也是不起作用的。〔并列、假设、并列、让步〕

5.你永远那么青翠，‖‖ 永远那么挺拔，‖ 风吹雨打，‖‖‖ 从不改色，‖‖ 刀砍火烧，‖‖‖ 从不低头：∣ 这正是英雄的井冈山人，也是亿万中国人民的革命气节和革命精神。〔并列、并列、让步、并列、让步、并列/解注〕

6.推进西部大开发必须遵循客观规律，∣ 既要增强紧迫感，‖‖‖‖ 积极进取，‖‖‖ 又要量力而行，‖‖‖ 逐步推进；‖ 既要着力解决当前的突出问题，‖‖‖ 又要着眼长远发展，‖‖‖‖ 脚踏实地，‖‖‖‖ 扎实工作。〔并列、并列/连贯、并列、并列、连贯、并列/连贯、并列〕

7.不论是口头的还是书面的，‖ 不仅要能够听懂别人的话，‖‖‖‖ 看懂别人的文章或报告，‖‖‖ 而且要能够说明白或写清楚自己的意见，‖‖‖‖ 使别人能听懂我们的话，‖‖‖‖ 看懂我们的东西，∣ 因此就要在语法修辞上下功夫。〔条件、并列、递进、目的、并列、因果〕

8.社会主义制度已经在中国大地上扎根并初步显示出优越性，∣ 但是由于它是一个新生的制度，‖‖‖ 还不成熟，‖‖‖ 不完善，‖‖‖ 生产关系和上层建筑中还存在着不适应生产力发展的方〔转折、并列/解注、并列、并列〕

面和环节,‖必须通过深化改革来逐步解决这个问题。
(因果)

9.一个人能力很强,‖可是他干劲不足,‖‖不负责任,‖‖‖结
(转折)　　　　　(并列)　　(因果)
果工作效率很低;｜有的人尽管能力低,‖可是他发愤努力,‖‖‖
(并列)　　　　　　　　(转折)　　　(并列)
紧张工作,‖‖‖不断总结经验,‖‖‖结果,工作效率反而超过了工作
(并列)　　　　　　(因果)
能力强的。

10.我们不但要有大批杰出的科学技术专家,‖而且必须动
(递进)
员亿万人民刻苦学习,‖‖提高全民族科学文化水平,｜才能在
(连贯)　　　　　　　　　(条件)
各个领域赶超世界先进水平,‖才能真正把我们的经济建设搞
(并列)
上去,‖才能加快四个现代化的进程。
(并列)

第十一节　句子常见的语法错误

一、改正下面句子实词运用中的错误,并说明理由。

1.名词误用为形容词,"原则"是名词,不能受程度副词
"很"修饰。改为:他为人处事一向很讲原则,很认真。

2.动词误用为形容词,"包装"带宾语,是动作行为动词,不
能受程度副词"太"修饰。改为:现在一些人很注意包装自己。
包装可以,但不能包装过度。

3.形容词误用为动词,"明亮"是形容词,其后不能带宾语,
但本句却带了宾语"不疲惫的眼睛",显然用作及物动词了。改
为:几乎所有的窗户都透出明亮的灯光,像不疲惫的眼睛。

4.数目表述有误,"百分之八十"是原来的数目,"百分之九
十"比原来多,表示增加后的总数,句中却用"提高了"这种表示
净增数的表述方式,是错误的。应改为:优质品率由过去的百分
之八十提高到百分之九十。

5.多重否定误用,"难免不"构成多重否定,使得原句义发生反转,删除"不"即可;也可改为:护肤品在使用过程中很难保证不受外界污染。

二、改正下面句子虚词运用中的错误,并说明理由。

1.结构助词误用,"太顺利"是"生活"的补语,中心语和补语间的助词应是"得"。

2.多用结构助词"的"造成前后成分搭配不当,"……的第一枚运载火箭"与"获得圆满成功"搭配不当。把"的"改为"了",前面的成分是表示行为的,这种行为"获得圆满成功"就能搭配了。

3.连词误用。"或"表任选,但其后的谓语中心语却是"各选",前后矛盾。将"或"改为"和"。

4.介词结构不规范,"在……上"这个介词结构中间需要嵌入名词或名词性短语,而"改善职工生活"是述宾短语。改为:在改善职工生活的问题上,我们单位采取了一些措施。

5.助词误用,本句不是对已经发生的事实的描写,而是对某种钙片功能的介绍,不能用表示完成态的"了",删除"了"即可。

三、你认为有哪些因素经常导致名词、形容词运用方面的语病?

在语言组织和实际使用过程中,随意改变名词的语法功能,是造成名词误用的主要原因,比较常见的有:将名词误用为动词,将名词误用为形容词。要避免前一种情况,主要注意不要拿普通名词直接作谓语,一般不要拿副词修饰名词;要避免后一种情况,一般情况下不要用程度副词修饰名词,也不要拿程度副词作名词的补语,如"情绪得很",还要注意不要拿一般名词(不包括时间名词)修饰动词性成分。

四、修改下面句子成分搭配不当的毛病,并说明理由。

1.主谓搭配不当。"增加"可以陈述小说、散文、诗歌的数量,却不可陈述小说、散文、诗歌的质量。改为:近几年来文坛非常活跃,小说、散文、诗歌的数量和质量都显著地增加和提高了。

2.述宾搭配不当。"洋溢"不能与"景象"搭配,可跟"气氛"等搭配。将"景象"改为"气氛"即可。

3.主宾意义上搭配不当。本句提炼后是"军装要数人"。不正确。改为:最稀奇古怪的军装要数埃塞俄比亚人的军装了。

4.定中搭配不当。"精湛"是定语,其中心语是个联合结构,而"精湛"仅能修饰联合结构中的前一项。在"医疗态度"前加修饰语"认真负责的"。

5.状中搭配不当。本句提炼后是"烦恼愤懑之情,被明月和清风吹散。"不妥。改为:他的烦恼愤懑之情,被山间明月和江上清风驱散了。

五、你认为句子成分搭配不当的语病有哪些类型,是由什么原因导致的?

句子成分搭配不当在单句中主要有主谓不当、主宾不当、述宾不当、定中不当、状中不当等几种类型,在复句中主要有关联词语搭配不当这种类型。

总体上看,搭配不当的语病,有的是搞错了词语语法搭配习惯造成的,如"发扬作用";有的是搞错了词语语义之间的选择关系造成的,如"喝面包";有的是语义上失去控制关系,前后成分性质、范围等方面搭配不协调,如:我国盲人数量是世界上最多的国家。

六、修改下列句子成分残缺或多余的毛病,并说明理由。

1.滥用使动词"使"造成句子主语残缺,删掉"使"。

2.介词短语"按照以往的训练、管理模式"作状语,其后缺少与之搭配的中心语,即句子缺少谓语中心语,给介词短语后面加上"进行"。

3.缺少必要的定语,在"寸草不生的荒漠"前面加上"以前"。

4.谓语中心语多余,删掉"进行"。

5.补语多余,"涌现"本身有出来的意思,删掉"出来",在"涌现"前加上"地"。

七、句子成分残缺或多余的语病常有哪些类型?在语言运用中如何避免这一语病的发生?

句子成分残缺在单句中可能包括主语残缺、谓语残缺、宾语残缺、定语残缺、状语残缺、补语残缺这几种类型,在复句中则可能包括关联词语残缺。

总体上看,要克服句子成分残缺的语病,必须了解句型句式知识,组词造句不能忽略句子结构的完整性,注意上下文的前后照应,也不能为了简化句子结构而忽略意义表达的严密性、明确性。

成分多余一般包括主语多余、谓语多余、宾语多余、定语多余和状语多余以及复句中的关联词语多余这几种类型。

总体上看,要克服上述成分多余的语病,就应该避免语言成分累赘多余现象,组织句子尽量避免写长单句,总的原则是坚持表情达意语言经济简明的原则,但要简而明,简而不陋。

八、下面句子有什么毛病?指出来并加以改正。

1. 数量词误用。"提高到百分之二十"指的是净增数,不包括底数,应将"提高到"改为"提高了"或"提高"。

2.主宾搭配不当。宾语"我们能否创作出好的文学作品的关键问题"是肯定和否定格式并置的,而主语"丰富而深厚的生活积累"却只有肯定格式,两者不能形成对举格式。将"能否"删除即可。

3.句式杂糅。本句要表达的意思是:太和豆豉相传原产于江西省的太和镇。太和豆豉产于江西省的太和镇而得名。可是该句将两个句子杂糅在了一起,分开表述即可。

4.状语多余。句中已经有时间状语"三年前我们相遇的时候",无需再加个复指性的状语"那时",将其删除即可。

5.关联词语搭配不当。本句为无条件句,"不管"一般和"都"搭配,不和"却"搭配。将"却"改为"都"即可。

6.多层状语语序不当。句中同时有时间和处所状语时,一般时间状语在前,处所状语在后,将"昨天"提到"在山坡上"前即可。

7.句式杂糅。本句要表达的意思是:今天我们学习《词的构成》这篇基础知识短文。《词的构成》这篇基础知识短文的主要内容是合成词的结构方式。可是该句将两个句子杂糅在了一起,分开表述即可。

8.补语残缺。"在如何更彻底地改革陈规陋习"作"集中"的补语,但这个介词结构不完整,后面缺少与"在"搭配的"上"。在句末加"上"。

9.状语占定语之位。"广泛"一般作状语修饰动词,如"广泛关注、广泛交流、广泛听取"等,把"广泛"放在"交流"前即可。

10.分句位置颠倒。本句是连贯复句,分句应该按照事物发生发展的时间顺序展开。应改为:在抢险防洪的战斗中,同志们奋不顾身跳进汹涌澎湃的激流,经过四个多小时惊心动魄的同洪水搏斗,保住了大坝,战胜了洪水。

11.介词误用。表示向、对待的意思不能用"对于",而应该用"对"。改为:我们做任何事情,都要对人民负责。

12.并列结构搭配不当。"激动"是动词,不能跟形容词"欢快"构成并列关系,改为:打开收音机时,小华总喜欢选那些欢快、激昂的乐曲听。

第五章 修　辞

第一节　修辞概说

一、有人说，修辞是"咬文嚼字""雕琢词句""文字游戏"，请谈谈你的看法。[①]

这些观点都是片面的。"修辞"一词至少有四种含义：

第一种指修辞活动，修辞是一种针对情意内容而调整语辞的活动，是蕴含了人的目的性和能动性的积极的言语表达行为。

第二种指修辞现象，即体现在表达中的一切修辞表现，包括为获得理想的表达效果而巧妙运用的各种语言手段、方法和技巧。如语音的调整、词语的锤炼、句式的选用、辞格的运用、篇章结构的组织、语体风格的调配等。

第三种指修辞规律，即修正、修饰语言使文辞表达恰当而富有效果的规律。这既包括体现在一切修辞现象和修辞活动中的总规律，如修辞必须适应题旨、语境、语体等，也包括体现在具体修辞方式中的分规律。

第四种指修辞学，即研究修辞现象及其规律的科学。修辞所指的修辞活动、修辞现象、修辞规律都是修辞学研究的对象，而修辞学又是修辞活动、修辞现象、修辞规律的系统化、科学性

---

① 参考壹　修辞章（一）。

的总结。

从上述分析可以看出,说修辞是"咬文嚼字""雕琢词句",是将修辞局限在修辞活动的一个狭小的方面了,而认为修辞就是"文字游戏",则是理解偏了修辞的实质、范围和目的了。

二、修辞的原则是什么?请结合实例谈谈体会。

修辞的原则可以从三个方面予以说明:

第一,要适切题旨。题旨是指说话作文所要表达的内容和说写的意图、动机、目的。修辞和题旨的关系实际上就是形式和内容的关系:题旨决定修辞的运用,而修辞的运用要为题旨服务。毛泽东词《减字木兰花·广场路上》,赞美工农红军的革命英雄主义精神,开头一句"漫天皆白,雪里行军情更迫","情更迫"在原稿中是"无翠柏",原稿的这个词语是对茫茫雪景的自然环境的描写,而修改稿将这一描写自然环境的词语改为对人的赞美,紧密配合了这首词的主题思想。可见,无论运用何种修辞手段,都要为表达的内容和说写的目的服务,而衡量修辞效果,标准在于话语是否确切、简明、生动地表达了内容,是否恰到好处地达到了预期的目的。

第二,切合语境。语境是使用语言的环境,它分为语言语境与非语言语境,具体说则包括社会、文化、语言及现实四个方面。表达,无论是书面的还是口语的,都需要使之适应相应的语境。电视剧《亮剑》里团长李云龙的台词换给政委赵刚就非常不妥;在中国,朋友见面问"去哪里、吃了没"很正常,初次见面询问对方年龄、婚否不算失礼,但对西方友人这些却是要避讳的。究其原因,都在于切合语境这一点上。

第三,适合语体。语体是适应不同交际需要所形成的具有不同功能特点的语言风格体系。一定的语体,要求一定的词语、句式、辞格与之相适应。因此在实际交际过程中,也要特别注意适合语体。关系亲密的朋友私下交流如果时时用外交辞令就不很妥当,而正规场合却口语词满天飞,甚至随意省略、颠倒语序,使用不规范的句子,也很不合适。

三、请结合实例谈谈修辞与逻辑的关系。

修辞是研究修辞现象及其规律的科学,逻辑是研究人类思维方法和规律的学科,这二者分属于两个不同学科,但同时又有关联。修辞活动得以进行的基础应该是遵从逻辑规律、遵从思维规律的,表达先要遵从语法规则及客观事理,然后才能谈得上表达效果。比如:"……当我拉开窗帷时,东边山上那轮柠檬一样黄澄澄的月亮,洒下了青白的光。在青白的月色和呢喃絮语般的星光之中,漫长的秋夜寂静无声地加深了。"这段表达有违反逻辑之处,"黄澄澄的月亮"洒下的是"青白色的光",而星光"呢喃絮语"的夏夜却又"寂静无声"了。这样的表达就很难说它的修辞效果了。

尽管如此,修辞也往往突破语音、词汇、语法、逻辑的常规,从而产生特殊的表达效果。比如"燕山雪花大如席"看来不符合事实,但却更为真实地再现了燕山壮观的雪花、雪景。再比如,"崇明岛越长越大、古老又年轻的修辞学"等等,这样的表达单纯从形式逻辑角度看,是不合理的,但它却有很好的修辞效果。所以,应该辩证地看待修辞与逻辑的关系,既要看到逻辑对修辞的制约,又要看到修辞对逻辑的突破和创新,不可机械地理解。

四、有人没学过修辞,文章也写得不错,这是为什么呢?请联系你日常听说读写的实践活动,谈谈学习修辞对于提高语言表达能力的作用。

学习修辞理论和将修辞理论运用于修辞实践是两个不同层面的问题,修辞实践能力的高下并不一定与是否学习过修辞理论有必然关联,这正如母语的使用是人自然而然形成的能力,无须经过系统的母语知识的学习也能够掌握一样。虽然未经过系统的修辞理论学习，但人们仍然有可能遵循着潜在的修辞规律进行修辞实践，按照一定的文章学规律进行创作实践，因此，文章仍然可能写得很好。

但毋庸置疑，修辞理论和修辞实践这二者又是相辅相成的，系统学习修辞理论能够将人们自然的修辞实践转化为自觉的修辞实践，从语音的锤炼、词汇的选用、句式的调整、修辞手法的错综使用、文体的协调等层面进行系统化的修辞实践，必然对语言表达能力的提高有积极的促进作用。

第二节　词语与修辞

一、选用词语的要求是什么？[①]

选用词语的要求是：准确、得体、生动。

准确是指：选词不仅要求能毫不含糊地反映客观事物，而且还要求所用词语须切合内容和语境的需要。准确是选词的第一要求。

得体是指：适合说写对象；注意时地差异；适应语言坏境；体现文体特点；切合文化背景。在得体方面，尤其要注意恰当地运用礼貌语言。

生动是指：要注意挑选概念具体、表意形象的词，使抽象的事理具体化，静态的事物动态化。

二、同义词或近义词有哪些修辞作用？[②]

同义或近义词语在上下文里交替使用，可以形成错综的变化，避免单调，而且能体现出语言的精确性和表现力，使内容表达得更为周密、充分、圆满、生动。例如："七粒浮子有三粒沉在

---

① 参考贰　第五章第二节重点难点分析（一）。
② 参考贰　第五章第二节重点难点分析（二）。

水中,连细微的颤动也看得见……最先,浮子轻微地有节奏地抖动几下,这是鱼儿在试探。""船桨激起一道道水纹,扩散出一层层波澜。"例句中的"细微"与"轻微"、"颤动"与"抖动"、"水纹"与"波澜",表达的意思十分准确、具体、形象。

三、反义词在修辞方面有哪些功用?[①]

运用反义词,可以在相互映衬对比中把所描述的对象表现得更加清晰;用一组反义词的肯定和否定的说法来表现语义,也可以使字面活泼错综而不呆板;对举使用具有相对相反含义的反义词以揭示事物的优劣好坏,更能产生鲜明的感染力和雄辩的说服力。例如:

　　① 多少种绿颜色呀:深的,浅的,明的,暗的,绿得难以形容,恐怕只有画家才能够写下这么多的绿颜色来呢?(《林海》)

　　② 知识的问题是一个科学的问题,来不得半点的虚伪和骄傲,决定地需要的倒是其反面——诚实和谦逊的态度。(毛泽东《实践论》)

例①有两组反义词,"深"和"浅"是指绿色程度,"明"和"暗"是指绿色的光泽。这两组反义词互相对比,互相补充,把绿色写得栩栩如生,突出了林海的色彩特点。例②通过"虚伪、诚实","骄傲、谦逊"两对反义词的运用,把对待知识的两种截然不同的态度揭示了出来。

四、谈谈你对方言词语修辞作用的认识。

现代汉语以北方话为基础方言,并吸收了其他方言中表现力强的词汇,这对丰富词汇系统和语言表现力具有重要的作用。

方言词语有特殊的地域标示作用,在特定的场合、特定的对

---

① 参考贰　第五章第二节重点难点分析(二)。

象、特殊的需要情况下,方言词语能缩短交际双方的心理距离,增加亲切感。尤其是在异国他乡,乡音能大大增加交际双方的认同感。

在文学作品中恰当使用方言词语则可能使人物显得更为形象、逼真,使作品本身具有浓郁的乡土气息,形成特殊的表现风格。如《红高粱家族》中的方言词:

　　① 受伤的孙五"左腿棒硬,右腿软弱,蹦趑进场子"。

　　② 村里一个九十二岁的老太太对我说:"鬼子遭害人呢,在锅里拉屎,盆里撒尿。"

　　③ 外曾祖父乜斜着嘴眼说:"烧得她,烧得她不轻,她打的什么谱?"

例①"棒硬"形容孙五的腿像棒子(方言,玉米)一样硬,这把孙五左腿的支柱作用形象地描绘了出来。例②"遭害"出自一个农村老人之口,概括了鬼子残害百姓的罪恶行径,更重要的是刻画出一个饱经风霜的慈祥农村老人形象。例③"乜斜"可以与普通话"斜着"相对应,但是如果换成"斜着",外曾祖父那醉眼朦胧的情态就不明显了,可见,"乜斜"的运用生动形象地表达出特定的内涵。

《红高粱家族》以其质朴纯厚的风格见长。其风格的形成很大程度上得益于方言词的恰当运用。作者莫言在山东高密生活近二十年,非常熟悉当地的语言文化。他恰当运用高密方言词,描绘出当地风俗人情,达到了生动形象的修辞效果。

五、从语音修辞着眼,锤炼词语应从哪些方面进行?

从语音修辞着眼,锤炼词语应注意:巧用双声、叠韵、叠音词;韵脚和谐;平仄搭配。例如:

　　① 满园里绣带飘摇,花枝招展。

　　② 您的光辉将永远照耀着雄伟的天安门广场,照耀着

我们伟大祖国的河山,照耀着五洲四海,照耀着我们的万里征途。

例①的"飘摇"是叠韵词,"招展"是双声词,这里叠韵和双声联合使用,不仅音响和谐,而且将满园春色渲染得很鲜明。例②叠韵词"照耀"多次反复,具有声音的回环美;"广场"和"河山"平仄对称,错落有致,悦耳动听。

六、从词语修辞角度分析下列各例。

①本句偏重选择书面色彩浓郁的词语,形成了两组长短对比的对偶句,显出端庄的美感。

②本句注重选用具有形象感的词语,"发青、胖墩墩、圆滚滚"这三个词既描写了酥油草的颜色,又具象化描写了被酥油草养育的高原动物们的外形,而"胖墩墩、圆滚滚"这两个词语叠音自然,平仄相间,有特殊的音乐美。

③本句非常注意词语的声音及形象色彩的锤炼,句中选择了一组叠音词,"偷偷"写出了一片嫩绿的小草探头探脑露出地面的情形,极为形象;而"嫩嫩、绿绿"两个重叠形式的形容词的使用在形式及声音的均衡、匀称美感中透出小草的逼真质感和颜色;而"轻悄悄、软绵绵"这一对叠音词的选用既形成一个小对称结构,又在和谐的音韵中让读者体味清风软草的状态。

④从语音角度讲,本诗非常注意押韵,使诗节的每一行都形成声音上的回环、照应;从词汇角度讲,本句非常注意词语气势的凸显和强化,与整个诗节的主题保持了和谐一致。

七、试分析下列诗句的平仄搭配情况并说明修辞效果。

红雨随心翻作浪,青山着意化为桥。
⊖ | － － － | | ⊖ － ① | | －

天连五岭银锄落,地动山河铁臂摇。
⊖ － | | － － | ① | － － ① | －

七律的句式有四个类型：

㊉平㊇仄平平仄——平起仄收

㊇仄平平㊇仄平——仄起平收

㊇仄㊉平平仄仄——仄起仄收

㊉平仄仄仄平平——平起平收

加圈处是可平可仄的。所谓平起、仄起，主要看第二字，因为第二字是节奏点。这四种句型可以构成七律的四种平仄式：首句平起仄收；首句仄起平收；首句仄起仄收；首句平起平收。

上面的诗句属于平起仄收式，灵活遵从律诗的平仄搭配规则，诗句读起来显得抑扬顿挫、自然和谐。

八、分析下列词的韵脚，说说用韵与情感的关系。

　　寻寻觅觅，冷冷清清，凄凄惨惨戚戚。乍暖还寒时候，最难将息。三杯两盏淡酒，怎敌他晚来风急？雁过也，正伤心，却是旧时相识。满地黄花堆积，憔悴损，如今有谁堪摘？守着窗儿独自，怎生得黑！梧桐更兼细雨，到黄昏，点点滴滴，这次第，怎一个愁字了得！（李清照《声声慢》）

这首词创造性地改变了原词牌使用平声韵脚的习惯，改押入声韵，使平声字舒缓的节奏变为急促，而且所选入韵字不用a、o等洪音字，而改用细音字，就更在急促中体现出凄婉，与作者孤寂地飘零他乡的悲怆、凄清的心境达到了和谐。

九、分析下列两则征婚启事，说说在选用词语方面有什么不同。

例①词语非常朴实，更为注重词语的准确和规范性，显得非常理性、正规；例②则非常注意词语的附加色彩，偏重使用具有明显形象感及感情色彩的词语，着意营造浪漫的意境。

第三节 句式与修辞

一、什么是句式选择？句式选择应遵循什么原则？[①]

根据上下文、交际目的、文体风格选择恰当的句式与之照应、衔接的修辞活动就是句式选择。

句式选择，多指同义句式的选择。同义句式的选择有以下原则：

适应说写的目的。表情达意须选择与之相适应的句式，以达到形式为内容很好地服务。

适应行文递接。选择句式要适应语境，注意上下语句的联系和协调，使语句组织严密。

切合语体特点。不同文体对句式有不同要求，如论说文中长句较多，叙述文中短句较多。

讲求声韵协调。在诗歌、快板、唱词等文艺语体中，话语的表达更讲究音乐美，以优美的节奏和旋律来增强表现力。

二、举例说明化长句为短句的方法。

长句化短句的方法主要有以下几种：

分散法。有些长句修饰语太长、太多、太复杂，就可以把长句中的修饰语抽出来，变为复句里的分句，或者使之单独成句，让中心词语与前边的相关成分直接搭配，这样就可化长为短。例如：

加拿大的一种小灌木御膳桔利用弹射机制弹射花粉的速度比火箭速度还要快数百倍。

这句可改为：加拿大有一种小灌木御膳桔，它利用弹射机制

---

① 参考贰 第五章第三节重点难点分析(二)。

弹射花粉,其速度比火箭速度还要快数百倍。

反复法。有些长句包含着较长的联合短语,要化这种长句为短句,可把联合短语拆开,重复跟联合短语相搭配的成分形成叠用句式,或用重复词语的排比句式。例如:

> 鲁迅是在文化战线上,代表全民族的大多数,向着敌人冲锋陷阵的最正确、最坚决、最忠实、最热忱的空前的民族英雄。

这句可改为:在文化战线上鲁迅是代表全民族的大多数的,他向着敌人冲锋陷阵,是空前的民族英雄,他是最正确、最坚决、最忠实、最热忱的。

指称法。有些长句,可以把较长的修饰语或宾语抽出来单列一句,而在原来的位置上用称代词语替换。这样既醒目又简洁。例如:

> 如果现在不抓紧提高整个中华民族的科学文化水平,造就大批科学技术专门人才,实现现代化的任务就不能完成。

这句可改为:提高整个中华民族的科学文化水平,造就大批科学技术专门人才,这项工作如果现在不抓紧,实现现代化的任务就不能完成。

三、举例说明在哪些情况下运用被动句比运用主动句能收到更佳的表达效果。[1]

为了突出动作行为的接受者,而动作行为的发出者不必说出,或不愿说出,或无从说出时须要用被动句。例如:

> 那瀑布从上面冲下,仿佛已被扯成大小的几绺;不复是

---

[1]　与本节四、五题一同参考贰　第五章第三节重点难点分析(一)。

一幅整齐而平滑的布。

是什么把瀑布扯成几绺没必要交代，所以使用被动句省去相应内容即可。

在特定的上下文里，为了使前后分句的主语保持一致，使叙述的重点突出，语意连贯，语气流畅，也适宜用被动句。

> 他也躲在厨房里，哭着不肯出门，但终于被他父亲带走了。

叙述对象始终是"他"，因此最后一句用被动句以保持主语的前后一致。

叙述不如意、不愉快的事情，可采用被动句。比如：

> 不要说当干部的挨批评是家常便饭，连我这个小小老百姓，这几年来，在大会小会上，也不知被批判过多少回了。

受批判不是如意事，使用被动句其语用功能显而易见。

四、肯定句与否定句结合运用在表达效果方面有什么好处？

肯定句与否定句结合运用，可以相互补充，使论证更周密，观点更鲜明，意思更显豁，行文有波澜。

肯定句与否定句结合使用有时候可以从正反两方面说明情况，显得交错递进，相互衬托，既可以更为明确地达意，还可以产生强调语气的作用。如2006年广西高考满分作文《亮剑》有这么一段：

> 面对滔天巨浪，成熟的船长从不会害怕，而是沉着面对，因为他要亮剑；面对残酷的侵略战争，士兵们绝不会退缩，而是勇往直前，因为他们要亮剑；面对艰难的比赛，运动员们即使倒下了，也会迅速站起来，继续前行，因为他们要亮剑……

这段文字用了否定句"不会……"和肯定句"而是……",将两种句式结合起来使用,把文章的中心"为了实现自己的目标敢于亮剑"清晰地表达了出来,赞颂了具有这种精神的人,感情激越,内容充实。可见,肯定句与否定句交错使用,能取得特定的表达效果。

五、什么是整句和散句?二者在表达效果方面各有什么长处与短处?

结构类型相同或相近,在表意、形体、音响上,都呈现出整齐匀称的美的一组句式就构成整句,而结构类型没有相同之处,长短不一,灵活多样,具有变化美、自然美的句式就构成散句。

整句的长处在于结构匀称,声韵和谐,富有气势,适宜于表现严整的语气和奔放的感情,多见于散文、诗歌和唱词之中,但如果全篇都用整句,就会单调呆板,甚至显得做作。

散句的句式错落不齐,灵活多变,适宜于表达行云流水般的叙述和急剧变化的情感,因而多用于小说、散文等文艺语体中,但如果全篇都用散句,就会影响语言的气势,甚至会显得散乱。例如郭沫若《科学的春天》:

> 春分刚刚过去,清明即将到来。"日出江花红似火,春来江水绿如蓝。"这是革命的春天,这是人民的春天,这是科学的春天!让我们张开双臂,热烈拥抱这个春天吧!

这段文字句式整散结合,前面大部分用整句(对偶和排比),显得整齐和谐,语气顺畅。末句散句收尾,参差变化,充分抒发了催人奋发的感情。由此可以看出句式交错运用的好处。

六、按要求变换下列句式。

1. 我们的党是伟大的,我们的人民是伟大的,我们的革命是伟大的,我们的建设事业也是伟大的。

2. 如果你有理的话,你就用不着紧张,更不必那样气势汹汹的。

3. 装璜公司总经理李锁一表人才,兴趣广泛,他有 100 万元存款,还有 200 平方米住房,家庭条件优越,曾声称非人才出众者不要,非城市姑娘不娶,昨天突然向全公司员工宣布要结婚了,而结婚对象是一个相貌平平、地地道道的农村姑娘。

七、比较下面几组句子的表达效果。

1.1a 使用了双重否定句,使语义表达更为强烈;1b 则用了肯定句,相对而言语气弱很多。

2.2b 使用了一组整句,结构和声音上都显得整齐匀称,文势也显得很流畅,层次分明;而 2a 则使用了一组散句,结构零散,主语句句更换,使得文势郁结,表义也因此不够自然连贯。

3.3a 使用了倒装句,正句和偏句语序倒置,使得偏句得到了强调;3b 使用的是常式句,表达显得自然平实,语势相对和缓。

4.4a 使用了长句,这句的开头是个长状语,使得整个句子结构失衡,前重后轻,而且节奏显得拖沓,表义也不够清晰;4b 则使用了短句,整个句子结构简单,短小精悍,节奏生动活泼,表义也明白易懂。

八、从句式角度看下列主动句和被动句的使用有什么毛病,试加以修改,并说明理由。

1. 本例有两处使用了被动句,这就导致主语随句而换,表义不够连贯、流畅,将主语换为“义和团”并将本句换为主动句,就可避免存在的问题。可改为:“由于清政府的破坏,义和团将使馆围攻了 56 天,将西什库教堂围攻了 63 天都没能攻下。”

2. 本例全部使用主动句,结果第二小句不得不更换主语,使得表达不够连贯、流畅,甚至使最后的小句产生歧义,应将第二小句改为被动句,即可避免存在的问题,可修改为:“二诸葛老婆追出门来,被二诸葛拉回去,还骂个不休。”

第四节　辞格与修辞

一、从意义上看,下列对偶分别属于哪一类?

1.串对　2.正对　3.反对　4.反对

5.串对　6.反对　7.串对

二、分析下列两个句子各用了什么辞格,并说明这两种辞格的不同。

1为正对,2为反对。正对上下两句意义相近,互为补充,反对上下两句意义相反,互相映衬。

三、举例说明排比的修辞效果。

排比的修辞效果首先表现在对音乐性的营造上。如:"心灵是一方广袤的天空,它包容着世间的一切;心灵是一片宁静的湖水,偶尔也会泛起阵阵涟漪;心灵是一块皑皑的雪原,它辉映出一个缤纷的世界。"使用排比后增强了语言的节奏感、旋律美。

排比的修辞效果还表现在能够壮文势。如:"好家伙!六十年代尼·谢·赫鲁晓夫提倡土豆烧牛肉的共产主义,八十年代,姑姑搞面包加黄油的现代化!何其相似乃尔!现代化意味着工业的自动化、农业的集约化、科学的超前化、国防的综合化、思维的任意化、名词的难解化、艺术的变态化、争论的无边化、学者的清谈化、观念的莫名化和人的硬气功化即特异功能化。化海无涯,黄油为楫。"句中的排比一气呵成,加强了语势,抒发了强烈的感情。

四、顶真、回环、回文有何联系与区别?请举例说明。

顶真就是上文的词语、句子用来作为下文的开头,上递下接,首尾相连的修辞方式。这种辞格又称顶针、连珠、联珠、蝉联。如果用符号表示,顶真的格式是:AB,BC,CD,DE……

　　回环是把前后语句组织成穿梭一样的循环往复形式,以表达不同事物间的有机联系。如果用符号表示,回环的格式则是:AB,BA,或 AB,……BA。回环可以是词语的回环,也可以是句子、语段的回环。

　　回文从格式上讲可以说是严式回环,比如"客上天然居,居然天上客""人过大佛寺,寺佛大过人"等就属于回文。回文仅在句子层面出现。

　　这三者之间的联系在于构成这几类辞格的片段形式上都存在首尾的蝉联,差异则在于顶真是多项顺连而下,而回环和回文只是在两项内循环。回环和回文的差异则在于,回环可以是宽式回环,两项间可以插入别的成分,而回文不行;另外回环可以是词语的回环,而回文仅限于句子之间。

　　五、互文可以分为哪些类型? 分类的标准是什么?

　　互文,又叫"互辞、互言、互文见义",它是上文里省去下文出现的词,下文里省去上文出现的词,参互成文,合而见义的辞格。如《乐府诗集·木兰辞》:"当窗理云鬓,对镜贴花黄。"意思是:(木兰)对着窗户和镜子梳理头发,对着窗户和镜子修饰面容。从形式上看,上文里省去了下文要出现的词"镜",下文里省去了上文里已出现的词"窗",参互成文,合而见义,表达一个完整的内容。

　　互文的类型按语言形式划分,可分为短语互文、单句互文、偶句互文及多句互文四种形式。

　　六、分析下列句子中的比喻各是哪种类型? 它们的修辞效果怎样?

　　1.本句是博喻。用了六个喻体从多方面直接、生动地说明了"你"的不可缺少。

　　2.本句是借喻。"风浪、手中的桨"喻指生活中的艰难困苦和战胜这些困苦的方法,表达含蓄、生动形象。

3.本句为明喻,本体、喻体、喻词及喻解都在句中出现了,直观、质朴地说明书对人的心智的启迪作用。

4.本句为借喻。以"压缩饼干、大米花、荷包蛋"及"片儿汤"喻指严谨、厚实或松散、虚浮的作品。

七、拈连可根据不同的标准分出不同的类别,试说明拈连的分类标准及类别。

拈连是利用上下文的联系,将用于甲事物的词语顺势拈来用于乙事物的辞格。拈连可根据发生黏结部分的词性分为动词性拈连和形容词性拈连。如:

> ① 齐达内那令全世界猝不及防的一撞,撞碎了法国球迷的心,撞碎了自己几近完美的形象,也撞翻了本届世界杯的历史。
>
> ② 人穷志不穷。

例①"撞碎了法国球迷的心"是正常搭配,"撞碎了自己几近完美的形象"则是顺着这个正常搭配延用下来的不正常搭配,句中发生黏结部分的词"撞碎"是动词性的,此例属于动词性拈连。例②"人穷"是正常搭配,延用而出的"志不穷"则是不正常搭配,黏结部分"穷"是形容词,此例属于形容词性拈连。

八、试就下列两例辨析拈连与移就的不同。

1属于拈连,2属于移就和拈连,两句都是把用于甲对象的词语移用到乙对象上。但其区别主要有两点:第一,从内容上看,拈连是在语境限定的情况下,把用于甲事物的词语顺势拈来用于乙事物,如1把眼睛的"近视"顺势拈来用于思想的"近视",通过词语的拈连很自然地将两种完全不同的事物连在一起,表现了事物之间的联系;2是将动词"驮"与具体的"货物"和抽象的"月光"联系起来,写活了月光洒在货物上的情形。移就是将描写甲事物性状的修饰语用来描写乙事物的性状,如2

把写人的"忧郁"移用到"月光"上,使物带人情,人物情绪因此而显得更为深重。第二,从形式上看,拈连所拈用的词语以动词居多,关涉的两项多为动宾关系或偏正关系("不近视"是状中关系);移就移用的词语一般为形容词,关涉的两项构成偏正(定中)关系。另外,例2"也驮着一片忧郁而清冷的月光"也属于拈连。前一句"驴背上驮着沉重的货物"属于正常搭配,后一句则顺势拈出"也驮着……月光",则属于超常搭配,是动词性拈连。

九、辨析下列各句是对比还是映衬?

1是对比,对比中更显得战士之伟大,心灵之美;苍蝇之渺小,心灵之丑。2"蓝蓝的木兰溪照样流,水柳长在高岸上,新竹生在山岗上;芳草芊芊,野花飘香。"与"我们美丽而善良的赵双环呢,她在哪里?"构成映衬,以木兰溪的生机依旧衬托赵双环的伊人不在。对比和映衬的主要区别是:前者形成对比的两项无主次之分,后者形成映衬的衬托项和被衬托项有主次之分。

十、什么是同语? 同语有何修辞作用?

在两个字面相同的词语间加上"是、为"之类的判断词,组成主语和宾语相同的语言形式,以表示强调、让步、说明、描述的修辞方式就是同语。如:"狼总是狼,帝国主义总是帝国主义。"判断语"总是"前后的词语相同。

同语具有两个突出的修辞效果:其一,同语含义深刻,富有哲理性。用于说理,可以强调事物的属性,揭示事物寓含的深刻事理,含蓄凝练、精警有力。如"狼总是狼",前一个"狼"是从一般概念上说的,后一个"狼"则是从本质上说的,指狼具有凶残、狡诈、贪得无厌的本性。这样,同语的运用就能引人深思,耐人寻味。其二,同语在结构上主宾相同,音节匀称,节奏鲜明。

十一、举例说明设问和反问有何异同?

无疑而问,自问自答,引导读者注意和思考,这种辞格叫设问。如：

① 我们为什么又叫它做党八股呢？这是因为它除了洋气之外，还有一点土气，也算是一个创作吧。

无疑而问，明知故问，以一种用疑问形式表达确定的思想内容的修辞方式就是反问。如：

② 哪一颗星没有光？哪一朵花没有香？哪一次我的思潮里没有你波涛的清响？

设问和反问都是无疑而问，但有明显的区别：（1）设问是自问自答，如例①，上一句问为什么叫党八股，下一句接着回答原因。而反问没有回答部分，它是用问句的形式表达确定的内容，如例②，就是用问句的形式来强调每一颗星都有光，每一朵花都有香，每一次我的思潮里都有你的波涛。（2）设问的修辞效果在于提醒注意，引导思考，使文章波澜起伏，避免单调。反问的修辞效果在于加重句子的语气，表达某种强烈的褒贬色彩，传达强烈的感情，增强语言的生动性、形象性，尤其能够加强语言的战斗力。

十二、分析反复辞格在下面一首诗中的修辞效果。

大堰河，为了生活，/在她流尽了她的乳液之后，/她就开始用抱过我的两臂劳动了；/她含着笑洗着我们的衣服，/她含着笑，提着菜篮到村边的结冰的池塘去，/她含着笑，切着冰屑悉索的萝卜，/她含着笑，用手掏着猪吃的麦糟，/她含着笑，扇着炖肉炉子的火，/她含着笑，背了团箕到广场上去，/晒好那些大豆和小麦，/大堰河为了生活，/在她流尽了她的乳液之后，/她就用抱过我的两臂劳动了。

本诗用了句子和词语两种间隔反复。诗句的反复使得整个诗节形成一个回环往复的结构，既有形式上的对称美，又有音乐上的韵律美,而且还升华了作者对大堰河深厚、强烈的感情。词语反复使得整个诗节层次分明、脉络贯通,还强化了诗节的节奏感和旋律美。

十三、举例说明婉曲与双关的区别。

故意不把本来的意思直截了当地说出来,而是运用婉转曲折、含蓄暗示的话语来表达,这种修辞方式叫婉曲。在特定的语言环境中,借助语音或语义的联系,有意使语句同时具有双重意思,言在此而意在彼,这样的辞格是双关。如:

① 我们不怕死,我们有牺牲的精神!我们随时像李先生一样,前脚跨出大门,后脚就不准备再跨进大门!

② 人类失去联想,世界将会怎样?(联想广告词)

上两例分别是婉曲和双关,其区别主要表现在:婉曲是婉转曲折、含蓄暗示的表达方式,如例①,用"前脚跨出大门,后脚就不准备再跨进大门"来婉指从容就死;双关则是依靠语境,借助语音或语义的联系,言此意彼的表达方式,如例②就是利用"联想"的多义性来造成双关。它们的修辞效果也不同:婉曲平和动听,避免刺激,使人乐于接受,还显得含蓄曲折,意味深长,引人联想和回味;双关则主要是使语言表现得幽默风趣,含蓄婉转,增加语言的生动性和感染力。

十四、从短信息或报纸标题中搜集 10 个运用仿拟辞格的例子。

1.风萧萧兮股市寒,钞票一去兮不复还。

2.真的猛士,敢于直面惨淡的分数,敢于正视严厉的批评。

3.自傲和自卑是一个物体的两面,自傲是顾影自喜,自卑是顾影自怜。

4.变自己的态,让别人去说吧!

5.利润诚可贵,信誉价更高。若为利润故,别把信誉抛。

6.昔日哲人曰成事在天,谋事在人。今日智者说谋事在人,成事在吹。

7.默默无蚊的奉献。(蚊香广告)

8.千里江铃一日还。(江铃汽车广告)

9.百"文"不如一"键"。(电脑广告)

10.满纸旧号码,一把辛酸泪。都云彩民痴,谁解其中味。

十五、拆字有哪些类型?举例说明。

拆字也叫"析字",是运用离合字形、增减字形、借用字形或者离合字义等方式表达思想感情的一种修辞方式。拆字的类型有以下几类:

(1)析形　对字的结构进行增损离合。例如:

① 长风挂席势难回,海动山倾古月摧。

诗中的"古月"即为"胡"的析形,暗指安禄山、史思明叛军。

(2)析音　对构成汉字的音节进行分析。例如:

② 三军皆哗扣以振旅,其声动天地。

"哗扣"是"吼"的分音,这是典型的析音。

(3)析意　有的汉字析形后,偏旁独立成字,分析并解释其义,以表达特殊的思想感情。例如:

③ 你一个人孤身奋斗,当然只会碰钉子。可是当你投身到集体的斗争中,当你把个人的命运和广大群众的命运联结在一起的时候,那么,你,你就再也不是小林,而是——而是巨大的森林啦。

利用"小林"的"林"和"森林"的"林"同形又同音的关系,把"小林"和"森林"联系起来,说明个人孤身奋斗不如集体力量大。

十六、什么叫闪避?闪避辞格有何修辞作用?

利用含义宽泛的概念或精确性不够的语言，故意把话说得不明白、不具体，以收到特定表达效果的修辞方法就是闪避。例如：

> 那大嫂看着手中的车票，眼里含着热泪说："大兄弟，你叫什么名字？是哪个单位的？"雷锋笑了笑，心想这大嫂真有意思，大概还想还钱呢，就说："别问了，快上车吧，我叫解放军，就住在中国。"（陈广生等《人民的勤务员》）

闪避具有含蓄委婉、幽默风趣的修辞效果。多用于人物对话中，字面上看表达是不具体、不准确的，但表达的方式蕴含丰富、意味深长，能充分展示人物的心理活动和性格特征，使读者产生丰富的想象。例中的"我叫解放军，就住在中国"，就回答问题来说，是过于宽泛了一些，是不够精确的。但是，正是这不具体、不精确的回答表现出了雷锋同志助人为乐的美好心灵。

十七、衬跌辞格大量地用于短信息中，如"谢谢你在我最失意的时候陪伴着我，在我最需要帮助的时候拉了我一把，千言万语诉不尽，只想告诉你：'自从认识你——没有一件好事发生。'"再搜集 3—5 条使用衬跌辞格的短信息，并分析其修辞效果。

① 我交朋友有四项基本原则，智商高的基本不交，心肠好的基本不交，长相好的基本不交，脸皮薄的基本不交，哈哈，除了你，我谁都不交。

② 没有你的天，不蓝；没有你的日子，心烦；没有你的生活，真难；能够重新拥有你，真甜！祝福你，我最亲爱的心肝，别美了，不是你，是工资。

③ 当魔鬼在你窗前拍着玻璃，蛤蟆正钻进你的被窝，毒蛇想做你的围巾，蚯蚓想开垦你的心田，亲爱的朋友，别怕，我正骑着蜗牛来救你！驾！驾！驾！

先用其他话语从反面作衬托,然后急速转折,说出正意,使前后造成强烈的反差,这种修辞方式叫衬跌。其特点是欲擒故纵,使语言跌宕起伏,多用于相声、笑话、短信息等语体,用来制造笑料,增强意外感和幽默感。例①先说自己的交友原则,一番自贬,然后话锋一转,原来是说读短信的人是智商低、心肠坏、长相差、脸皮厚的人,显得幽默,出人意料。例②当读短信的人还在为自己在对方心中的分量自喜时,真相急转而出,这一切说的都是工资,而跟"我"无关,错落曲折中显得很幽默。例③尽管有魔鬼、蛤蟆这样邪恶、丑陋的事物困扰,不怕,朋友会来救命,等等,是驾着蜗牛来救……这样的异想之中,埋藏在意料之外,让人忍俊不禁。

十八、什么是辞格的综合运用? 请举例说明。①

在语言运用中,为了取得突出的修辞效果,一个语言片段里往往同时使用两个或两个以上的辞格,就是辞格的综合运用。分为三种情况:连用、兼用、套用。例如:

①总理的轿车开动了,我们的心哪,跟着总理向前,向前,……忘记了卸装,忘记了时间,忘记了春寒……许久许久,周总理的音容笑貌,在我脑际萦绕;周总理的谆谆教诲,在我心中回响。

②证券高层再现"丢人"事件,STXXXX 的总裁人间蒸发。

③你的嗓子像铜钟一样,一叫起来,十里地都能听见,那咱们的计划就完全暴露了。

例①是反复、比拟、排比、对偶的连用,这些具有不同修辞效

---

① 参考贰 第五章第四节重点难点分析(二)。

果的辞格前后配合,交错使用,互补互衬,珠联璧合,强烈地抒发了对周总理炽烈如火的真挚感情。例②是辞格兼用,双关和换义的兼用。"丢人"是双关:一指丢面子,一指总裁人间蒸发,而第二个含义的实现是"丢人"临时换义造成。例③是辞格套用,夸张和比喻套用。全句是夸张,句子内部又是比喻,把"嗓子"比作"铜钟"。

十九、举例说明辞格套用的修辞效果。

如果你要成功,就应该以恒心为友,以经验为顾问,以耐心为兄弟,以希望为守护者。

此例是排比和比拟套用。"以恒心为友……以希望为守护者"是一组排比,结构整齐,读起来一气呵成,节奏和谐,增加了语言的旋律美;除排比之外,每一句内部又是比拟,把"恒心"等当做人来写,使抽象的道理具体化。辞格的套用能够使大小几个辞格相互配合,使大的修辞格有所借助,小的修辞格有所依托,充分发挥各个辞格的作用,最大限度地增强表达效果。

二十、分析下列例子所用的辞格,并简述其修辞效果。

1.本句使用了层递。这种环环相扣、层层深入的修辞方式有利于突出语意,强化感情,增强语言的感染力。层递的语句往往结构相似,所以语气贯通,语势强劲,语言的节奏感强。

2.本句是排比和比拟的套用。排比使语言具有很强的音乐美和匀称美,使语气贯通,读起来一气呵成,增加了表达的气势。"让爱插上翅膀"是拟物,拟物的使用使无生命的事物有生命,使抽象的表达具象化,使读者有更多的理解和想象空间。

3. 本句是排比、明喻和夸张的连用,从内在感受、外在物象等角度真实再现了难耐的酷热,给人以身临其境的感受。

4.本句是借代、回环、比拟、对偶的连用。"血雨腥风"是借代,代白色恐怖。"青了又黄,黄了又青"是回环。"不向残暴低头,不向敌人弯腰"既是拟人,又是对偶。多种辞格的连用形成了匀称的形式美,体现了回环往复的音乐美,形象生动地描写了在严峻的形势面前人民坚贞不屈的革命斗争精神。

5.本句是设问、暗喻和夸张的连用及兼用。开头的设问能够引人关注,引发思考,"就成了一条苇子的长城",是暗喻、夸张的兼用,生动再现了广场上的苇子之多。

6.本句使用了借代辞格,引号之处是借代,引人联想,委婉地说明了现在的学生失掉的是怎样的快乐。

7.本句是比拟和排比的连用。比拟的使用生动再现了小草初生露出地面的情景,排比的使用体现了韵律美和酣畅的文势。作者对春天真挚的赞美之情,很细腻地融入了景物描写之中,让人读来回味无穷。

8.本句是顶真和引用的连用。顶真的使用层次清楚、逻辑严密地体现出井冈翠竹所蕴含的不屈精神,而引用白居易的诗文既增加了语言的色彩美和说服力,又和句子的内容相得益彰,进一步展现了井冈翠竹的精神实质。

9.本句是顶真和排比的套用。顶真的使用层次清晰而深刻地揭示了困境、孤独、恐惧、自卑、轻信之间的联系,而排比的使用则显示了语句结构的均衡美,读起来富有音乐美,也以流畅的文势强化了本句内容的表现力。

10.本句使用了比拟,生动再现了潭水对作者内心的震撼。

11.本句的辞格属于谐音双关。每年的9月9号说起来是个平常的日子,但对于相爱的人来说肯定非同寻常。为了讨个长长久久的好口彩,不少年轻男女选在这天去登记结婚,因此,9月9号,这是多么吉利的一个数字!谐音双关利用了音同或音近的条件使词语具有两种不同的意思,使语言表达得幽默风趣,含蓄婉转,增强了语言的生动性和感染力。

12.本句使用了仿拟,语言新鲜、幽默、有新颖感。

13.本句使用了拈连,表达了"这孩子"人虽小但志气大、有理想的意思,显得别致新颖。

14.本句使用了排比,匀称中体现出变化,语势流畅,表达了作者对时光飞速流逝的感慨。

15.本句是辞格的连用,连用了暗喻和对偶。暗喻将抽象的道理形象化,对偶在形式及声音两个方面体现出平衡、对称的美感。

16.本句使用了映衬辞格,用"个个那么专心,教室那么安静"衬托人聚精会神地学习,通过衬托,使所阐述的思想更深入,使描写的人更鲜明突出。

17.本句是衬跌和排比的套用,排比的使用形成一种表义定式,使得衬跌所要传达的意外感、新鲜感显得更为强烈。

18.本句连用了摹状、明喻、排比和比拟辞格,寓情于景、情景交融的描述,富有质感地再现了充满生机的乡村图画。本例选自王蒙小说《春之声》,如果结合整个小说内容,不难看出这段描写表现和歌颂了党的十一届三中全会以后中国大地出现的新的希望和转机。

19.本句使用了析字格,将不便直说的意思通过拆字表达出来,含蓄深刻,耐人寻味。

20.本句兼用了换义和双关。此处"四海"临时换义为四海大厦,推陈出新,寓意丰富,让人在新鲜中感受到亲切。

21.这段套用了借代、镶嵌、比拟,简约又直观、生动地体现了老一批作家的作品对青少年一代的深远影响。

22.这是何其芳的诗歌《我们最伟大的节日》里的一句,本句使用了反复辞格,突出强调了沉痛苦难的岁月给中国人民造成的心理伤痕,表达了诗人对新中国成立的欣欣与自豪的感情。

23.本句使用了飞白,形象、生动刻画了"狗呲"的形象,并暗含了让人忍俊不禁的幽默。

24.本句使用了拟人辞格,把柳树比作姑娘,能够"轻轻梳理着她的长发",字里行间渗透着鲜明的感情色彩,喜爱自然之情跃然纸上。

25.本句使用了降用,几个农村老婆婆凑到一起聊聊天、发发牢骚,却要说是开座谈会,化庄为谐,充满了幽默和风趣。

26.本句使用了通感辞格,"甜丝丝的清香"将嗅觉与味觉串起来描写,将金合欢花的香味入神体现出来,让人有亲口品尝的感觉。

二十一、自拟题目,写一篇内容连贯、语言流畅的 300 字左右的短文,要求文中运用四种辞格,并对所用辞格的修辞效果加以分析。

（此题为实践题,不拟答案）

第五节　口语修辞

一、结合口语交际的特点,谈谈如何在面谈交际时,做一个"理想的说话者"和"理想的听话者"?

面谈中要做一个理想的说话者应该注意以下方面:首先,根据交际需要选择适合的语言单位组成话语,再以适当的方式表达出来。要注意什么时候讲话,讲什么,注意讲话的速度和顿连、语调和节律。其次,说话人应该根据听话对象的年龄、性别、职业、文化素养、性格特征、思想情绪等主观因素有效地选择词语及表达方式。最后,说话人应该根据自己的文化、心理等特点来有效选择词语及表达方式。

面谈中要做一个理想的听话者应该注意:礼貌倾听,准确理解对方所传递的信息,然后根据交际的需要选择恰当的词语及表达方式回应说话人的话语,回应过程要体现自我特点,还要注意适应对方的个性、年龄、文化素养等因素,交谈要注意与交际场合相适应。

二、口语交际的原则有哪些类型？除此之外,你还能概括出其他的原则吗？

口语交际的原则归结为合作原则和礼貌原则两个方面。

合作原则又包括数量、质量、关联和方式四个次准则;而礼貌原则则包括尊重、慷慨、宽容(对人的)及自重、谦虚、退让(对己的)六类次准则。

我们认为,口语交际不应只有以上两个原则,还应遵守诚信的原则。诚信是做人的基本原则,人以言为信,所以诚信表现于口语交际之中。至于口语交际还有无其他原则可循,这就要在口语交际的实践中去体会。

三、请把一位你所熟悉的人(如父母、同学、老师、朋友)得体地介绍给大家。

尊敬的女士们、先生们:请允许我郑重向大家介绍我的导师×××。×××先生是××大学×××专业的博士生导师,目前正在从事×××方面的研究。今天我们见到×先生很荣幸,我们鼓掌热烈欢迎×先生。

四、请分别为"祝贺"和"告别"两种言语行为设计不同的交际场合、不同交际对象的对话用语。

(此题为实践题,不拟答案)

五、请以"态度决定一切"为题,进行一次命题演讲练习。

(此题为实践题,不拟答案。)

注意事项:演讲风格应庄重、正式,适宜选择书面语词,句式应该避免过多变化;还应注意论题展开过程的逻辑性。

第六节　体态语修辞

一、什么是体态语？体态语修辞的特点和功能是什么？①

体态语又叫"人体语、动作语、情态语、行为语、态势语"等，就是情态姿势语言，它是通过人的体态、手势、表情等非语言因素传递信息的一种口语交际的辅助形式。

体态语具有辅助性与局限性、直观性与隐喻性、民族性与时代性的修辞特点。

体态语的修辞功能有以下几点：（1）辅助传递信息。作为言语交际的辅助手段，体态语往往是一种伴随语言，通过身姿、表情的配合，对口语起弥补、暗示、丰富等作用。（2）单独传递信息。体态语不仅对言语交际有辅助功能，而且可以暂时离开口语，单独来传递信息，交流感情，具有补偿和替代功能。（3）强化有声语言。体态语言能对有声语言起到一定的增强作用。

二、在交往中应如何运用表情来传情达意？

表情，一般指发生在人的面部能反映内心变化的动作、状态和生理变化，它是人的心理活动或感情、情绪的外在表现。在人际交往中，表情乃是传情达意的一种非常特殊的方式，说话人往往通过各种表情的显示来感染听众。人的面部表情是由脸色的变化和眉、目、鼻、嘴、肌肉的动作来体现的，所以，在运用有声语言交际时，得体运用目光、微笑等表情，传情达意便能产生极佳的效果。

三、手势在交际中的作用是什么？

手势指用来示意的手和臂的各种动作姿势，是一种表现力很强的体态语言。它不仅可以弥补有声语言的不足，而且可以

---

① 参考本书贰　第五章第六节重点难点分析（一）和（二）。

在特定的交际环境中起到"此时无声胜有声"的作用。据语言学专家的研究,人们在面对面的交流中,只有35%左右的信息是通过语言传递的,而65%的信息是通过动作、手势和表情等无声语言传递的。这说明手势语在交际中的运用既普遍也很重要。在各种交际中,若能恰当灵活地运用手势语,则有利于交际活动的顺利进行。手势语广泛运用于各个交际领域,如在服务领域,手势语使用频率就较高一些。服务人员在运用服务语言时,如果能恰到好处地发挥手势语的作用,将会大大提高服务语言的质量,强化与客人交流的效果,从而有效地在宾客心目中树立良好的服务形象,赢得宾客的好感和信任。手势语是一定文化背景下的语言现象,具有丰富的文化内涵,尤其在跨文化交际中能避免可能造成的种种误解。手势语在交际中传情达意的作用是不可忽视的,因此应该注意手势语在交际中的得体使用。

四、如何根据交际的不同目的和场合选择交际的空间距离?

一般而言,交际双方的空间位置能够表现出双方的关系、地位、态度和情绪等。关系亲密,距离相对近些;关系疏远,距离相对远些。

美国人类学家爱德华·霍尔在他的著作《无声语言》中把人类的空间关系划分为四种区域或距离,即亲密距离(15~45厘米)、个人距离(46~120厘米)、社交距离(121~370厘米)、公众距离(371~760厘米)。人们在交往时,应该根据不同民族、文化、场合及个人心理选择正确的人际空间距离。

五、以自己的亲身经历说明学习体态语修辞的重要性。

(此题为实践题,不拟答案)

六、指出下面几段文字中体态语的描写,并分析其含义和作用。

1. 这段文字是写贫穷可怜的小市民华老栓,为了治儿子的痨病,去刑场向杀害革命者的刽子手康大叔买人血馒头的现场交易情景。人物的动作(体态语)刻画很精彩:"摸出洋钱,抖抖的想交"写出了华老栓对来之不易的钱的珍惜,对杀人者康大叔和还在滴着人血的馒头的惊惧,生动形象地写出了华老栓的愚昧、胆小。"嚷、抢、扯、裹、塞"等动词,准确地写出刽子手康大叔对老栓的粗野态度和不耐烦心情;用"抓过、捏一捏",写出他接钱、数钱的熟练动作和凶残的性格;"哼"字表现了他对华老栓胆小怕事的轻蔑和不满。这段描写人物的成功之处是抓住了那些最能体现人物性格,最能反映人物内心世界的动作进行描写。

2.总是挟着公文包、总是带着老手杖、手里拿着雪茄、无名指微微弯曲、小指翘得高高的,这样的体态语的描写将一个守旧又有些做作的老古板形象活灵活现地刻画了出来。

3."她用力抿了抿嘴唇"写出的是她下意识里的些许紧张、紧张后的坚决。

4."携着黛玉的手,上下细细打量一回,便仍送至贾母身边坐下""用手帕拭泪"的体态语将王熙凤聪明能干、八面玲珑、善于察言观色、奉承表演、张扬泼辣的个性寥寥数笔鲜活地勾画了出来。

第七节　书面语修辞

一、什么是书面语体,它与口语语体相比有何特点?

书面语体又叫"书卷语体"或"文章语体",是适应书面交际的需要而产生的以文字为媒介、适用于正规场合的语体。

与口语语体相比,书面语体的特点是:第一,它以文字为媒介,对非语言因素(如交谈时的情态、手势等)的依赖性较少;第二,它一般用于社会集体活动的领域,正式交际的场合;第三,书面语体不是即兴的、漫无中心的表达,而是在动笔前有充分准备、围绕中心进行的表达,对规范化和修辞运用的要求更高,它是比口语语体更成熟、更高级的一种语言表达体式。

二、举例说明公文语体有何特点。①

公文语体的特点可以从结构形式和语言特点两方面认识:

第一,公文语体体现出明显的程式性:有相对固定的格式;有相对稳定的篇章结构;有一套相对稳定的习惯用语。

第二,公文语体有明显的语言特点:(1)简要性。公文的语言要求用词明晰、准确、简要。明晰指公文内容所涉及的时间、范围、区域、对象、数量、过程、性质等概念的表达,都要用语精确,交代清楚,表达周全,便于人们理解。准确指用词力求确切、妥贴,注意近义词的细微差别和语体语气的恰当得体。简要指用词简洁扼要,避免繁文缛节,以提高公文的效率和质量。在句式方面,公文语体要求做到句子约而完备,简而不疏,即语句既要简洁精炼,求省去冗,又要把意思表达得周全完备,明确严密。(2)平易性。平,就是平实朴素;易,就是通俗易懂。应用纪实性的规范性的词句,切忌华而不实。力求信息传达得明白易懂,使读者理解得快,接受得快,处理得快,以便应用。

三、举例说明公文语体与政论语体的区别。

公文语体结构上有明显程式性,包括格式的相对固定性、篇章结构的相对稳定性及某些特殊词语的相对习用性,而在语言特点上则表现为简要性和平易性。政论语体的结构要比公文语体显得灵活一些,其语言特点也不同于公文语体。(1)政论语体的功用在于宣传真理,阐述主张,针砭时弊,批驳谬误,使读者听众接受自己的主张,因此,政论语体的语言必须旗帜鲜明,果断有力,尖锐泼辣,有明显的政治倾向性和道理倾向性,富有感染力和鼓动性。(2)政论语体在语言材料的选择上具有灵活性

① 与本节第五题参考贰 第五章第七节重点难点分析(一)。

和综合性,有利于阐述观点的词语、表现手法基本都可以使用。
(3)政论语体要观点明确,论据充分,论证过程严密,真正达到
以理服人。这就要求用词及语句组织准确周密地表达事理,行
文有条理,注意过渡与照应。

四、选取自然科学、社会科学领域中的一两个现象为论述对
象(如:煤、海啸、纳米技术、通货膨胀等),分别采取专门科技语
体(如科学说明文)和通俗科技语体(如科学小品文)两种表达
形式,对其进行述写说明,然后比较一下这两种体式在语言运用
方面的区别。

① 在常温下利用压力造成很大的塑性变形而使得金
属件连接处的原子或分子结合并牢固连接的焊接法叫做
冷焊。

冷焊是常温下就能把物体接到一起的焊接法,它主要
还是利用强大的压力来使要焊接的东西变形来焊接物
体的。

② 叙事学(narratology)也称叙述学,是受结构主义影
响而产生的研究叙事的理论,已走过将近四十年的发展历
程,可分为经典与后经典两个不同派别。经典叙事学旨在
建构叙事语法或诗学,对叙事作品之构成成分、结构关系和
运作规律等展开科学研究,并探讨在同一结构框架内作品
之间在结构上的不同。后经典叙事学将注意力转向了结构
特征与读者阐释相互作用的规律,转向了对具体叙事作品
之意义的探讨,注重跨学科研究,关注作者、文本、读者与社
会历史语境的交互作用。

叙事学就是研究如何讲述事件的学科,分为经典叙事
学和后经典叙事学两个不同派别。

从上述例句看,科技语体和通俗科技语体的主要差别是词

语的选择和句式的选择不同。从词语选择看,科技语体多采用专业术语,而通俗科技语体则尽量使用通用语体词;从句式看,科技语体多使用修饰成分多、联合成分多的长句,句式严谨,而通俗科技语体追求准确平实,即用浅显具体、通俗易懂的语言表达抽象复杂的科学内容。

五、通过了解文艺语体的基本特征,具体归纳小说、诗歌、散文、戏剧四种下位语体的修辞特色。

文艺语体是适应文艺作品反映现实的一种语体,包括小说、散文、诗歌、戏剧等各种文学作品类型。从语言特点看,文艺语体具有形象性、情感性、美感性三个突出的特点。

在修辞特色上,诗歌体现了明显的音乐美和意境美,其音乐美主要从节奏和音韵的特殊追求方面得以体现,其意境美是通过词语、句式、语音及修辞手法等的综合运用而形成的。戏剧体现在对音乐美较为灵活的追求和对冲突性的特殊追求上,前者是指戏剧大部分都是讲究节奏美、音韵美的,但比起诗歌来要求就没有那么严格;后者是指在情节设置、人物塑造等方面戏剧更强调利用语音、词语、句法、修辞手法等要素以体现一定冲突性。小说和散文都属于非韵文,它们在音乐性方面的限制就较少,但有些作家的典型作品仍然能通过平仄、音节、句式等因素的控制来体现不同于诗歌的一种自然的音乐美。小说强调艺术化地再现生活,因此它很注重运用准确、生动的词语,而散文一般强调抒情性,更强调词语的规范、体验性使用。

肆　附录

附录一:怎样教好现代汉语

　　教学无固定的模式,但教学是有方法的,要教出教学特色与个人风格。基于教学实践与感受,总结以下几方面供教学参考。

　　一、讲知识体系

　　高校现代汉语教学,可立一家之言,可以形成学派,以体现各自的教学与学术体系,如上海本体系、黄廖本体系、郑州本体系、邵本(邵敬敏)体系、《中学语法教学系统提要》(简称《提要》)的体系等。体系是一个完整的知识组成体,须做到观点与材料的统一,并做到前后知识照应,既无遗漏,又不削足适履;分析方法科学,术语运用规范。教学现代汉语应在宏观知识体系下教学,这样能够体现知识的地位、依据和价值。现代汉语教学切忌把不同教材针对同一语言事实的不同观点和盘托出,详加论证,这与现代汉语专题讲座课有严格的区别。《现代汉语》给学生讲的是现代汉语的基本知识,任何教材都得抓住这个最主要的东西,所以教材的体系分歧不宜给学生多讲。

　　讲知识体系对学生来说重要的是讲清楚知识的层次划分和语言的构成规律。就知识的层次划分而言,现代汉语知识系统是由语音、词汇、语法三个支系统构成的,教学是按其先后顺序展开的。现代汉语普通话的语音系统主要包括声、韵、调三部分内容,声母包括辅音声母和零声母,韵母包括韵头、韵腹、韵尾,声调包括调类和调值。现代汉语普通话的词汇系统主要包括基本词汇和一般词汇。现代汉语普通话的语法系统包括词法和句法。词类是一个有层级的系统,如实词和虚词的划分;句法的层级系统更突出,如单句的句型句类就是一个层次性很强的类别体系,可以从结构和语气等方面划分。现代汉语是由不同层面的知识组合起来的网络系统,深入了解不同层面的知识,对于掌握现代汉语的基本理论是非常重要的。就语言的构成规律而言,现代汉语有很强的组织规律,如普通话语音的声韵配合规律,21个辅音声母与39个韵母哪些可以拼合哪些不能拼合,规律性是很强的。现代汉语不同句型句式都有各自的结构特点,如把字句、被字句、存现句等,它们有各自的构成要素和条件。学习现代汉语要从语言事实出发上升理论,最终是要揭示语言的构成规律,这是教学的真正目的所在。

二、讲知识细节

从细处着眼就是对容易忽略的"小问题"要细看细想细辨,琢磨其理。首先,注意细节知识的安排。如黄廖本增订五版增加了"按照下面的格式造句"的一道新题(第112页),为什么增加?因为增订五版充实了"三个平面"的内容,增加此题是为这一内容服务的,使得这一内容前后照应,得以完整体现,不细看细想就不知道补充新题的理由所在。其次,注意细节知识的修改。如兰本《现代汉语》2006年第一版音节结构分析的"思考与练习"里(第90页)有一个例字"叶",2007年第二版换为"底",在上述两个版本的这同一个题里均有一个"茄"字,在该教材后来印刷时改为"写",为什么改呢?这是因为"叶"和"茄"是多音字(叶:yè/xié;茄:qié/jiā),学生可以做出不同的答案,不细看不细想可能觉得不过是换一个例字罢了。再次,注意细节知识的表述。如对声母的表述,有的教材说"声母指音节开头的辅音",有的教材说"声母,指音节中位于元音前头那部分,大多是音节开头的辅音",后者因为考虑到零声母音节声母不是由辅音充当才这么表述。第四,注意细节问题的辨析。就现代汉语不被人注意的术语命名而言,现代汉语的术语命名存在名同实异和名异实同的区别。如"我们的同学已经做完了语法作业",成分分析法所指认的主语、谓语和宾语分别是"同学"、"做"和"作业",而层次分析法所指认的主语、谓语和宾语却分别是"我们的同学"、"已经做完了语法作业"和"语法作业",两种分析法所指认成分的内涵外延不同,这是名同实异;有的教材把带宾语的成分"做完"叫述语,有的叫动语,有的叫动词性成分,但带宾语的这几个术语名称内涵外延是相同的,这是名异实同。所以一定要注意名称相同却实质不同和名称不同但实质相同。现代汉语有些细节往往具有以小见大之妙,所以,教学要予以重视。比如,黄廖本增订版说"叹词的独立性最强",增订二版改为"叹词的独立性很强",把"最"改为"很",仅一字之改看似平常实则不平常,这一改准确指出了叹词的语法特点,也为描述象声词的语法特点留下了空间。

　　三、讲知识关系

　　现代汉语教学最重要的是要向学生交代和讲清楚知识之间的关系。首先,大的知识关系要交代清楚。现代汉语的内容多数教材确定由语音、词汇、语法、文字、修辞五部分组成,这几部分互相紧密联系,又各自独立。尤其要给学生阐述清楚构成语言的语音、词汇、语法之间的关系,语言是音义的结合体,语言符号系统是一种由音位层和语义层分层装置构建起来的。作为有声语言,语言符号的"音"是不可缺少的,语言符号的"义"当然最重要了,如果语言符号不具有意义,不再是符号形式的载体,也失去了符号的作用。语言符号的意义包括词汇层面的和语法层面的,具有不同作用。总之,语言符号的形式和意义是不可分离的,二者结合才构成符号,没有无意义的符号形式。其次,要讲清楚语言各子系统内部知识之间的关系,如语音系统内部音节结构的声韵调之间的关系,词汇内部基本词汇和一般词汇之间的关系,语法内部词法和句法之间的关系等。再次,划清界限,澄清容易混淆的问题。现代汉语许多问题属于界说方面的,如,音素和音位,调值和调类;偏旁和部首,部件和部首;词和语素,词的引申义和比喻义;词的兼类和词的活用,词和短语;比喻和比拟,借喻和借代等。古希腊"极伟大的思想家"亚里士多德说过,人们所需要的知识有三种:理论的,实用的,鉴别的。现代汉语许多知识属于鉴别性的,要注意对比归纳,只要划清界限,教学便可以收到事半功倍之效。

四、讲知识来源(背景)

讲知识必须明确知识的来源。以语素知识为例:传统的语文教学(包括语法)从词讲起,讲到复句为止,即认为最小的语法单位是词,最大的语法单位是复句。但经过长期的汉语研究发现并非如此,最小的语法单位应该是语素,最大的语法单位是句群(即认为研究语法应该超过一个句子的范围)。这不仅具有理论依据,也是汉语语言事实的存在。因而,在黄廖本1983年修订本里和对《暂拟系统》修订后形成的《中学语法教学系统提要》里,首次增添了语素和句群的知识。这是背景知识,虽可以不必给学生讲,但对教师扎实备课是不可忽略的。

讲知识来源必须吃透教材,以黄廖本为例讲三点:1.了解教材产生的背景。在黄廖本和郑州本(张静主编)问世之前,胡本(胡裕树主编)是唯一的统编教材(1979年修订,90年代重订),因此,20世纪80年代初,就有了三部统编教材。前两部教材是十年浩劫后,国家开始进入和平发展时期,被停开近十年之久的现代汉语起死回生的背景下产生的,要了解教材产生的起因和形成过程。2.了解专家对教材的评价。如黄廖本形成阶段,教育部邀请专家(1980年7月)在青岛召开了《现代汉语》统编教材审稿会。审稿会对黄伯荣、廖序东主编的《现代汉语》(试用本)进行了广泛、认真的讨论,一致肯定了这部教材可以做文科统编教材，同时提出了许多宝贵意见。吕叔湘、周祖谟、严学宭、胡裕树、许世荣、张志公、张静、张寿康等先生对这部教材给予充分肯定，并提出许多宝贵修改意见，了解专家评价对我们钻研教材有导向作用。3.了解教材的修订过程。黄廖本反复修订，与时俱进，一步一个脚印紧跟时代步伐。1979 年出版试用本至2011 年出版增订五版，先后修订九次，弃旧补新，吸收新成果，字数由初 37 万增加到现在 62 万字。要了解教材的修订背景、修订原因和修订内容，要在各版本的比较中看教材的发展轨迹。

　　上述背景知识和材料，并非与现代汉语教学无关，这些丰富的历史材料，广阔的背景知识，却奠定了现代汉语教材研究与教学的丰厚基础，对把握教材知识，开拓教学与研究思路将带来"会当凌绝顶，一览众山小"的新境界。

　　五、讲知识前沿

　　目前的现代汉语教材有些内容比较传统，但可以使其表现时代气息。如"绪论"部分讲语言的功能，可以打破传统视野认识语言功能的小圈子，把 20 世纪 80 年代以来人们对语言认识所形成的认知功能、标志功能、审美愉悦功能、情绪调节功能等挖掘出来适当讲解，有助于开拓学生认识视野。讲"现代汉语及其形成"，对现代汉语的重要地位须作深刻挖掘。在国内，它是汉民族也是其他兄弟民族认同的标志和情感维系的纽带，它记录和传播了汉民族的文化以及社会发展改革的成果，并为各民族之间的相互学习和协作做了很大的贡献。在国际，汉语是联合国正式确定的六种工作语言之一，尤其目前全球范围内学习汉语热的兴起，现代汉语在国际上的地位和作用更不容忽视。在高科技领域，电脑自动化服务系统的研究和开发迫切需要汉语研究的成果，现代汉语被海内外一些专家预言为声控计算机的第一语言。通过讲解，使学生理解现代汉语的时代作用。汉字教学，树立把汉字与中国文化结合起来进行教学的新理念，把近年来新兴的汉字文化学知识渗透在汉字教学中，从汉字结构分析的"因形得义"中使学生感受汉民族的文化信息。总之，要立于时代与学科前沿，用敏锐的眼光发掘现代汉语知识的丰厚底蕴。

六、讲知识特色

讲课要体现教材内容的特点特色。以兰本为例：从大的方面看，兰本的词类系统、句型系统、复句系统的构建以及单句句法成分的分析都很有特色；从小的方面看，兰本有特色处表现在对一些细节问题的认识与处理上，甚至有些细节很值得回味，值得重视。具体说，兰本绪论、语音部分增加了方言特点介绍，语法部分增加了语义分析，采用了复句的"三分系统"，修辞部分增加了口语修辞、体态语修辞。教材语义分析的内容比较充实，贯彻了形式和意义相结合的语法分析原则，使得语法分析更具科学性与实用性。复句分类打破传统"二分法"而借鉴邢福义先生"三分系统"的理论，有利于理清各种基本复句之间错综复杂的关系。这些能够体现教材特色的内容，授课时要予以关注，有必要向学生说明与强调。再以黄廖本为例：黄廖本的析句法很有特色。黄廖本析句法的发展变化，有一个简单的公式表示为：典型多分法→结合了层次分析法因素的多分法→结合了多分法因素的二分法→核心分析法。核心法代表了汉语析句法发展演变的总趋势，具有很强的生命力。黄廖本的很多析句观点包括析句符号都为后来的《提要》和现代汉语教材所采用。由于这种分析方法具有很强的合理性，操作方便，易于接受，或许成为黄廖本问世之后风行全国，发行量一跃成为同类教材之冠的主要原因。析句法是黄廖本的精彩之处，要很好理解与吃透黄廖本富有特色的析句法，并且能够把它讲得很出色，否则语法教学就是败笔。

实际上，目前有影响的几部《现代汉语》教材，都有各自的特色。如黄廖本深入浅出,继承传统,积极更新;胡本(胡裕树主编)继承传统,稳妥扎实,语料丰富;邵本(邵敬敏主编)阐述细致,立于前沿,务实创新;兰本材料丰富,博采众长,富有新见。课堂教学讲不出其特色来就体现不出教学的特点,讲不出特色实际是没有吃透教材内容,显然不能算成功的教学。

七、讲知识价值

知识价值体现在它的理论价值和应用价值上。如语素知识,吕叔湘先生说:"讲汉语语法,语素和短语的重要性不亚于词。"《提要》增补语素的内容,并把它列为五级语法单位的一个重要单位,不是没有原因的。建立语素的概念,对于语法研究,对于教学和解决语言实际运用中的一些问题都有好处。

现代汉语的实用性是很强的。如多音字多音多义,如果使用不当就会给言语交际带来麻烦。有这么一起经济纠纷,大意是:甲借乙 5000 元,后来向乙还了部分借款并写下"还欠款3200 元"的纸条。后来乙据此向甲催要 3200 元,认为此处"还"字读 hái,意为"仍然";而甲则称已还款 3200 元,此处的"还"读huán,意为"归还",故而只欠 1800 元。争辩未果,对薄公堂,法院也无法认定真相。这场经济纠纷之所以产生,究其原因是没有注意到多音字"还"的运用,对还款人带来的教训是深刻的。如果课堂上讲多音字能联系这一实际,学生在语言运用中一定会对多音字的运用倍加小心,以避免不必要的歧义。现代汉语讲句型句式,如赵树理《小二黑结婚》描写三仙姑有一段:"于福他爹看见不像个样子,有一天发了脾气,大骂一顿,虽然把外人挡住了,新媳妇却跟他闹起来。新媳妇哭了一天一夜,<u>头也不梳,脸也不洗,饭也不吃</u>,躺在炕上,谁也叫不起来,父子两个没了办法。"这里加线部分的主谓谓语句的运用很精彩。主谓谓语句实际上是原来作宾语的成分提到句首作受事主语,取得了"话题"的资格,获得新的语用效果——成为言谈的起点或对比的焦点,大主语后引出了后面(主谓短语作谓语)一连串的新信息。主谓谓语句有其独特的语用价值,它由语用的要求而转变为语法结构现象。因此,结合小说人物的表现和形象的特点才看得出作者选用主谓谓语句的妙处了。

语言学就在你的身边,语言的运用与生活紧密相连,语言的语用价值可以在实际生活的语言运用中去发现。如果现代汉语的讲解能密切联系实际,人们是可以真切地感受到现代汉语的实际用处的。讲出知识价值,学生就明确了课程地位与作用,也就表现出对知识的追求以及对学习的浓厚兴趣来,教学的价值与意义就自然得到了提升。

八、讲知识情趣

在丰富多彩的现代汉语运用中,产生了许多妙趣横生的历史故事和轶闻趣事等,教学中可以开发与利用。如:"肚子饱了"和"兔子跑了"(以说明语音的区别性特征),"三楼没有厕所"还是"三楼设有厕所"(汉字的形似字),"米老鼠"并不"老"(派生词类型),"不怕辣""辣不怕"和"怕不辣"(语序的变化),"打死老虎的人"是英雄还是狗熊(层次分析法的作用),"小孩乖乖,把门开开"(把字句)……这其中蕴藏着生动的故事,可以通过故事说明知识的事理。一位老师讲标点符号,讲了沙皇亚历山大三世的妻子马里亚·菲奥多雷娜的故事:她偶然看到丈夫办公桌上一份文件,内容是呈批将一名囚犯流放到死路一条的西伯利亚去。亚历山大三世在文件上的批语是:"释放不得,押送西伯利亚。"马里亚信手拈来,将批语变动为"释放,不得押送西伯利亚。"于是,这个囚犯就莫名奇妙地被释放了。一个逗号位置的变动救人一命,足见标点符号之重要了。听完这则有趣的故事,学生开怀大笑,情绪为之一振,从中感受到标点符号的重要了。

看来,语言世界是充满活力的,现代汉语表情达意优美传神,富有情趣,在教学中,应充分挖掘它的这种潜在因素,寓教于乐,有助于营造宽松、和谐的教学环境,激发学生学习兴趣,对调动学生学习积极性、提高教学效果是非常重要的。

附录二:怎样学好现代汉语

　　这个题目是站在学生角度认识问题的。要学好现代汉语,首先要明确现代汉语课程的性质和学习目标,其次,根据课程特点要掌握学习的方法。

　　现代汉语是大学中文系的专业必修课之一。它是一门语言课,或者说是一门关于现代汉语的成体系的理论课。如教材所言,狭义的现代汉语是"以北京语音为标准音,以北方方言为基础方言,以典范的现代白话文著作为语法规范"的现代汉民族共同语。教学的目的是把学生对现代汉语的感性认识上升为理性认识,培养学生分析语言和运用语言的能力,为今后从事语文教学和语言文字工作打好基础。这样,现代汉语一方面是理论意义上的语言,另一方面是关于它的实践。事实上,这两个方面的学习不但不能分开,而且可以互相促进。

　　至于怎样在"好"字上下功夫学好这门课,恐怕难以确定一个标准。《论语·雍也篇》中冉求对孔子说:"非不说子之道,力不足也。"孔子回答:"力不足者,中道而废。今女画。"画,就是停止,就是把自己的能力主观上作出限制,给自己的能力规定了量。这对于学习是没有好处的。如果我们给现代汉语的学习也规定一个什么是好的标准,对于学习而言恐怕也是一种限制,再说,对于不同的学习者而言,由于能力和偏好不同,好的标准也有所差别。不过,这是就好的上线而言的,在明确了学习的目的之后,我们可以有一个最基本的底线,那就是,掌握现代汉语的基本理论，能够熟练地使用现代汉语进行交际，能够用学到的理论知识分析我们运用汉语过程中常见的一些问题。对于比这个层次更高的学习要求与标准，下面在谈到学习的方法时将作具体的阐述。

明确了现代汉语的学习目的和学好现代汉语的标准之后，下来就是学习方法的问题了。除了像学而时习之、理论结合实际、多思多问之类适用于任何一门课程的学习方法之外，结合现代汉语的特点总结一些更具体和更实用的学习方法是非常有必要的。我们可以从以下三个方面来把握：

第一，掌握现代汉语的理论体系。现代汉语由语音、词汇、语法、文字、修辞五个部分组成，这些部分互相紧密联系，又各自独立。拿语法来说，从构成语言的单位来看，它研究的主要是词、短语、单句、复句的内部构成规律，它们在内部结构上具有一致性。从语法研究的侧重点来看，包括词类功能、句法结构、语义关系等。掌握理论体系，就要掌握它的层次和每个层次的划分标准。就单句的语法分析来说，可以从结构上入手，根据句法结构给句子分的类就是句型。单句的句型也是一个层次性很强的类别体系，比如，按结构可以分为主谓句和非主谓句，主谓句根据谓语的构成或它的主体词性质还可以分为名词性主谓句、动词性主谓句、形容词性主谓句和主谓谓语句。有的句子结构上很有特点，使用中成为一种相对固定的格式，比如"把"字句、"被"字句，这种按照句子的局部特征归纳出来的句子类型叫句式。根据语气的不同给句子分类就是句类，这样，又可以把句子分为陈述句、祈使句、疑问句、感叹句等。可见，掌握了理论体系，就掌握了这门课程的研究内容和研究方法。再比如现代汉语的语音部分，和其他部分一样，知识是有先后顺序和层次的，先讲语音的特点，再讲语音单位及其分类，最后讲音变和语调。掌握语音部分的知识结构就像掌握单句的结构一样，既清楚了内部各部分所涉及的概念,又可以明确每个概念涉及的对象及其作用。学习现代汉语要把握整体,深入了解不同层面的知识,对于掌握现代汉语的基本理论是非常重要的。

第二,注意把握细节。上述第一点是宏观上的把握,宏观上的把握是纲,而细节上的用心是目,二者是一个统一体,纲举目张就是这个道理。但是,现代汉语的细节很多,哪些要特别注意,哪些可以不用去花大功夫呢? 这就得进行认真的思考。

(1)从细处着眼,具体说就是要做到细看、细辨和细记。细看,就是学生要把教材全部内容都看到,避免遗漏。比如,黄廖本语音部分有一条注释说:"不要见到词末尾有'儿'字就读儿化音,有时还读成独立的音节 er。例如在'小小的鱼儿、小女儿'里就不儿化。"不看这条脚注,就不知道真正含义的儿化是什么。细辨,就是对容易混淆的概念要细心分辨,认真比较异同之处。如音素和音位、音素和语素,这两组概念仅一字之差,但划分的角度不同,构成单位不同:音素是从语音的物理属性(音质)角度划分的,音位是从语音的社会属性(区别意义)的角度划分的。音素和音位都是语音单位,语素却是构词单位,是语言中最小的音义结合体。类似的容易混淆的概念很多,如声母和辅音、单纯词和合成词、主谓句和非主谓句等,一定要注意细心分辨。细记,现代汉语知识要细记,粗心容易出错。记住有代表性的例句和容易读错写错的字,尤其要记住与各部分体系有关的重点内容,如与汉语语音体系有关的声母、韵母、声调、音节结构方面的理论和知识等。细记是积累知识的必要途径,"不积跬步,无以至千里;不积小流,无以成江海"(《荀子·劝学篇》)。

(2)从细处着眼,还要从对语言事实的比较分析中注意发现现代汉语的特点。要注意通过细心比较认识异同,发现特点。比较是学习现代汉语的一个重要方法,通过比较,现代汉语的一些特点就会凸现出来,对于学习者来说,也就更容易、更深刻地理解了。在语音上，现代汉语和英语相比较，我们会发现汉语中有 zh、ch、sh 等卷舌音，而英语没有，英语中有[b][d][g]等浊塞音，而汉语普通话没有；语法上，英语的名词作主语和宾语，动词作谓语，形容词作表语、定语，副词作状语，词类和句法成分对应很严格，而汉语则不同，比如名词可以作主语也可以作宾语，还可以有条件地作谓语（如名词谓语句）。

现代汉语和古代汉语也可以比较，如古代汉语词汇中，主要是单音节词占主要地位，而现代汉语是多音节词占优势，这一变化正是汉语研究中一再提到的汉语的复音化过程。就文字而言，现代汉语用的简化字和古代汉语用的文字差别非常大，进一步考察则不难看到，从古代汉语到现代汉语，文字的发展也经历了一个漫长的过程，虽然文字的异化、繁化也比较常见，但是简易化、规范化、符号化的总趋势是主导。现代汉语之所以叫"现代汉语"，其实就是和古代汉语和其他民族语言相比较而言的，正因为如此，通过细心比较来认识和学习现代汉语就是理所当然的了。

除了以上两个方面，现代汉语普通话和方言的比较也是非常重要的，尤其对于方言区的学习者来说，通过比较，既可以更好地学习普通话，和更多人畅通地交流，也可以深入地认识自己的方言及其所负载的文化上的特殊性。需要注意的是，方言不论是语音还是词汇，或者语法，有很多地方是保留古代汉语的结果，所以在比较的时候须注意其中的联系。

（3）从细处着眼，也不能忽略特殊的语言现象。现代汉语要研究的是语言规律，研究语言的规律，离不开从个别的或细节的问题入手，这些个别或细节问题有可能反映语言的普遍规律，也可能属于特殊或例外，但是规律并不意味着绝对的毫无例外，实际上，掌握规律最好的办法就是注意例外。如现代汉语的辅音基本上可以和声母对应起来，但是这两个概念的立足点是不同的，或者说角度不同，前者是就发音而言，和元音相对，后者是就音节的组成部分而言，和韵母相对。具体来看，在现代汉语的22个辅音中有一个[ŋ]是不作声母的（在有的方言中可以作声母），而是经常作韵尾，有一个辅音[n]，既可以作声母，也可以作韵尾；反过来说，并不是所有声母都是由辅音来充当的，零声母就是个特例，它是语言学家为了照顾语音的系统性而规定的。从这个例子可以看出，例外往往是规律的一个重要部分，如果只是掌握了共性的规律而忽略了具有特殊性的部分，其实是对规律的片面理解。

第三，通过阅读和实践，了解和发现语言的更多问题。怎样更好地掌握现代汉语的基础理论和基本知识，学习者是可以在学习过程中体会和发挥的。语言和语言理论都是不自足的开放的系统，因而不能停留在课本知识的学习上，而应该有所突破。这一点可以从两个方面考虑：一个是语言实践的问题，一个是阅读相关著作的问题。

（1）语言本身就包含了语言行为，语言作为一种工具也离不开语言实践。现代汉语是实践性很强的一门课程，不仅要掌握基本理论，而且要培养基本技能，基本技能包括分析具体问题的能力、具体方法的操作能力、运用书面语和口语表达的能力等。比如，句法结构的层次分析，只有多动手，多进行练习才能掌握它的分析方法，看是看不会的。另一方面，对于类似于网络语言和火星文之类，我们也可以借助理论来分析，理性地认识和分析这些语言现象，可以学以致用，这其实也是语言理论的价值所在。广泛联系语言实际，关注生活语言现象，有意识地记录和调查一些语言现象都是一种语言学习，可以为进一步的研究准备一些非常实际的材料。

（2）阅读相关著作，这对于学习和研究现代汉语非常重要。教材各章后列举了很多参考文献，而且每一章后面都有一个研究概述,都是值得注意的。至于课后列举的论文写作题目,学生可以选择自己感兴趣的撰写论文,撰写论文的过程就是搜集材料、整理材料和深入考察分析问题的过程,这就能够有效地提高分析和运用语言的能力。其实多阅读一些研究性著作可以学到更多的东西,很多著作给我们看问题提供了新的角度。如价这个从原子的价的概念引入的语法概念,再如从认知心理学的启发中发现的认知语法,认识的角度不同,看问题的方法就不同,新的角度往往可以有新的发现。学习和研究现代汉语,就是要有一种发现精神。举例来说,我们都知道语言是变化的,具体到一个音节,或者一个字,都可能是语言系统中不断变化的一个分子,而这些分子的变化的量变积累可能引起整个语言系统的变化,对于这种变化过程的描写已经有很多著作了,对于变化的原因也有很多探索性的研究,而对于这种变化是如何发生的以及这种变化是进化还是退化,《语言的变化:进步还是退化?》(简·爱切生著,徐家祯译,语文出版社 1997 年)这本书,或许可以启发我们认识这一问题。通过阅读文献,发现别人研究问题的角度,学习别人研究问题的方法,也为自己发现问题和知识创新奠定了必要的基础。

学习好现代汉语,在这个信息技术快速发展和语言变化日益复杂的时代,是一种必要,而通过学习提高自己的语言运用能力和表达能力,理性地认识各种各样的语言现象和解决与语言相关的诸多问题,则是一种需要。因此学好现代汉语,是非常有意义的。本文仅仅是给现代汉语学习者的一些建议,更多的、更好的、更适合于自己的学习方法则还是要靠学习者自己在学习实践中不断总结。

附录三:现代汉语模拟自测题及参考答案

现代汉语模拟自测题(上册)

一、填空题(每空 1 分,共 10 分)。

1. 现代汉语书面语的源头是_____。

2. 汉语十大方言中声母数量最少的是_____。

3. [ŋ]是舌根浊鼻音,[ts]是_____。

4. 从语音的物理属性分析,ǎ 和 ě 是音高和_____的区别。

5. 在语流中,"水果"中"水"的调值是_____。

6. "他跳得真高啊!"这句中的"啊"音变的字符、拼音、国际音标是_____。

7. "写"这个字的第三笔是(用文字表述)_____。

8. _____是汉字演变史上的转折点。

9. "阿凡提说:'新疆的哈密瓜亚克西。'"这句话中一共有_____个语素。

10. "猩猩"和"星星"在构词上最根本的区别是_____的区别。

二、是非判断题(在你认为正确的题序号上打钩,错的上打叉,每小题 1 分,共 10 分)。

1. 经过加工、提炼的书面语叫做文学语言。

2. 昆明话属于北方方言。

3. 汉语拼音方案是给现代汉语记音的拼音方案。

4. 轻声是一个声调音位。

5. 文字符号具有系统性,一般符号没有系统性。

6. 汉字编码依据其作用的不同,可分为输入码、交换码和输出码。

7. "出纳、呼吸、开关、扮演"是联合式的复合型合成词。

8. "客车、火车、自行车、卡车、机动车"可以构成一个类属义场。

9. 多义词和同音词都是用同一语音形式表示了多个意义。

10. 词在使用中产生了新义不算出现了新词。

三、单项选择题(将你认为正确答案的序号填在题干的括号里,每小题 1 分,共 10 分)。

1. 从先秦时代到中华人民共和国成立,汉民族在各个历史时期都有相对的汉民族共同语,它们依次是(　　　)。

A. 通语　雅言　国语　官话　　　　B. 雅言　通语　官话　国语

C. 通语　雅言　官话　国语　　　　D. 雅言　通语　国语　官话

2. "儿童村"这个词语共有多少个音素?(　　　)

A. 7 个　　　　B. 8 个　　　　C. 9 个　　　　D. 10 个

3. 普通话中有六个塞音声母,它们是(　　　)。

A. z、c、d、t、j、q　　　　　　　B. z、c、zh、ch、j、q

C. b、p、d、t、g、k　　　　　　　D. b、p、j、q、g、k

4. 中古语音系统中的阴入字基本上归入了普通话的(　　　)。

A. 阴平调　　B. 阳平调　　　　C. 上声调　　　D. 去声调

5. 从汉字形体演变的历史看,打破古汉字象形的传统,奠定现代汉字基础的是(　　　)。

　　A. 小篆　　B. 隶书　　　　C. 楷书　　D. 行书

　　6. 下列四组简化字中,哪一组用的是局部保留的简化方法?(　　)

　　A. 苹、区、汉、长　　　　　　B. 声、夺、齿、飞

　　C. 惊、灶、库、灯　　　　　　D. 址、后、出、卜

　　7.《释名》《广韵》《康熙字典》的编辑方法依次是(　　　)。

　　A. 韵部法　义类法　部首法　　　B. 韵部法　部首法　义类法

　　C. 部首法　义类法　韵部法　　　D. 义类法　韵部法　部首法

　　8."麻烦你了""太麻烦了""有点儿麻烦"中的三个"麻烦"是(　　　)。

　　A. 一个词　　　　　　　　　　B. 两个词

　　C. 三个词　　　　　　　　　　D. 兼类词

　　9. 下列各词中的"老"是词缀的是(　　　)。

　　A. 老早　　　B. 老手　　　　C. 老乡　　　D. 老派

　　10."吃饭"在下列哪个句子中是词?(　　　　)

　　A. 都12点了,该吃饭了。

　　B. 人是铁,饭是钢,不吃饭可不行啊!

　　C. 他吃饭时一般不怎么吃菜。

　　D. 你这样混日子,以后靠什么吃饭。

四、改错题(共 15 分)。

　　1. 下面四个音节有没有拼读拼写错误,如果有,请加以改正,并说明理由(4分)。

　　può(破)　　dōng(冬)　　guèi(跪)　　xuǎn(选)

　　2. 将下面这句话的严式标音中的错误指出来,并加以改正(4分)。

　我　们　学　习　现　代　汉　语

[wo²¹⁴ mən³⁵ ɕyɛ³⁵ ɕi³⁵ ɕiʌn⁵³ tai⁵¹ han⁵¹ ɥy²¹⁴]

3. 将下列词语中的错别字改正过来(4分)。

宣泄　巢臼　食不裹腹　一蹴而就　一滩血　蛛丝蚂迹

4. 指出下面句子中使用不恰当的词语,加以改正,并说明理由(3分)。

A. 家乡啊,你太容易触动我的绪思。

B. 军训对我来说,亦是一个考验。

五、分析题(共20分)。

1. 先给下面表中例字注音,然后通过表格分析音节结构及其他(8分)。

分析 例字	注音	声母	韵　母				调类	调值	呼类
			韵头	韵腹	韵　尾				
					元音	辅音			
券									
吮									
邮									
控									

2. 分析下列汉字的造字方法(造字法写在例字旁的括号里)及其他(4分)。

邓(　　　　),泉(　　　　),莫(　　　　),牟(　　　　)

以上四个例字,属于独体字的是_____;属于合体字的是_____。

3. 给下列句中的词类及构词的语素分类(8分)。

例句:小狗儿胖乎乎的。

此例句中属于单音节词的是_____;属于合成词
的是_____;属于不成词语素的是_____;属
于不定位语素的是_____;属于实语素的是_____
_____;属于不能作语素的字是_____。

六、简答题(每小题 5 分,共 15 分)。

1. 现代汉民族共同语与方言的关系怎样?

2. 简述[ɿ]和[ʅ]为什么要归为一个音位。

3. 汉字同拼音文字相比有哪些特点?

七、论述题(每小题 10 分,共 20 分)。

1. 试述音素和音位的区别与联系。

2. 谈谈词和短语的划界问题。

现代汉语模拟自测题(下册)

一、单项选择题(本题共 12 小题,每题只有一个正确答案,
答对一题得 0.5 分,共 6 分)。

1. 下列属于名词性谓语句的是(　　)

　　A. 好锐利的眼光!　　　　B. 这人好锐利的眼光!

　　C. 好眼光!　　　　　　　D. 要有点好眼光才行!

2. 以下各句属于复句的是(　　)

　　A. 为了自己的诺言,他在小城坚守了二十年。

　　B. 我们准备放弃。

　　C. 因为你的一句话,他被完全点醒了。

　　D. 去了就知道。

3. 下列各例属于正反问的是(　　)

　　A. 电信公司在那里吗?　　B. 这是电信公司不是呢?

　　C. 是电信公司还是电影公司?D. 电信公司呢?

4. 以下加点词属于区别词的是(　　　)

　　A. 国宴厨师　　　　　　　B. 气象卫星

　　C. 红色政权　　　　　　　D. 公立大学

5. 以下加点词指向工具的是(　　　)

　　A. 写坏了　　B. 写完了　　C. 写累了　　D. 写早了

6. 以下加点词属于方式格的是(　　　)

　　A. 吃小碗　　B. 吃大餐　　C. 吃食堂　　D. 吃包月

7. 以下各例表示肯定意义的是(　　　)

　　A. 差点没落下　　　　　　B. 差点没笑死

　　C. 差点没气晕　　　　　　D. 差点没挤上

8. 以下加点词属于副词的是(　　　)

　　A. 现在就去　　　　　　　B. 时常光顾

　　C. 平常人家　　　　　　　D. 日常业务

9. 下列各例加点部分属于插入语的是(　　　)

　　A. 说到建网站，小张可是专家。

　　B. 行情好时，这样做是对的。

　　C. 这种情况下，不去也对。

　　D. 这种结果，看来很好了。

10. 下列各例加点部分属于宾语的是(　　　)

　　A. 你会考虑吧?　　　　　B. 你不会处理不了吧?

　　C. 你同意考虑一下吗?　　D. 你说我会考虑吗?

11. 比喻的本体和喻体之间存在(　　　)

　　A. 一致性　　B. 同一性　　C. 相关性　　D. 相似性

12. 不属于书卷语体的是(　　　)

　　A. 即兴演说　　B. 新闻　　C. 公文　　D. 评论

二、判断题(本大题分三部分，共20分)。

（一）本题共16小题，每题0.5分，共8分，答√表示说法正确，答×表示说法不正确。本题只需指出正确与错误，不需要修改。

1. "他的坚强让所有人动容。"中"坚强"仍然是形容词。

（　　）

2. "他要了沙拉。""他要去北京。"两例中的"要"是兼类词。

（　　）

3. "自然、已然、怡然"结构相同词性也应该相同。　　（　　）

4. "唠叨"有 AABB 重叠式,可受程度副词修饰,是形容词。

（　　）

5. 代词也可能充当副词用。　　　　　　　　　　　　（　　）

6. "他很精神。"和"精神要集中。"两句中的加点字是转类。

（　　）

7. "请上座"和"请您小心轻放"两个短语的结构类型相同。

（　　）

8. "进来一个穿蓝色大衣的"中的"穿蓝色大衣的"是的字
短语。　　　　　　　　　　　　　　　　　　　　　　（　　）

9. "连我也不认识他"是多义结构。　　　　　　　　　（　　）

10. "语文数学、生物历史"都是多义词组。　　　　　　（　　）

11. 句子也可能由一个词构成。　　　　　　　　　　　（　　）

12. 常作状语是划分副词的必要条件。　　　　　　　　（　　）

13. "鸟巢,奥运主会场,也存在功能转换问题。"本句不存
在插说部分。　　　　　　　　　　　　　　　　　　　（　　）

14. "爱拼才会赢。"是复句。　　　　　　　　　　　　（　　）

15. 修辞学所讨论的句式和语法所讨论的句式是相同的概
念。　　　　　　　　　　　　　　　　　　　　　　　　（　　）

16. 如果一个句子是整句就不可能是长句。　　　　　（　　）

(二)请判断下列短语的结构类型(每题 1 分,共 6 分)。

1. 天山脚下(　　)　　　2. 鲜艳夺目(　　)

3. 学习做人(　　)　　　4. 有办法解决(　　)

5. 限量发行(　　)　　　6. 要他去(　　)

(三)请判断下面句子句式(每题 1 分,共 6 分)。

1. 鼓浪屿,好地方啊!　　　　　　　　　　　(　　)

2. 做义工大家都很赞赏。　　　　　　　　　　(　　)

3. 我欠了他一个人情。　　　　　　　　　　　(　　)

4. 从天边划过一道闪电。　　　　　　　　　　(　　)

5. 写错字的毛病终于给改掉了。　　　　　　　(　　)

6. 多么壮丽的山河!　　　　　　　　　　　　(　　)

三、填空题(本大题共 10 个空,每空 1 分,共 10 分)。

1. 请给下列空缺处填入适当的虚词:《边城》故事发生在湘西,但其蕴含____自然质朴,却实实在在是受北京这个作者所在____城市氛围____激发而生。

2. 判断词性主要依据其_____;判断短语的结构类型主要依据其_____;判断句类则主要依据其_____。

3. 可以根据是否使用关联词语而将复句分为_____复句和_____复句。

4. 准确、_____和_____是词语选择的基本要求。

四、分析题(本大题分为三部分,共 25 分)。

(一)用层次分析法分析下面的句子(7 分)。

他能不能准时出席会议确实很难猜测。

(二)分析下面多重复句的层次和关系(共 8 分)。

1. 尽管古代的一些作家,并不完全是唯物主义者,但是他们既然是现实主义者,他们思想中就不能不具有唯物主义的成分,因而他们能够从艺术描写中反映出一定的客观真理。

2. 日常生活中,多数不快乐的事情,多半都是因为我们太消极,或对别人不信任,因此,假如我们有办法使自己在单调的事务中看出乐趣,在平凡的人群中找出他们可爱、可敬之处,我们就自然乐意和别人相处,也自然会觉得每天都阳光灿烂。

(三)分析以下各例中所出现的辞格(10分)。

1. 与人交往只要肯以容人之心看待身边的同事,你就不难发现幽兰、芳草,并悄然让自己的灵魂也染上香味。

2. 中国古代的时候有个后羿擅长射太阳,现在有一群神枪手擅长射金牌,这属于有传统的事情,不服不行。

3. 现代化意味着工业的自动化、农业的集约化、科学的超前化、国防的综合化、思维的任意化、名词的难解化、艺术的变态化、争论的无边化、学者的清谈化、观念的莫名化和人的硬气功化即特异功能化。化海无涯,黄油为楫。

4. 王致和臭豆腐,臭名远扬,香飘万里,遗臭万年,留传百世。

5. 我看到小福子的身体愈来愈薄,好似贴在锅底的一张烙饼。

五、按要求进行句式调整(本大题共5小题,每题1分,共5分)。

1. 夏林,寸头,络腮胡,嘴角常挂着若有若无的嘲讽,有点懒散,有点邋遢,有点沉默,有点骄矜,有点尖刻。(改为长句)

2. 聪明的人依照真理行事;领悟较差的人凭自己的经验;愚蠢的人则是自己的需要;走兽靠它的本能。(改为整句)

3. 了解什么是自己做不好的实际上可能比了解什么是自己能做好得更难。(改为短句)

4. 做人既不可翘尾巴,也不可夹着尾巴。(改为肯定句)

5. 从前线回来的人说到白求恩,个个佩服他,个个为他的精神所感动。(改为否定句)

六、简答题(共18分)。

1. 说"酒不醉人人自醉"可以,但说"水不醉人人自醉"却不可以,为什么?

2. 有人将拟声词和叹词归入虚词,你是否认同,为什么?

3. "他们来送书了。"和"他们送来书了。"结构是否相同?

为什么?

七、改错题(请指出下列句子的语病类型并改正错误,每题2分,共16分)。

1. 法国电影周的上映,加强了中法两国人民的传统友谊。

2. 经过三年多的学习,山姆已经比较熟练汉语口语了。

3. 主管领导同意占用耕地建私房要给予必要的纪律处分。

4. 我虽然因病休学一年,但并没有落下课程,老师、同学们也经常给我补课。

5. 我们有理由对世纪英雄公司寄予厚望,希望它能解决电影的资本与市场的关系。

6. 只要增加学习时间,就能提高学习效率。

7. 今年下半年,我们学院光荣退休了两位老教师。

8. 客户一方面向广告公司提出了合理的建议和要求,另一方面广告公司也对广告方案进行了适度的调整、修改。

现代汉语模拟自测题(上册)参考答案

一、1. 白话　2. 闽方言　3. 舌尖前不送气清塞擦音　4. 音色　5.35　6. 哇 wɑ[uʌ⁴]　7. 横　8. 汉隶　9.8　10. 单纯词和合成词

二、1. √　2. √　3. ×　4. ×　5. ×　6. ×　7. ×　8. ×　9. √　10. √

三、1. B　2. B　3. C　4. B　5. B　6. B　7. D　8. D　9. C　10. D

四、1. può(破)错。应改为 pò。理由:因为双唇音声母如 p,只能和合口呼中的 u 韵母相拼,从韵母的角度分析,o 韵母只和唇音声母相拼。(1分)

dōng(冬)没有错误。(1分)

guèi(跪)错。应改为 guì。理由:复韵母 uei 和辅音声母拼写时要省写韵腹 e,并且调号要标在韵尾 i 上面,i 上的点去掉(即 i、u 并存标在后,i 上标调把点抹)。(1分)

xüǎn(选)错。应改为 xuǎn。理由:撮口呼韵母与舌面音声母(j、q、x)拼合时要去掉 ü 上的两点。(1分)

2. 共有四处错误:①"我"是上声调,在轻声音节前要变调,调值由 214 变为 211;(1分)②"们"要轻读,调值为 4;(1分)③[çiɑn⁵³]的韵腹不是[ʌ],应是[ε];(1分)④[han⁵¹]的声母不是[h],应是[x]。(1分)

3. "巢"错,应改为"窠";(1分)"裹"错,应改为"果";(1分)"滩"错,应改为"摊";(1分)"蚂"错,应改为"马"。(1分)

4. A. "绪思"是生造词,应改为"思绪"或"情思"等。(1.5分)

B. "亦"为古语词,用在此处不合适,应改为"也"。(1.5分)

五、1.

分析例字	注音	声母	韵母				调类	调值	呼类
			韵头	韵腹	韵尾				
					元音	辅音			
券	quàn	q	ü	ɑ		n	去声	51	撮口呼
吮	shǔn	sh	u	e		n	上声	214	合口呼
邮	yóu		i	o	u		阳平	35	齐齿呼
控	kòng	k		o		ng	去声	51	合口呼

（每个例字 2 分,错 1 处扣 0.5 分,错 4 处整个汉字分析 0分）

2. 邓(形声),泉(象形),莫(会意),牟(指事)

以上四个例字,属于独体字的是 泉、牟;属于合体字的是 邓、莫。

（以上每分析对 1 处 0.5 分）

3. 此例句中属于单音节词的是小、狗、胖、的;属于合成词的是 狗儿、胖乎乎;属于不成词语素的是 儿、乎乎;属于不定位语素的是 小、狗、胖;属于实语素的是 小、狗、胖;属于不能作语素的字是 乎。（以上每分析对 1 处 0.5 分）

六、1.①现代汉民族共同语是现代汉民族的通用语言,即普通话,现代汉语方言是现代汉民族共同语的地方变体或分支,只通行于有限的地域。②现代汉民族共同语是在北方方言的基础上形成的,并作为汉民族语言的高级形式,用于不同方言区的交际。推广民族共同语是为了消除方言之间的隔阂,而不是为了消灭方言。它只能引导方言的发展,吸引方言向自己靠拢,准备最后取代方言。③一方面,现代汉民族共同语会对方言的语音、词汇、语法产生一定的影响;另一方面,它又要从不同方言中吸收有益的成分来丰富、发展自己。在一定的政治、经济、文化条件下,方言也有可能上升为民族共同语。

2. 从归纳音位的原则来看:①[ɿ]和[ʅ]这两个元音音素在普通话语音系统里处于互补分布状态,[ɿ]只能和舌尖前声母 z、c、s 相拼,[ʅ]只能和舌尖后声母 zh、ch、sh、r 相拼。②[ɿ]和[ʅ]在音色上很近似,都是舌尖高不圆唇元音,它们分别只是舌尖前后音的区别。因此,在普通话语音系统中应归为一个音位。

3.①汉字是表意性质的文字,而拼音文字是表音性质的文字。表意文字同语音的联系不十分直接,表音文字同语音有直接的联系。②汉字是平面方块文字,拼音文字是线性文字。③汉字代表音节,拼音文字往往用字母表示音素。④汉字不实行连写法,大多数拼音文字则实行连写法。

七、1. 音素与音位的区别是:①研究音素可以超越具体语言和方言,从语音的自然属性上研究;研究音位则必须落实到某种具体的语言或方言,不但要从语言的自然属性上,更要从语音的社会属性上研究。②音素是能从音质角度上划分出来的最小语音单位;音位是从语音的社会属性的角度划分出来的最小语音单位。③音素是一次发音就可以分析出来的,音位则往往涉及一类发音。

音素与音位的联系:音位和音素有对应关系,大致说来有两种情况:①一对一的关系,即一个音位只有一个音素,如普通话的/s/[s]、/ts/[ts]等。②一对多的关系,即一个音位包括几个音素,如普通话的/a/[a][ɑ][æ][ʌ],/ɣ/[ɿ][ʅ]等。

2. 词和短语的划界问题是值得研究的问题,这是因为语言事实中的词和短语之间并非有一条泾渭分明的界限,从最高一级的语法单位——句子到最低一级的语法单位——语素,其间实际上是一个连续体,各级语法单位之间总存在一些兼属上下两级语法单位的部分特征,无论是将它们划归在上一级还是下一级都不恰当。但这并不等于说词与短语的划界就没有必要进行,因为符合词的特征的和符合短语特征的语言事实在数量上永远占绝大多数,所以词和短语的划界问题就有必要深入探讨,以致更全面系统地去认识词和短语的特性以及整个构词系统和语法系统。

词和短语的区别一般可以从以下三个方面去辨析:

①从意义上看,词的意义比较凝固,往往不是语素义的简单相加,如"白菜"不等于"白色的菜";"黑板"专指一种教具,也并不等于"黑色的板"。短语的意义却往往是其构成成分的意

义相加,如"白布"即"白色的布","血肉"即指"血"和"肉"。当然,有些固定短语的意义也是凝固的、专指的,比如成语"胸有成竹、狐假虎威、滥竽充数"等,其意义并不是各组成成分意义的简单加合,从词汇的角度看,诸如成语这类具有凝固、专指意义的固定短语是词的等价物,所以也可以看做短语词。

②从语音上看,词的语音结构具有整体性,内部不允许有停顿,而短语则可以有内部的语音停顿。比如作为"西北航空"中的"西北"内部不可以有停顿,但"南北会谈"中的"南北"内部则可以略作停顿。

③从结构上看,词的结构不具有扩展性,短语的结构可以扩展。这样,我们就可以运用扩展法来检测一个语言单位究竟是词还是短语。比如:眼热(词)≠眼很热,手热(短语)=手很热;杀青(词)≠杀了青,杀鸡(短语)=杀了鸡。

现代汉语模拟自测题(下册)参考答案

一、1.B　2.D　3.B　4.D　5.A　6.D　7.D　8.B　9.D　10.C　11.D　12.A

二、(一)1.√　2.×　3.×　4.×　5.√　6.×　7.×　8.√　9.√　10.×　11.√　12.√　13.√　14.√　15.×　16.×

(二)1.方位短语;2.中补短语;3.述宾短语;4.连动短语;5.状中短语;6.兼语短语

(三)1.名词性谓语句;2.主谓谓语句;3.双宾句;4.动词性非主谓句;5.被字句;6.名词性非主谓句

三、1.的,的,的;2.语法功能,结构功能,交际功能;3.关联法,意合法;4.得体,生动

四、(一)

他能不能准时出席会议确实很难猜测。

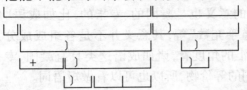

（二）1. 尽管……作家，并……唯物主义者，| 但是……现^{转折}实主义者，‖‖ 他们……成分，‖ 因而……客观真理。（因果、因果）

2. 日常……中，多少……事情，多半都是……太消极，‖ 或……不信任，| 因此，假如……看出乐趣，‖‖ 在……找出他们可爱、可敬之处，‖ 我们……相处，‖‖ 也自然觉得……阳光灿烂。（因果、选择、并列、假设、并列）

（三）1. ……你就不难发现<u>幽兰、芳草</u>，……自己的灵魂也染上香味。（借喻）

2. ……现在有一群<u>神枪手擅长射金牌</u>……。（比拟）

3. 现代化意味着<u>工业的自动化、农业的集约化、科学的超前化、国防的综合化、思维的任意化、名词的难解化、艺术的变态化、争论的无边化、学者的清谈化、观念的莫名化和人的硬气功化即特异功能化。化海无涯，黄油为楫。</u>（拈连）

4. 王致和臭豆腐，（<u>臭名远扬</u>，香飘万里，<u>遗臭万年</u>，留传百世。）（排比、仿拟、换义·双关、换义·双关）

5. 我看到小福子的<u>身体愈来愈薄，好似贴在锅底的一张烙饼</u>。（对偶、移就、明喻、夸张）

五、1. 寸头、络腮胡、嘴角常挂着若有若无的嘲讽的夏林有点懒散、邋遢，还有些沉默、骄矜、尖刻。

2. 聪明的人依真理行事；领悟较差的人依经验行事；愚蠢的人依需要行事；走兽依本能行事。

3. 了解什么是自己能做好的难，了解什么是自己做不好的更难。

4. 做人既要避免翘尾巴，也要避免夹着尾巴。

5. 从前线回来的人说到白求恩没有一个不佩服他，没有一个不为他的精神所感动。

六、1. 夸张要成立须要有事实基础，也就是说句中所涉及到的情况可能存在，只不过事实和句中所描写的情况存在时间先后、程度、数量等方面的很大差异，而且，夸张的目的是为了更为形象地描写情况，而不是捏造事实或浮夸。

"酒不醉人人自醉"酒能使人醉，但酒未入口人先醉了，这就打了时间差，让后发生的事情超前发生，这就更突出了酒的醇香醉人，属于超前夸张。"水不醉人人自醉"，水是没有醉人的特性的，那么水未入口人就醉了就属于捏造事实了，这样的夸张当然是不得体的。

2. 我们不认同将拟声词和叹词归入虚词的做法，因为实虚词的划分依据的是该划分对象是否能够进到句子中去承担什么成分，如果可以承担某种句子成分，就属于实词，而不能够承担什么成分就属于虚词。拟声词和叹词虽然没有什么具体的词汇意义，但是它们的句法功能却很强，拟声词可以做谓语、宾语、定语、状语等，而叹词则可独立成句，将它们归入实词是很有道理的。

3. 这两个结构体并不大相同。其结构相同之处在于，它们都属于主谓句；不同之处在于，"他们来送书了。"是连谓句，其谓语"来送书"是连谓关系，而"他们送来书了。"则是一般的动词谓语句，其谓语是述宾关系，述语是中补短语。由此可见，这两个结构体虽然很相像,但却是不相同的。

七、1. 定中不当。定语"法国电影周"与中心语"上映"无法照应,改为:法国电影周的举行,加强了……友谊。

2. 形容词误用为动词。"熟练"是形容词,在此误用为及物动词带宾语了。改为:……山姆的汉语口语已经比较熟练了。

3. 歧义。本句有两种意思,一是对于"主管领导同意占用耕地建私房"应"给予必要的纪律处分",二是"主管领导同意"给予占用耕地建私房者以必要的纪律处分。在"同意"后加上逗号。

4. 复句结构层次紊乱。休学一年没落下课程,是因为老师、同学给我补课,该句颠倒了结构层次。改为:我虽然因病休学一年,但老师、同学们经常给我补课,所以并没有落下课程。

5. 缺宾语中心。改为:……希望它能解决电影的资本与市场的关系问题。

6. 复句缺少内在关联。增加学习时间和提高学习效率之间并非必要条件。改为:只要改进学习方法,就能提高学习效率。

7. 动词误用。"退休"是不及物动词,在此却带了宾语。改为:……我们学院两位老师光荣退休了。

8. 关联词语误用。该句属于对举关系,不该使用表示并举的关联词语。改为:客户向广告公司提出了合理的建议和要求,广告公司则也对广告方案进行了适度的调整、修改。

后 记

　　《现代汉语》(兰宾汉、邢向东主编)是一部受广大师生欢迎的好教材,出版以来在社会上产生了一定影响。但是,师生认为没有与之配套的教学指导书,给教学带来不便。这本《现代汉语教学指导与习题解答》的出版,解决了上述不足,为现代汉语教学提供了方便与帮助。本书包括四部分内容:第一部分"现代汉语课程说明和教学建议",是教学的要求和方法指导;第二部分"知识要点与重点难点分析",是教学重点难点内容的把握与分析;第三部分"思考与练习参考答案",释疑解难;第四部分"附录",提供教学资料,其中《怎样教好现代汉语》和《怎样学好现代汉语》是教学经验的总结,可供教师教学参考和学生学习借鉴。

　　本书编写思路清晰,教学指导思想明确,知识体系完整,针对性和实用性强,是现代汉语教学的重要参考书。

　　在编写过程中各编者积极承担任务,互相协作配合,表现出很强的责任意识和认真负责的态度,所以,本书是集体努力的成果。

　　《现代汉语》主编兰宾汉、邢向东先生作为顾问,在本书编写过程中,对编写工作提供支持与帮助,自始至终进行切实指导,他们还参加了书稿的审稿工作,付出良多。韩宝育先生审阅了部分书稿,汉语系列教材编委会主任胡安顺教授关心本书的编写与出版工作。

　　由于以上先生的关心指导,使本书质量有了切实保证,促进了编写工作的顺利进行。对此,向他们表示衷心感谢!

　　中华书局语言文字编辑室主任秦淑华女士对本书的编写提出了宝贵意见,并为书的出版提供方便,在此,谨向中华书局及秦淑华女士表示衷心的感谢!

　　尽管编者们付出了努力,但本书难免会有错漏和不足。我们真诚地欢迎广大读者批评指正,以便今后改进与提高。

编者

2010. 3. 5